"十三五"国家重点出版物出版规划项目
交通安全科学与技术学术著作丛书

数据驱动下的高速公路运行安全管控

王俊骅 傅 挺 余荣杰 著

本书得到国家重点研发计划"智能运行与应急处置关键技术"
(2019YFB1600703)资助

科学出版社

北 京

内 容 简 介

本书阐述交通大数据及人工智能发展背景下高速公路运行安全评估、管控的模型和技术，主要内容包括高速公路运行安全信息采集、实时事故风险评估、二次事故风险评估、施工作业区风险评估、基于事件态势感知技术的交通事件时空影响预测、基于案例推理的高速公路交通事故应急预案管理，以及基于车道控制和匝道控制运行安全控制等。

本书适合交通安全、交通工程、道路工程等相关领域科技人员参考使用，也可作为高校相关专业的研究生教材。

图书在版编目（CIP）数据

数据驱动下的高速公路运行安全管控 / 王俊骅，傅挺，余荣杰著.
—北京：科学出版社，2024.1
（交通安全科学与技术学术著作丛书）
"十三五"国家重点出版物出版规划项目
ISBN 978-7-03-077044-8

Ⅰ. ①数… Ⅱ. ①王… ②傅… ③余… Ⅲ. ①高速公路–交通运输管理 Ⅳ. ①U491

中国国家版本馆 CIP 数据核字（2023）第 219651 号

责任编辑：姚庆爽 / 责任校对：崔向琳
责任印制：赵 博 / 封面设计：无极书装

科 学 出 版 社 出版
北京东黄城根北街 16 号
邮政编码：100717
http://www.sciencep.com

三河市骏杰印刷有限公司印刷
科学出版社发行 各地新华书店经销
*
2024 年 1 月第 一 版 开本：720×1000 1/16
2024 年 8 月第二次印刷 印张：18 1/4
字数：360 000
定价：**150.00 元**
（如有印装质量问题，我社负责调换）

"交通安全科学与技术学术著作丛书"编委会

(按姓名汉语拼音排序)

"交通安全科学与技术学术著作丛书"序

交通安全作为交通的永恒主题，已成为世界各国政府和人民普遍关注的重大问题，直接影响经济发展和社会和谐。提升我国交通安全水平，符合新时代人民日益增长的美好生活需要。

"交通安全科学与技术学术著作丛书"的出版体现了我国交通运输领域的科研工作者响应"交通强国"战略，把国家号召落实到交通安全科学研究实践和宣传教育中。丛书由科学出版社发起，我国交通运输领域知名专家学者联合撰写，入选首批"十三五"国家重点出版物出版规划项目。丛书汇聚了水路、道路、铁路及航空等交通安全领域的众多科研成果，从交通安全规划、安全管理、辅助驾驶、搜救装备、交通行为、安全评价等方面，系统论述我国交通安全领域的重大技术发展，将有效促进交通运输工程、船舶与海洋工程、汽车工程、计算机科学技术和安全科学工程等相关学科的融合与发展。

丛书的策划、组织、编写和出版得到了作者和编委会的积极响应，以及各界专家的关怀和支持。特别是，丛书得到了吴有生院士、范维澄院士、翟婉明院士、丁荣军院士、李骏院士和郑健龙院士的指导和鼓励，在此表示由衷的感谢！科学出版社魏英杰编审为此丛书的选题、策划、申报和出版做了许多烦琐而富有成效的工作，特表谢意。

交通安全科学与技术是一个应用性很强的方向，得益于国家对交通安全技术的持续资金投入和政策支持。丛书结合 973 计划、863 计划和国家自然科学基金、国家支撑计划、重点研发任务专项等国家和省部级科研成果，是作者在长期科学研究和实践中通过不断探索撰写而成的，汇聚了我国交通安全领域最新的研究成果和发展动态。

我深信这套丛书的出版，必将推动我国交通安全科学与技术研究工作的深入开展，在技术创新、人才培养、安全教育和工程应用等方面发挥积极的作用。

中国工程院院士
武汉理工大学交通运输工程学科首席教授
国家水运安全工程技术研究中心主任

序

近年来，伴随机动车保有量及公路里程数的大幅提升，我国交通事故死亡人数仍在高位徘徊，万车死亡率显著高于发达国家。实现《交通强国建设纲要》中"交通安全水平达到国际先进水平"的目标，事故预防工作任重道远。

高速公路是我国交通运输网络中最重要的组成部分之一。由于高速公路运行车速高、车速差大、违法多等原因，事故后果往往较为严重。据统计，目前我国高速公路事故致死率在各等级道路中最高。同时，我国高速公路建设工程量已逐步减缓，发展重点逐步转向"管建并举，管理为重"。因此，提升高速公路运行安全管理水平已经迫在眉睫。

开展高速公路运行安全管理的关键在于对"人-车-路-环境"等多因素耦合作用下的事故致因进行解析。传统技术路线多依赖对交通事故现场勘查信息的建模、分析，并制定安全改善对策。考虑交通事故的小概率、偶发特征，以及交通事故数据质量等诸多问题，该类方法难以支撑对高速公路运行安全风险的系统分析。随着高速公路交通运行感知系统的规模化建设，以及大数据与人工智能技术的涌现，利用数据驱动思维开展高速公路运行安全管理的需求更加凸显。

此外，传统高速公路运行安全管理措施多以事故发生后的接处警、应急救援与道路设施改善等"被动式"管理模式为主，在丰富的数据资源条件下，采用"主动式"管理思维，针对复杂交通场景、不良交通状态、恶劣气象环境、二次事故风险、施工作业区风险等差异化场景，构建交通安全风险研判指标体系，依据事故先兆特征预警事故风险，应用防控措施以降低"人-车-路-环境"耦合系统中的风险，保障行车安全，是构建高速公路本质安全体系的关键。

在上述背景下，本书作者基于近二十年在高速公路运行安全管理领域的理论研究成果和工程实践经验，以及团队在交通安全数据分析、交通安全风险领域的研究特色，在系统梳理高速公路运行安全信息采集技术的基础上，介绍数据驱动下的实时事故风险、二次事故风险和施工作业区风险建模技术，提出应急预案管理和运行安全控制两类管控举措的设计与优化方法，并配套展示了国内外高速公路的示范应用案例。

    本书对于提升我国高速公路运行风险防控能力，支撑智慧高速公路基础设施建设，促进高速公路运行安全管理工作具有重要的意义。

    是为序！

中国工程院院士

前　　言

随着我国高速公路里程的不断增加,现代交通管理部门面临的一个重要课题就是如何进一步提高高速公路运行安全管理水平,减少事故的发生,为出行者带来安全、绿色、舒适的交通环境。一直以来,高速公路运行安全始终是交管部门的痛点和难点,给路网运行带来严重影响。根据相关统计,2019 年,我国高速公路发生 8483 起交通事故,死伤人数高达 15680 人,导致的直接经济损失高达 4.3亿元,影响通车里程达 14.5 万公里,造成的间接经济损失高达数千亿元。高速公路交通事故在导致人员伤亡、经济损失的同时,还会产生交通拥堵,增加汽车尾气排放,从而污染大气环境。如何改善高速公路运行安全管理,减少交通事故的发生,是当代交通管理部门面临的严峻挑战之一。受交通条件、人的行为、路面状况,以及气候状况等因素的影响,高速公路运行安全问题日趋严重,因此相应的治理模式和手段都有待提高与完善。同时,随着人工智能技术的不断发展,云端大数据在各方面不断运用。因此,大数据驱动下交通方面的科技发展和理论研究对我国高速公路运行安全管控方面具有十分重要的现实意义。

本书在内容上分为 4 部分。第一部分为关于大数据驱动下高速公路运行安全管理的研究现状及其关键技术的内容阐述(第 1 章和第 2 章);第二部分主要是关于高速公路交通事件发生前如何进行事件风险的精准预测评估(第 3 章和第 5 章);第三部分主要阐述交通事件发生过程中如何进行一次事故及二次事故的区分及时空预测(第 4 章和第 6 章);第四部分是关于交通事件发生后,交通管理部门如何进行应急处置和现场管理,从而提高管理水平(第 7 章和第 8 章)。

本书第 1 章和第 2 章由王俊骅负责撰写;第 3 章由王俊骅和余荣杰负责撰写;第 4 章由王俊骅负责撰写;第 5～7 章由傅挺负责撰写;第 8 章由余荣杰负责撰写。在本书的编写过程中,参考了大量文献和资料,在此对相关的作者表示诚挚的谢意。另外,研究生薛江天、卿洁、郑银等对本书的撰写、统稿提供的大量帮助,在此一并表示感谢。

本书得到武汉理工大学智能交通研究中心的大力支持,在此特别表示感谢。

限于作者水平,书中难免存在不妥之处,敬请各位读者不吝指正。

作　者
2023 年 6 月

目　　录

第1章 概　　述

　　高速公路是我国交通体系的重要组成，关系着人们的出行和社会经济的发展。近年来，我国高速公路运行水平显著提高，但在安全管理体系建设方面还存在一定的问题和不足。频发的交通事故造成了重大的社会经济损失。为推动高速公路事业的健康发展，需深入分析现阶段高速公路运行安全管理中存在的不足，逐步构建、完善高速公路运行安全管理体系。

　　随着人工智能技术的发展，从高速公路运行过程中获得的数据量更加庞大，通过先进的数理模型，可以为高速公路运行安全的指挥调度提供可靠的依据。本章主要讲述我国高速公路交通安全状况，并简单介绍高速公路运行安全管理及全书的内容安排。

1.1　我国高速公路交通安全现状

　　我国高速公路的建设随着国民经济的发展而迅猛发展，虽然比世界发达国家晚半个世纪，但是发展之快，令世界瞩目。按照交通强国战略的要求，我国将继续保持交通运输基础设施建设的适度规模和速度，确保国家扩大内需的重点在建和续建项目顺利建成并发挥效益。

　　2021 年，《国家综合立体交通网规划纲要》要求加快建设交通强国，构建现代化高质量国家综合立体交通网，支撑现代化经济体系和社会主义现代化强国建设。该纲要描述了高速公路路网已经取得的主要成就：国家高速公路网 16 万 km 左右，由 7 条首都放射线、11 条纵线、18 条横线及若干条地区环线、都市圈环线、城市绕城环线、联络线、并行线组成。

　　与普通公路相比，高速公路因其全封闭、全立交、控制出入、无横向及对向干扰等特点，在世界范围内被普遍认为是最安全的公路。西方交通发达国家的交通事故统计数字也支持了这一观点。但是，随着通车里程的增加，我国高速公路交通安全状况却不容乐观，形势严峻。根据《中华人民共和国道路交通事故统计年报(2019 年度)》中有关高速公路事故数据，随着高速公路通车里程的增加，死亡人数先不断升高，在 2006 年死亡人数达到最大，随后高速公路死亡人数逐步维持在这个水平，到 2016 年才有了明显的下降趋势。我国 2004～2019 年高速公路事故数据统计如表 1.1.1 所示。高速公路交通事故直接造成的财产损失随着高速公路通车里程的不断增长而增长，并且造成财产损失的总量占比也是逐年增长。这些数据无不说明着高速公路安全管理的重要性。

表 1.1.1　我国 2004～2019 年高速公路事故数据统计

年份	事故起数		死亡人数		受伤人数		直接财产损失		通车里程/km
	数量/起	占总数/%	数量/人	占总数/%	数量/人	占总数/%	数量/元	占总数/%	
1994	2877	1.14	538	0.81	1157	0.78	59396775	4.45	1603
1995	4590	1.69	616	0.86	1600	1.00	81989194	5.38	2141
1996	6797	2.40	864	1.20	2215	1.30	126003055	7.30	3422
1997	9035	3.00	1182	1.60	3190	1.70	169225635	9.20	4771
1998	10574	3.05	1487	1.91	4034	1.81	176756241	9.16	8733
1999	12634	3.06	1687	2.02	4921	1.72	218773863	10.30	11605
2000	16916	2.74	2162	2.30	6442	1.54	263088659	9.86	16314
2001	24565	3.25	3147	2.97	9978	1.83	400900146	12.98	19437
2002	29611	3.83	3927	3.59	12253	2.18	521927829	15.70	25130
2003	36257	5.43	5269	5.05	14867	3.01	698180193	20.72	29745
2004	24466	4.72	6235	5.82	15213	3.16	578015734	24.17	34288
2005	18168	4.04	6407	6.49	15681	3.34	508928269	27.01	41005
2006	14432	3.81	6647	7.43	17116	3.97	469211510	31.50	45339
2007	12364	3.78	6030	7.39	14628	3.85	365416067	30.48	53913
2008	10848	4.09	6042	8.22	13768	4.52	336381386	33.31	60302
2009	9147	3.84	6028	8.90	12780	4.65	293495799	32.10	65056
2010	9700	4.42	6300	9.66	13739	5.41	315895723	34.10	74113
2011	9583	4.55	6448	10.33	13007	5.48	344862433	31.97	84946
2012	8896	4.36	6144	10.24	12298	5.48	341949058	29.11	96200
2013	8693	4.38	5843	9.98	11169	5.23	329227051	31.69	104438
2014	8531	4.34	5681	9.71	11280	5.32	359599467	33.44	111936
2015	8252	4.39	5477	9.44	11515	5.76	348251010	33.59	123523
2016	8934	4.20	5947	9.43	11956	5.28	380283446	31.49	130973
2017	8405	4.14	5747	9.01	10792	5.15	395355984	32.59	136449
2018	9243	3.77	5336	8.44	12078	4.67	444617571	32.11	142593
2019	8483	3.43	4640	7.39	10888	4.25	426703838	31.70	149571

由此大致可以得到高速公路交通安全的特点。首先，高速公路的事故致死率比较高。相较于普通公路，高速公路具有较快的行驶速度，如果发生事故，将会造成十分严重的影响。因此，虽然高速公路事故发生率较低，但是却有极

高的事故致死率。统计表明，近些年来高速公路交通事故发生率呈现出稳步增长的态势。

基于高速公路交通安全的特点，公安部办公厅印发了《关于进一步加强高速公路交通管理工作的通知》。各地公安交管部门高度重视，精心统筹推进，深入贯彻落实，重点突破、精准发力，取得了一定的成效。但是，高速公路的拥堵与交通安全问题已经成为我国高速公路交通管理面临的两大严峻考验。高速公路的交通拥堵，延长了行程时间、增加了出行费用、降低了通行效率，加剧了环境污染和能源浪费。近年来，高速公路里程的快速增长，伴随着高速公路死亡事故占事故总数的比例逐年提高，严重威胁了交通参与者的生命与财产安全。高速公路交通事故不但会引发不同程度的交通拥堵，而且容易导致交通事故及二次事故的发生，是道路交通管理的主要影响因素。交通事件的快速处置对于交通事故的快速救援、交通拥堵的及时疏导、交通安全隐患的有效排除具有重要意义。新时期下，虽然我国充分重视交通安全，相关单位结合高速公路的运行特点，将一系列安全管理策略落实下去，但各种安全事故依然层出不穷。根本原因就在于缺乏完善的运行安全管理体系，难以有效管控和消除潜在的安全隐患，制约高速公路运行安全目标的实现。针对这种情况，需从多方面着手，持续完善高速公路运行安全管理体系。

1.2　高速公路运行安全管控发展状况

伴随高速公路的建设，高速公路运行安全管理已经引起国内公路界，尤其是高速公路管理部门的关注。例如，高速公路管控部门需要考虑如何在节假日车流量较大或者天气条件恶劣的情况下，减少车辆之间的冲突，从而避免交通拥堵、交通事故的发生，以及在事故发生后如何及时对一次事故进行合理管控，从而有效地降低二次事故发生的风险。这些问题都是高速公路运行安全管理中需要重点考虑的内容，因此国内外对高速公路运行安全管理十分重视，开展了许多关于高速公路运行安全管理的研究。

1. 实时事故风险研究现状

交通事故的发生通常是人、车、路、环境等众多因素综合影响的结果。国内外学者利用历史数据研究不同因素与交通事故的相关性，总结得到一些影响因素对交通事故风险的作用机理。近些年，智能交通系统的发展使动态获取交通信息成为可能，极大地提高了交通信息的丰富程度。这为研究人员根据历史数据还原事故发生前的交通流状态提供了便利。事故风险实时预警的研究课题应运而生，目前已经积累了一定的研究成果。

通常来讲,交通事故发生前的交通流存在紊乱现象。国外研究人员发现,通过采集交通事故和事故点上游断面的线圈检测器数据,可以用流量、占有率、速度的均值和标准差等 6 个变量来描述交通流状态,把事故发生前(一般为 5min)一段时间的交通流定义为紊乱状态。Oh 等[1]通过将紊乱状态时的数据与事故发生前时(一般为 30min)的正常状态进行比较,经过数理统计的计算方法对比发现,两者的速度标准差具有显著差异,以此构建两种交通流状态的贝叶斯分类模型用于高速公路事故短时预测,但是难以兼顾预测的准确性与提前性。

随着交通流紊乱状态的提出,Lee 等[2]提出事故先兆这一概念。他们以事故发生前 5min 内事故点上游的交通流密度、车道间的速度方差系数、断面间的速度方差系数作为事故先兆,用 Log-Linear 模型分析,发现事故点的事故率与这三个事故先兆显著地正相关。Lee 等[3]为了使预测模型更加客观可信,基于事故发生机理从事故先兆中剔除车道间的速度方差系数,增加事故点上下游两个断面的平均速度差,用统计方法重新规定每个变量的观测时间和分级标准,把先前的研究成果在仿真实验中应用,根据事故预测结果实时调整限速策略。仿真结果显示,这种限速策略对路段行车安全的改善效果比固定限速值更优[4]。

美国佛罗里达州奥兰多市的 I-4 高速公路上,在 39 英里(1 英里≈1.61km)范围内大约每隔 0.5 英里的双向六条车道布设线圈检测器,每隔 30s 采集一次各车道的交通流数据,包括平均速度、交通量、占有率。Abdel 等[5]从该高速公路事故报告中筛选 375 起日间交通事故,采集事故发生前 30min 内事故点上下游断面的交通流数据构造事故样本,对应每起事故选择相同地点约 21 组相似时间段且安全状态下的交通流数据,构造 7757 个非事故样本,用广义估计方程(generalized estimating equation,GEE)研究交通流对高速公路行车安全的影响,结果显示某一断面速度连续 5min 离散值较高时,下游 0.5 英里容易发生事故,而连续时间长达 15min 时当前断面容易发生事故。同时,Abdel 等[6]用同一批数据构造 252 个解释变量,从中筛选 2 个显著变量,即事故发生前 5～10min 内事故点上游第 2 个断面的平均占有率和事故点下游第 1 个断面的速度方差系数,建立二元 Logit 回归事故预测模型,事故分类准确率可达 69.4%。此后,人们开始尝试从事故分类预测和建模方法两个角度提高事故预测准确率。其中,Abdel 等[7]按照事故发生前 5min 内事故点的平均速度把交通事故分为高速事故和低速事故两类,统计分析发现事故的严重程度和发生机理存在的差异,把先前的二元 Logit 回归预测模型细化成高速事故预测模型和低速事故预测模型。两个模型在解释变量和准确率等方面都有明显差别,其中低速事故预测模型准确率提高到 74%,而高速事故预测效果依然较差。有研究将这批数据分为训练集和测试集,用训练集样本构建的基于贝叶斯分类理论的概率神经网络预测模型,对测试集中事故的预测准确率可达 70%[8]。Abdel 等不断拓展事故风险预测问题的外延，如无信号交叉口的事故预测[9]、低能见度下的事故预测[10]、多源数据融合的事故预测[11]、城市快速路交织段的事故预测[12]等。

国外的研究团队近年来积极尝试除了线圈检测器数据以外的基于其他新型信息采集技术的交通数据在事故风险实时预测方面的应用。基于电子标签技术的自动车辆识别(automatic vehicle identification，AVI)系统可以采集配套车辆的行程时间和区间平均速度。有研究证明[13]，AVI 系统数据在事故风险预测方面大有前途，但是也指出数据效用受到 AVI 系统路侧设备布设间距的直接影响，只有平均间距在一定距离以下的 AVI 系统数据才能达到令人满意的预测准确率，但是当间距大于 3 英里时所有的变量都不再显著。后来，Ahmed 等[14]在 AVI 系统数据的基础上又考虑了天气因素。除此之外，Hassan 等[10]还使用过其他交通流数据，例如雷达检测器数据(30s 周期的平均速度)，远程微波检测器(remote traffic microwave sensor，RTMS)30s 周期的流量、占有率、时间平均速度数据[11]，微波车辆检测器(microwave vehicle detection sensor，MVDS)1min 周期的交通量、占有率和速度数据等[12,15]。基于这些数据的预测模型都表现出不错的事故预测性能。

相较国外，国内线圈检测器布设间距通常较大，布设间距为 500m 左右的路段比较少见，很难获取精细的交通数据，因此相关研究进展缓慢。Xu 等[16]通过研究国外的交通事故数据，把事故按照严重程度分成致命、致伤、轻微三类，采用 Logit 模型分析发现交通流对三类事故风险的影响机理大不相同，频繁换道、较大的速度离散度且拥堵的交通流容易引发轻微事故；相邻车道的速度离散度大且畅通的交通流容易引发致命和致伤事故。同时，国内部分研究者使用浮动车采集的速度信息，构建动态贝叶斯网络(dynamic Bayesian networks，DBN)模型，研究事故与动态速度情况的关系。

(1) 静态贝叶斯网络模型，事故点上下游各一个路段的拥堵水平，两个路段间的速度差。

(2) 动态贝叶斯网络，事故点上下游各两个断面的交通流参数(流量、速度、占有率)。

以 5min 为一个时间段，选择事故发生前的第 2～4 个时间段的交通流数据，根据事故点上下游的拥堵程度分成 4 种交通状态组合和 9 种交通状态组合。结果显示，基于 9 种交通状态的预测模型效果较优[17]。

综上所述，实时事故风险研究通常从事故发生前和事故点附近选取时空考察范围，提取所有时空组合下的交通流数据，包括流量、占有率、速度，并用其平均水平和离散水平构造交通流参数，建模分析这些变量与事故风险的相关性。显著变量的时间跨度大多为事故发生前 5～15min，出于为模型计算、信息发布和采取措施预留充足时间和事故记录时间延迟于真实时间的考虑，发生前 5min 通常不被纳入考察范围。研究结果普遍显示，反映交通数据离散水平的变量通常比较显著，其中速度离散性的表现最突出。

这方面的研究依赖高密度、高频率的交通流数据。国外享有一些优质数据，因此研究风生水起。从表 1.2.1 可以看出，国外的线圈检测器布设密度和数据的采样频率都很高，而国内高速公路的交通流信息采集设备的布设密度与国外存在很大的差距。国外已有的研究成果不适合国内现有的基础设施条件，例如国内所研究路段的检测器布设间距虽然达到 300～500m，但是如此高密度布设的检测器的数据采样间隔却是 5min，远低于国外的 30s，遑论国内线圈检测器的布设间距通常都是以千米计数的，因此相应的研究举步维艰。

表 1.2.1　国内外实时交通事故风险预测研究的交通数据汇总

检测器布设间距	数据采样间隔/s	显著变量	变量时间跨度/min	分析方法
约 0.5 英里(国外)	10	流量、占有率、速度的均值与方差	0～5	贝叶斯分类器
约 0.5 英里(国外)	20	事故上游交通流密度、车道间速度方差系数、断面间速度方差系数	0～5	Log-Linear
约 0.5 英里(国外)	30	平均速度、左侧及内侧车道速度离散度、交通量	0～30	非线性典型相关分析
0.5 英里(国外)	30	同一断面的速度离散度	0～15	GEE
0.5 英里(国外)	30	事故上游第 2 断面平均占有率、下游第 1 断面速度方差系数	5～15	二元 Logit 回归
0.15～1.58 英里(国外)	30	换道频率、速度离散度、交通量	5～10	二元 Logit 回归
300～500m(国内)	300	事故下游两个断面的平均速度、上游两个断面的平均时间占有率、上游第 1 断面的速度和时间占有率	5～10	随机森林
300～500m(国内)	300	事故上下游各一个路段的拥堵水平、两个路段间的速度差	5～20	贝叶斯网络

实时事故预测研究采用的交通数据主要是线圈检测器数据。在新型交通信息采集技术的挑战下，线圈检测器因失效率高达 24%～29%[18]和成本高等缺点正在失去统治地位，甚至被认为几年之后将被非接触式信息采集技术替代[13]。这意味着，基于线圈检测器数据的实时事故预测模型很有可能面临无法实际应用的命运。部分学者已经开始探索基于其他交通数据的事故风险预测方法。这些数据包括但不限于全域微波雷达轨迹数据、AVI 系统数据、RTMS 数据和MVDS 数据。

2. 二次事故研究现状

1) 二次事故鉴别研究

无论国内外，目前二次事故在事故信息系统中并不标注记录，因此需要在海量的事故数据中把二次事故找出来。国外对于二次事故的鉴别方法并不统一。表 1.2.2 为国外部分二次事故鉴别研究成果，包括二次事故的鉴别方法、数据来源和结论。

表 1.2.2　国外部分二次事故鉴别研究成果

项目		结论	数据来源
距离范围	时间范围		
1 英里	15min	15%以上的事故可能是二次事故	芝加哥北部城市地区(1796 起交通事故)[19]
1 英里	15min	34.7%的事故可能是二次事故	美国 Borman 高速公路(741 起交通事故)[20]
2 英里	60min	4.35%的事故可能是二次事故，乡村地区二次事故更多	加利福尼亚州高速公路系统(超过350000 起交通事故)[21]
2 英里	2h	二次事故出现频率较低，约为 1.5%～3%	洛杉矶高速公路(84684 起交通事故)[22]
最大排队长度1.09～1.49 英里	事故恢复时间：33.34～52.6min事故消散时间：0～21.76min	二次事故占 3.23%	佛罗里达州第四区 I-595 和 I-75 高速公路(7895 起交通事故)[23]
基于事故连续曲线		二次事故占 7.14%	密苏里州 I-70 和 I-270 高速公路(5514 起交通事故)[24]
找出一次事故与随后事故的时间距离之间的关系		二次事故占 3.88%。方法可以识别出 87%的人工搜索出的二次事故	肯塔基州公路(9330 起交通事故)[25]
基于速度矩阵		两个方向的二次事故率分别为 7.5%和 3.8%	加利福尼亚州州际高速公路(6200 起交通事故)[26]
基于二元速度等值线图		二次事故率为 8.4%(用户定义速度折减系数(speed reduction index，SRI)为 0.7)	新泽西州一条主要公路 27 英里的路段(1188 起交通事故)[27]
基于在线可拓展的方法		得到自动检测程序	从多个第三方交通图服务系统中获取交通数据[28]
交通波分界理论		二次事故率为 1.08%	美国加州高速公路(10762 起交通事故)[29]

二次事故最初根据具体的时间和距离来确定。Raub[19]以距离一起事故 1 英

里和 15min 内的其他事故作为二次事故，得到 15%的事故可能是二次事故的结论。部分研究同样是给出固定的距离和时间，只是数值不尽相同[20-23]。这种给定具体时间和距离的研究方法主观性较强。之后的研究提出基于事故连续曲线的二次事故鉴别方法[24]，其中以根据不同的时空分布来鉴别二次事故为代表[25-29]。

Zheng 等[30]提出交通波可以用来更好地鉴别二次事故。由于交通波理论可以表达交通流中两个不同状态之间的转变，交通波理论已经在估计排队长度中有所应用[31]。在交通波鉴别二次事故研究中，Bill 等考虑交通波的实时变化对二次事故鉴别的影响。Wang 等[29]提出一种基于实时交通波的鉴别方法——交通波分界理论方法。这种方法考虑事故发生后交警或救援车辆到达导致的交通波变化所产生的影响，具有较高的准确性[32]。

2) 二次事故时空分布研究

以往的研究发现，二次事故时空分布的研究较少。其中，Chimbal 等[33]使用一个图表示二次事故的时空分布。基于此，Chung[26]发现一二次事故之间的平均距离差是 1.34 英里，平均时间差是 65.81min。同时，有研究发现，大部分二次事故发生在距离一次事故上游 20min 和 0.5 英里的范围内[34]。Wang 等[25]发现，一二次事故之间的平均距离差是 4.58 英里，平均时间差是 74min。上述二次事故时空分布由于二次事故鉴别方法的不同而不同，因此有学者基于交通波分界理论鉴别二次事故，采用混合分布的方法得出二次事故时空分布概率统计模型。

同时，研究很少用一次事故信息对二次事故时空分布进行建模。部分学者基于一次事故信息采用不同的机器学习方法对二次事故时空分布建模，以期对二次事故的时空位置进行预测，提高二次事故的可控性[36-42]。

3) 二次事故致因研究

Karlaftis 等[20]运用逻辑回归的方法研究可能会导致二次事故的因素，建立二次事故发生概率模型。其中，研究的变量包含处理时间、车辆类型、地点、季节和星期，之后将这一研究成果运用到改善道路安全中去[43]，减少二次事故，给当地带来经济效益。在这一研究之后，逻辑回归也多次被运用到研究引发二次事故的因素中。由于逻辑回归适用于影响因素分析，可以直观地反映因素显著程度，适用于连续性和类别性自变量，因此逻辑回归分析二次事故致因是较为常用的致因分析方法。

对以往研究中模型的输入变量与结论进行分析发现，大部分研究包含事故时间、位置、类型、天气状况、事故严重程度、持续时间、车道关闭情况、车辆类型变量，但是这些变量并不能反映事故发生时的交通状态。近年的研究更多地是包含车道交通状况的信息，如年平均日交通量(annual average daily traffic，AADT)、车速、流量等变量，并且从研究结果可以得到，交通状态与二次事故发生密切相关。在以往的研究中，AADT 并不能真实地反映当时的交通状况，而事故发生前后的交通波可以反映出当时的交通流状态。因此，如今越来越多的学者将事故发生前、事故发生时，以及事故处理中的交通波作为影响因素。

国外二次事故致因研究汇总如表 1.2.3 所示。

表 1.2.3　国外二次事故致因研究汇总

研究方法	变量	结论
逻辑回归	清理时间、车辆类型、车辆位置、天气、星期	清理时间、天气、车辆类型、一次事故车辆横向位置显著地影响二次事故发生概率[20]
比例法	时间、道路等级、一次事故、严重程度、事故类型	二次事故更易发生在高峰时期超过四车道的城市高速公路上，并且与超速有关[21]
逻辑回归	事件持续时间、发生时间、环境条件、事件类型、事件位置、交通状况、车道关闭、受伤人数、车辆类型	一次事故涉及车辆数、车道数、一次事故位置，以及持续时间、发生时间、一次事故是否有翻车，这些因素影响二次事故发生概率[36]
逻辑回归	事件持续时间、发生时间、环境条件、事件类型、位置、交通状况、车道关闭、受伤人数、车辆类型	显著的因素有一次事故类型、一次事故车道堵塞持续时间、事件是否发生在 I-95 向北方向。在白天，车道堵塞时间长的事故可以明显地增加二次事故发生概率[23]
二元 probit 回归	检测来源、事件类型、响应车辆、AADT、左路肩是否受影响、坡道是否受影响、是否高峰期、涉及车辆数、观察时间、剩余的时间、观测次数	持续时间越长，在高峰时期，事件包含的车辆数越多，高 AADT 会提高二次事故发生概率[34]
顺序回归	事件持续时间、是否涉及卡车、车辆数、州外车辆、车道关闭、路段长度、车道数、曲线、AADT	事故持续时间越长，段数越短，卡车可以提高二次事故发生概率。多车事故，以及车道堵塞与多重二次事故有关[37]
贝叶斯网络	时间、车辆数、距离、持续时间、车辆类型、位置、最大排队长度、观测的上游排队时间	事件发生时的交通状况、响应时间、清理时间等因素是决定事故的上游影响区域的显著因素[38]
普通最小二乘法回归	一次事故的特征、道路几何特征、交通量	持续时间长，可以被安全管理检测到。碰撞、起火与发生距离远的二次事故有关。持续时间长与距离远有关[39]
概率模型	持续时间、事故类型、车道数、车辆数、重型车辆、运行速度、小时交通量、雨、直线、下游几何线形、上游几何线形	与二次事故发生概率有关的前五项因素包括交通速度、一次事故时间、小时交通量、降雨强度、一次事故包含车辆数。堵塞的车道数、卡车百分比、上游几何线形也影响二次事故发生概率[40]
逻辑回归	时间段、追尾、严重程度、区间、周末、冬天、车道关闭、涉及的卡车	显著影响二次事故发生概率的变量包括时间段、事故类型、事故持续时间、关闭车道数、天气[27]
概率模型	二次事故频率、时空分布、清理时间、事故类型、严重程度	几乎一半的二次事故是在一次事故上游 2 英里以内，以及 2h 内发生的。二次事故很可能包括 2 辆及以上车辆，而且很可能是追尾事故。根据记录，造成二次事故的主要情况有跟车太近，以及不合适的变道行为[41,42]

4) 国内二次事故研究

国内对于高速公路安全预警指标与预警体系的研究相对较多，而对高速公路二次事故的预警研究较少。国内道路数据采集起步较晚，因此国内二次事故研究多基于理论分析二次事故诱因，进行二次事故预防对策研究，提出二次事故预警模型和高速公路安全预警体系[44-50]。

孙永俊[44]采用交通事故数据与实际行车环境相结合的方法，对高速公路交通事故，以及二次事故的成因进行理论分析；对二次事故时空分布进行统计分析；建立高速公路事故多发路段车流量控制系统与紧急救援管理系统。

同时，缪和匠[47]基于高速公路事故调查分析，从人-车-路理论分析高速公路二次事故的诱因，并提出二次事故的预防对策，建立基于排队理论的交通事故影响时间和影响范围模型，通过对高速公路救援体系的分析，提出紧急救援分级响应体制。同时，对交通标志进行研究，提出合理的高速公路交通标志布设、信息发布方法，并综合性提出二次事故预防措施。

除此之外，郑荣莉[48]通过数学理论、非优理论和控制理论分析解释二次事故的本质，以及发生规律，对二次事故特点进行理论分析，提出二次事故预防的重要性。根据二次事故特点构建高速公路预警体系，包括预警指标、预警方法等。同时，对预警信息发布的形式、内容进行研究，提出合理的可变信息标志内容及设置方法。

综上所述，国内对高速公路二次事故的分析着重于预警指标、预警方法，以及预警体系的研究，对二次事故致因均采用理论分析，使预警体系的构建多基于理论，主观性较大。数据的缺乏使二次事故的时空分布研究无法开展。

对比国内外二次事故致因研究现状可知，国内外研究差异较大。国外二次事故分析多基于实验数据，而影响二次事故的重要因素往往很多，因此缺少对数据库中未记录因素的分析。这样得出的结论由于数据库的不同而有较大区别。国内的研究多基于理论，考虑变量多、分析因素广泛，但是无法给出具体的比重，构建合适的关系，这也与国内事故数据记录系统不完善有关。国内二次事故诱因分析多基于理论，并且是基于构建预警指标体系为目的进行研究，关注点在于预警信息发布与预警指标研究，较少关注二次事故的时空分布、二次事故特点和致因。

3. 交通事件时空影响研究现状

国内外交通事件影响预测方法基本上可以分为基于排队论的交通事故影响预测、基于数据挖掘的交通事故影响预测、基于交通波的交通事故影响预测三类。其中，排队论模型又可以分为确定性排队论模型和随机排队论模型。确定性排队论模型构建简单，但是模型中所有的参数均为确定值，未考虑实际车流波动变化的影响，排队长度的估算结果与实际值之间存在一定的差异。随机排队预测研究集中于只阻塞一条车道的交通事故排队预测问题，并且需对驾驶人的换车道行为进行假设，这与高速公路交通事故影响预测的实际情况不完全相符。基于数据挖掘的交通事故影响传播速度和影响范围分析方法只是通过分析实时采集的交通流数据确定交通事故的影响范围，无法真正实现对交通事故影响传播速度和影响范围的有效预测。基于交通波的交通事故影响传播速度和影响范围预测方法是通过对车流波传播过程和传播速度的分析，预测交通事故影响范围。相较于其他模型，交通波模型与实际交通情况的契合度最高，并且对车辆到达率和离去率等参数变化不敏感，更符合实际情况。相对而言，选择交通波模型描述交通事故状态下车流的拥挤-消散过程准确度更高，应用更方便。

在高速公路多车道(单向至少有两条车道)、全封闭、立体交叉的路网环境中，由于高速公路对各车道限制行驶车速和通行车型，并且在高速公路交通事故不同处理阶段，事故占用车道数可能不同，事发位置上游各车道路段、汇入、汇出位置，以及匝道上会呈现不同事故状态下的交通流影响特征。因此，随着道路网络结构，以及事故状态下交通环境的日益复杂，从流体力学发展而来的交通波理论被直接应用于分析事故状态下的交通流拥堵及消散现象时，交通波理论应用条件与事故状态下交通流影响特征日益不符，交通事故影响预测误差较大。因此，有必要从高速公路交通事故状态下的交通流影响特征出发，对交通波理论在交通事故影响传播分析领域的传统应用方法进行修正，使其更符合多车道高速公路环境下的交通事故影响传播过程。考虑路网结构，建立交通事故影响传播速度和影响范围预测模型及方法，提高交通事故影响传播速度和影响范围预测准确性，改善交通事故影响预测效果。

除此之外，还有利用态势评估技术进行交通事件影响的研究。但是，由于早期的态势评估多应用于军事领域，很多理论成果受保密因素的限制，很难借鉴。公开发表的学术成果大多局限在实验室原型系统的介绍，其中描述性和结构框架性的偏多，给出具体理论、方法，以及性能评估的结果很少，且少有定量的评估研究成果发表。由国内外态势评估的应用情况可以看出，目前态势评估主要使用的是专家系统和模板技术，存在静态的知识结构，不确定性推理技术尚不成熟，不能实时反映观测环境的变化等缺点，不适用于交通突发事件态势演变的不确定性，以及实时性的评估需求。

态势评估技术在交通领域的应用也是刚刚起步，可以借鉴的研究成果很少。部分学者将态势评估的理念引入交通突发事件的应急处置研究中，提出一个态势评估可以参考的功能框架，但是缺少对交通突发事件态势关键因素的分析和具体深入的建模研究。另有学者通过建立基于贝叶斯网络的城市道路交通突发事件态势预测模型提供人工智能解决方法，但是缺少对于态势评估层次和过程的建模与析，构建的贝叶斯网络仅依靠专家知识构建决策网络，模型输入的变量是二分变量，精度和适用性需要进一步提高。交通事故导致大量的人员伤亡和财产损失，让人们觉得其残酷性如同战争，将交通环境比作战场的残酷性和紧迫性的观念也慢慢深入人心。因此，系统地研究高速公路交通突发事件态势评估技术，具有重要的意义。

4. 交通事件管理研究现状

交通事件管理是指在事件发生后合理地使用人力、物力和技术资源尽快使道路恢复通行能力、减少影响范围所进行的一系列工作[51]。事件管理系统一般应具有事件检测、事件影响预测(包括持续时间预测、交通延误预测、影响范围预测)、制定紧急救援方案、交通事件信息发布、交通控制策略等功能。目前，许多国家的交通运输部门都建立了交通事件管理系统，并对该系统各个组成部分的关键技术进行了广泛的研究。

1) 交通事件管理对策研究现状

交通事件管理对策涉及交通组织、事故救援及道路设施工程维护等措施。1992 年，美国交通研究委员会(Transportation Research Board，TRB)组织出版《道路维护管理、交通安全及路面除冰》[52]，1993 年出版《道路维护管理、交通安全及路侧构筑物》[53]。1997 年，美国国家公路与运输协会(American Association of State Highway and Transportation Officials，AASHTO)出版《公路安全设计与运行管理指南》，对高速路网各种规划设计和运行管理的制度和技术进行了汇总[54]。美国联邦公路管理局编制的《交通事件管理手册》较为系统和全面地介绍了交通事故管理的要素、管理方案设计，以及运行和技术支持等方面的知识，认为交通管理要解决的一个至关重要的问题就是保障交通流平稳而安全地运行。其目的是为紧急救援和事故处理工作提供一个较为安全的工作环境，减少交通冲突[55]。2003 年，TRB 出版《高速公路综合安全管理流程》[56]，对提高美国交通管理部门应对灾害条件下的交通安全管理能力起到重要的作用。公安部门与运输部门之间的信息共享机制对于交通安全与事故管理问题有重大的影响[57]。

在应用交通事件管理对策方面，国外开发了多种交通事故或事件管理系统。在澳大利亚，悉尼市建立了能够把高速公路网络同城市交通信息系统相结合，具有快速事件检测和响应能力的事件管理系统[58]。美国的交通突发事件处置系统(emergency management system，EMS)是专门针对突发性交通意外事件开发的管理系统[59]，被列为美国智能运输系统(intelligent traffic system，ITS)的七大领域之一，实施效果非常显著。根据美国运输工程师协会的评价结果，交通事件管理系统能够使事件持续时间减少65%[60]、交通拥挤减少10%～15%[61]、二次事故减少30%～50%[62]等。加拿大的高速公路交通管理系统包括交通检测、交通监视、交通诱导和交通控制四个子系统,具有交通信息实时采集和处理功能,可以生成交通诱导和事故救援方案。此外,加拿大的指南针交通监控系统在交通运行状态监控、信息发布,以及紧急救援方面取得了很好的效果,每年可以减少 30 万小时的交通延误,避免 200 起二次事故的发生,提高高峰期交通流平均车速 7%～19%[63]。

国内在事故交通组织、事故救援等方面同样做了大量研究。2008～2012 年,"国家道路交通安全科技行动计划"实施,国内企业、研究机构、大学院校,以及地方公安交通管理和公路运输管理部门等 82 家单位近 2300 名科技人员参与研发与示范应用工作,开展了交通安全信息集成与分析,山区公路网安全保障,高速公路安全和服务,营运车辆与客运安全保障,全民交通行为安全性提升,区域公路网交通安全态势监测、评估及应急指挥,道路交通安全执法等项目研究,在交通安全监控预警、保障控制和应急救援等方面开发了重要点段交通监控及事件实时报警系统、区域公路网交通安全态势评估预警系统,以及区域公路网交通信息可视化管理和辅助决策等应用系统,提高了我国道路交通事故预防预警和应急处置能力[64,65]。

当前,国内外交通事故管理对策主要是在考虑交通事故基本特征、灾害性天气和道路影响因素的基础上研究提出的,较少根据交通事故影响传播特点划分事故管理区域并制定针对性的交通事故管理措施。同时,对交通事故联动管理组织因素的考虑不够,对策内容的针对性、系统性不足,因此有必要在当前国内外研究成果的基础上,结合交通事故影响特征和我国交通事故管理部门组织特征,在划分交通事故管理区域、制定交通事故管理措施,以及构建交通事故联动管理机制三个方面进行综合性研究,初步提出系统的高速公路交通事故管理对策。

2) 交通管理措施决策方法研究现状

决策数学模型因其精确性和可计算性,一直是国内外决策建模与决策支持系统研究的重要内容。在决策过程中,基于数学模型的决策方法仍然占有重要的位置,在定量决策领域具有不可替代的优势。随着决策对象、决策环境的不断变化,智能决策方法越来越多,越来越深入地应用于国内外决策领域,以解决频繁出现的大量定性的、不确定的半结构化和非结构化问题,从而促进智能决策方法研究的不断深入。

交通事件应急决策涉及交通组织、事故救援、道路工程维护,以及跨部门、跨区域的应急联动管理等不同作业需求,受到人、车、路、环境等多种因素的影响。决策响应时间短、应急管理部门多、决策措施复杂。信息数据具有实时性、缺失性、异构性、不确定性等特征,兼具结构化和非结构化决策问题的特点。由于数学模型和大部分智能决策方法对交通事故管理的描述要求过于精确和理想化,绝大部分交通事故管理问题并没有达到理想中的高结构化程度,当前仍缺乏针对性的高速公路交通事故应急措施决策方法。因此,有必要从高速公路交通事故应急决策特点出发，分析交通事故数据特征，对事故应急措施决策方法进行深入研究，为管理者提供合适的决策工具。

3）交通事件管理系统研究现状

国外非常重视交通事件管理的研究和应用，交通事件管理系统被视为 ITS 的七大子系统之一，是实现主动交通管理(active traffic management，ATM)的重要组成部分，主要应对非常发性交通拥堵，降低拥堵转移概率，实现事件条件下的交通组织管理，从而减少二次事故发生，缩短交通延误。Zografos 等[66]提出事件下的路网交通流实时决策支持系统，具有划分管理区域、分配反应单元、制定反应单元路线和事件现场管理等功能。同时，考虑事件的持续时间和影响范围[67]，采用专家系统的方法对加利福尼亚高速公路实时快速系统给出救援资源类型的决策建议。

EMS 是专门针对突发性交通意外事件开发的管理系统[59]，能够减少事件持续时间约 65%[60]、交通拥挤 10%～15%[61]、二次事故 30%～50%[62]等。其中，1996 年开始运行的明尼苏达州运输局的 Divert(during incident vehicles exit to reduce time)事件管理系统，主要由事件检测、路径诱导和交通信号控制三部分组成，同时还为分析使用城市道路作为转移路径。1997 年开始实施的马里兰州公路管理局的 Chart(chesapeake highway advisories routing traffic)事件管理系统，主要由交通监视、事件响应、出行者信息和交通管理四个部分组成，总的延误时间减少 1560 万车辆小时，燃油消耗大约减少 2200 万升，减少潜在的二次事故 337 起[68]。另外，具有代表性的还有圣地亚哥智能呼救电话、亚特兰大的 Navigator 和印第安纳州的 Latoski 等[43]。加拿大的高速公路交通管理系统包括交通检测、交通监视、交通诱导和交通控制四个子系统。同时，加拿大的指南针交通监控系统在交通运行状态监控、信息发布，以及紧急救援方面取得了很好的效果，每年可以减少 30 万小时的交通延误，避免 200 起二次事故的发生，使高峰期交通流平均车速提高 7%～19%[63]。

在澳大利亚，悉尼市建立了把高速公路网络同城市交通信息系统相结合，具有快速事件检测和响应能力的事件管理系统；昆士兰州建立了具有半自动化事件检测能力的事件管理系统；墨尔本建立了具有全自动事件检测能力的 VicRoads 事件管理系统；佩思市在市区 60km 的高速公路上引进了 Mrwa(main road western Australia)系统[58]。西欧、德国、瑞典等许多国家和地区都对高速公路事件管理给予了足够的重视。日本是应用易发事故探测和预警系统最广泛的国家之一，如先进导航辅助公路系统的子系统、车辆侧翻自动警示系统和追尾防撞驾驶人警示系统，主要运用于行车视距受限的路段，系统不足之处是对拥堵程度感应怱差，不能检测车流波动的存在[69]。

近年来，我国高速公路建设发展迅猛，但是高速公路交通监控设施、交通工程设施、通信设施等建设还不够丰富，高速公路交通事件管理的研究和应用尚处于刚刚起步的阶段。北京市开展了建立道路交通流实时动态信息系统的研究。该系统主要包括交通信息采集、处理与分析、交通信息发布和数据库四部分[70]。同时，高速公路通车里程达到 767km，高速公路监控应急系统可以实现高速公路网络级的交通监控、应急指挥、信息发布、运行管理全球定位系统(global positioning system，GPS)调度服务等功能，能够对路网范围内的重特大交通事故进行及时的协调、控制与处理[71]。该系统承担着上海市高速公路网的信息汇集与发布、突发事件处置，以及高速公路交通管理、控制、分析和研究的任务，提高了运行管理水平和服务能力。同时，上海的城市快速路也建成交通信息广播发布系统，与路况情报标志发布的内容同步，向出行者提供快速路的整体交通状况、路段信息、交通分析统计、匝道开放关闭信息、越江桥隧开放关闭信息等，遇到突发交通事件还能及时插播。

目前，国内还没有关于高速公路事件管理的明确定义，《交通事件管理手册》定义交通事件管理系统为处理高速公路事件时，系统地、有计划地、协调地使用人员、机构、设备和技术等资源，从而缩短事件的持续时间、降低事件的影响程度，改善出行者、受伤者和管理者的安全，提高运行的效率和道路的畅通能力。事件管理系统主要包括事件的检测与确认、事件持续时间的估计、事件影响范围的评估、事件延误的预测、事件的紧急救援与清理，事件条件下的交通组织管理和控制等方面。通过文献调研，交通事件应急管理的系统性研究成果大多是在近几年发表的。有学者以路网运行安全为基本目标，在灾害性事件、不良交通状态、交通事件等灾变条件下，研究事件影响范围内路网运行安全管理，以及应急处置方法，并将研究成果应用于工程实践；也有研究通过分析非常态事件对城市交通的影响，包括交通需求、交通行为、路网可靠性等方面，从理论和技术上探讨非常态事件发生的情况下，城市交通管理部门应采用何种策略科学地应对。此外，有学者分析了紧急事件下交通管制对策的影响因素，提出紧急事件下的救援资源优化调度、交通控制、交通诱导和信息发布，以及强制性交通管理策略。近几年，部分研究开始从交通意外事件快速处置系统功能分析着手，提出交通意外事件快速处置系统的总体框架、功能模块和系统任务，主要研究交通意外事件检测技术、交通意外事件的交通影响范围分析、交通紧急疏导技术、交通意外事件快速处置综合信息平台构建、交通意外事件交通快速处置指南制定、工程技术应用等内容。还有一部分学者提出基于交通流特性的高速公路交通网络地理信息系统(geographic information system，GIS)数据模型，建立和设计了不同安全管理条件下的高速公路网运行安全管理决策模型和算法，以及基于 GIS 的高速公路网运行安全管理系统的数据库框架。

综合国内外研究与应用现状可以看出，交通事件管理系统的主要组成部分大致包含事件检测、事件持续时间预测、事件影响范围的评估、事件造成延误的预测、事件条件下的交通组织与控制，事件应急响应的决策优化等关键部分。针对以上几个方面，对交通事件管理的研究与应用现状总结如下。

(1) 国外交通事件检测大多注重事件检测算法的研究，路网拓扑结构和检测器布设对交通事件的检测性能和效果的研究缺乏理论支持，因此需要构建一个路网检测器优化布设方法，为提高事件检测性能、缩短事件发现时间提供理论和技术的支持。同时，应从路网范围综合考虑各种交通传感器的功能和优势，研究交通事件条件下的集交通流、道路环境，以及事件特征等为一体的综合信息检测方法和协同检测问题。

(2) 交通事件持续时间的研究在事件管理中往往只给出预测的结果，缺少事件不同阶段持续时间的预测研究。同时，考虑我国的道路条件、车辆运行特征、事件处置流程，以及事件管理体制上的较大区别，需要建立适用于我国高速公路交通事件持续时间的预测模型。

(3) 交通事件影响范围的评估研究大多是基于主线事件条件下影响范围的预测，没有考虑事件下交通流波动传播到出入口匝道时的干扰和拥堵转移情况的研究。同时，缺乏交通干预条件下对交通流波动的影响研究。目前，国内在交通事件造成的延误研究方面，还未进行较准确的实时预测。

(4) 对于事件条件下的交通组织管理，需要结合我国国情，尤其是高速路网自身的分流控制，以及采用国省道通道分流管理的需求，提出一套事件条件下交通组织管理的策略方案。

(5) 在事件应急响应方面，国外高速公路管理部门的职能相对我国交管部门的职能来说要简单很多，从实际出发需要考虑人工智能等先进的决策优化方法来构建适宜国情的高速公路交通事件应急响应决策优化模型。

综上所述，只有具备交通事件条件下的交通流运行状态监控、交通事件持续时间预测、交通影响范围评估、交通事件延误估计，以及交通组织管理等共同构建的交通事件态势的多重视图，才能实时动态地展现交通事件在路网范围内的发展状态和未来走向，解决交通管理过程中的诸多关键问题，为国家主干公路网的重大突发事件的应急处置提供技术支持和决策依据，为高速公路大流量快速交通的安全与畅通提供强有力的保障。

1.3　数据驱动下的高速公路运行安全管控架构及内容

随着人工智能技术的不断发展，为了契合交通强国战略的要求，数据驱动下的高速公路运行安全管理模式正在不断兴起。

在数据驱动发展下，高速公路运行安全管理实质的核心决策问题是，交通事件风险及事件影响范围的实时预测、二次事故风险预测及时空位置预测，以及交通事件的影响时空扩散。基于数据驱动的高速公路运行安全管理框架如图 1.3.1 所示。无论是事前、事中、事后的运行管理都依赖断面交通量信息、车辆轨迹信息、路面状态信息、气象信息、车辆信息等。通过在事前实时预判交通风险，事中预测交通事件和二次事故的持续时长及影响范围，事后合理地进行应急处理，将会为高速公路运行安全管理提供更加可靠的决策依据。

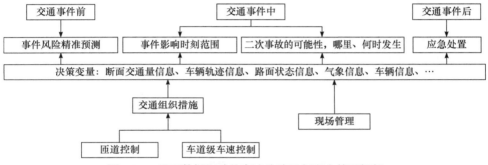

图 1.3.1　基于数据驱动的高速公路运行安全管理框架

综上所述，数据驱动下高速公路安全运行安全管理将会为交管部门带来可靠的、可视化的决策依据，为交通使用者带来良好的交通状态，减少高速公路交通安全风险。

参 考 文 献

[1] Oh J S, Oh C, Ritchie S G, et al. Real-time estimation of accident likelihood for safety enhancement. Journal of Transportation Engineering, 2005, 131(5): 358-363.

[2] Lee C, Saccomanno F, Hellinga B. Analysis of crash precursors on instrumented freeways. Transportation Research Record, 2002, 1784(1): 1-8.

[3] Lee C, Hellinga B, Saccomanno F. Real-time crash prediction model for application to crash prevention in freeway traffic. Transportation Research Record, 2003, 1840(1): 67-77.

[4] Lee C, Hellinga B, Saccomanno F. Assessing safety benefits of variable speed limits. Transportation Research Record, 2004, 1897(1): 183-190.

[5] Abdel A M, Abdalla M F. Linking roadway geometrics and real-time traffic characteristics to model daytime freeway crashes: generalized estimating equations for correlated data. Transportation Research Record, 2004, 1897(1): 106-115.

[6] Abdel A M, Uddin N, Pande A, et al. Predicting freeway crashes from loop detector data by matched case-control Logistic regression. Transportation Research Record, 2004, 1897(1): 88-95.

[7] Abdel A M, Uddin N, Pande A. Split models for predicting multivehicle crashes during high-speed and low-speed operating conditions on freeways. Transportation Research Record, 2005, 1908(1):

51-58.

[8] Abdel A M, Pande A. Identifying crash propensity using specific traffic speed conditions. Journal of Safety Research, 2005, 36(1): 97-108.

[9] Abdel A M, Haleem K. Analyzing angle crashes at unsignalized intersections using machine learning techniques. Accident Analysis & Prevention, 2011, 43(1): 461-470.

[10] Hassan H M, Abdel A M. Predicting reduced visibility related crashes on freeways using real-time traffic flow data. Journal of Safety Research, 2013, 45: 29-36.

[11] Ahmed M, Abdel A M. A data fusion framework for real-time risk assessment on freeways. Transportation Research Part C: Emerging Technologies, 2013, 26: 203-213.

[12] Wang L, Abdel A M, Shi Q, et al. Real-time crash prediction for expressway weaving segments. Transportation Research Part C: Emerging Technologies, 2015, 61: 1-10.

[13] Ahmed M M, Abdel A M. The viability of using automatic vehicle identification data for real-time crash prediction. IEEE Transactions on Intelligent Transportation Systems, 2011, 13(2): 459-468.

[14] Ahmed M M, Yu R, Abdel A M. Safety applications of automatic vehicle identification and real-time weather data on freeways//The 18th ITS World Congress, Orlando, 2011: 11-23.

[15] Shi Q, Abdel A M. Big data applications in real-time traffic operation and safety monitoring and improvement on urban expressways. Transportation Research Part C: Emerging Technologies, 2015, 58: 380-394.

[16] Xu C, Tarko A P, Wang W, et al. Predicting crash likelihood and severity on freeways with real-time loop detector data. Accident Analysis & Prevention, 2013, 57: 30-39.

[17] Sun J. A dynamic Bayesian network model for real-time crash prediction using traffic speed conditions data. Transportation Research Part C: Emerging Technologies, 2015, 54: 176-186.

[18] Klein L A, Mills M K, Gibson D, et al. Traffic Detector Handbook: Volume II. New York: United States Federal Highway Administration, 2006.

[19] Raub R A. Occurrence of secondary crashes on urban arterial roadways. Transportation Research Record, 1997, 1581(1): 53-58.

[20] Karlaftis M G, Latoski S P, Richards N J, et al. ITS impacts on safety and traffic management: an investigation of secondary crash causes. Journal of Intelligent Transportation Systems, 1999, 5(1): 39-52.

[21] Hirunyanitiwattana W, Mattingly S P. Identifying secondary crash characteristics for California highway system//Transportation Research Board 80th Annual Meeting, Washington D.C., 2006, 18: 6-29.

[22] Moore J E, Giuliano G, Cho S. Secondary accident rates on Los Angeles freeways. Journal of Transportation Engineering, 2004, 130(3): 280-285.

[23] Zhan C, Gan A, Hadi M. Identifying secondary crashes and their contributing factors. Transportation Research Record, 2009, 2102(1): 68-75.

[24] Sun C C, Chilukuri V. Dynamic incident progression curve for classifying secondary traffic crashes. Journal of Transportation Engineering, 2010, 136(12): 1153-1158.

[25] Green E R, Pigman J G, Walton J R, et al. Identification of secondary crashes and recommended

countermeasures to ensure more accurate documentation//Transportation Research Board 91st Annual Meeting, Washington D.C., 2012: 1-12.

[26] Chung Y. Identifying primary and secondary crashes from spatiotemporal crash impact analysis. Transportation Research Record, 2013, 2386(1): 62-71.

[27] Yang H, Bartin B, Ozbay K. Identifying secondary crashes on freeways using sensor data// Transportation Research Board 92rd Annual Meeting, Washington D.C., 2013: 1-9.

[28] Yang H, Morgul E F, Bartin B, et al. Development of an on-line scalable approach for identifying secondary crashes. Transportation Research Record: Journal of the Transportation Research Board, 2014, 2470(1): 24-33.

[29] Wang J, Xie W, Liu B, et al. Identification of freeway secondary accidents with traffic shock wave detected by loop detectors. Safety Science, 2016, 87: 195-201.

[30] Zheng D, Chitturi M V, Bill A R, et al. Secondary crash identification on a large-scale highway system// Transportation Research Board 93rd Annual Meeting, Washington D.C., 2014: 1-15.

[31] Yu L, Zhao D, Tai X, et al. The queue length estimation for congested signalized intersections based on shockwave theory//The International Conference on Remote Sensing, Environment and Transportation Engineering Atlantis, 2013: 1-16.

[32] Sun C, Chilukuri V. Secondary accident data fusion for assessing long-term performance of transportation systems. IOWA: IOWA State University, 2007.

[33] Chimbal D, Kutela B. Scanning secondary derived crashes from disabled and abandoned vehicle incidents on uninterrupted flow highways. Journal of Safety Research, 2014, 50: 109-116.

[34] Khattak A, Wang X, Zhang H. Are incident durations and secondary incidents interdependent. Transportation Research Record, 2009, 2099(1): 39-49.

[35] Wang J, Liu B, Zhang L, et al. Modeling secondary accidents identified by traffic shock waves. Accident Analysis & Prevention, 2016, 87: 141-147.

[36] Zhan C, Shen L, Hadi M A, et al. Understanding the characteristics of secondary crashes on freeways//Transportation Research Board 93rd Annual Meeting, Washington D. C., 2008:1-11.

[37] Zhang H, Khattak A. What is the role of multiple secondary incidents in traffic operations. Journal of Transportation Engineering, 2010, 136(11): 986-997.

[38] Vlahogianni E I, Karlaftis M G, Golias J C, et al. Freeway operations, spatiotemporal-incident characteristics, and secondary-crash occurrence. Transportation Research Record, 2010, 2178(1): 1-9.

[39] Zhang H, Khattak A. Spatiotemporal patterns of primary and secondary incidents on urban freeways. Transportation Research Record, 2011, 2229(1): 19-27.

[40] Vlahogianni E I, Karlaftis M G, Orfanou F P. Modeling the effects of weather and traffic on the risk of secondary incidents. Journal of Intelligent Transportation Systems, 2012, 16(3): 109-117.

[41] Yang H, Bartin B, Ozbay K. Investigating the characteristics of secondary crashes on freeways//The 92nd Annual Meeting of the Transportation Research Board, Washington D. C., 2013: 2-7.

[42] Yang H, Ozbay K, Xie K. Assessing the risk of secondary crashes on highways. Journal of Safety Research, 2014, 49: 143-149.

[43] Latoski S P, Pal R, Sinha K C. Cost-effectiveness evaluation of Hoosier Helper freeway service patrol. J Transp Eng-Asce, 1999, 125(5): 429-438.

[44] 孙永俊. 预防高速公路二次交通事故策略研究. 西安: 长安大学, 2008.

[45] 李婵娟. 复杂路网环境下高速公路二次事故预警研究. 西安: 长安大学, 2014.

[46] 林谋有, 刘国满, 盛敬, 等. 高速公路二次交通事故预警指标研究. 公路与汽运, 2015, (6): 53-56.

[47] 缪和匠. 高速公路二次事故预防关键技术研究. 重庆: 重庆交通大学, 2009.

[48] 郑荣莉. 高速公路二次交通事故预警及信息发布研究. 西安: 长安大学, 2010.

[49] 张正科. 高速公路二次交通事故的预防策略探讨. 西部交通科技, 2011, (1): 25-29

[50] 马建平. 高速公路二次交通事故发生的原因与对策. 人民公安报·交通安全周刊, 2013-03-14(003).

[51] 管丽萍, 尹湘源. 交通事件管理系统研究现状综述. 中外公路, 2009, 29(3): 255-261.

[52] Campbell J F, Langevin A. Operations management for urban snow removal and disposal. Transportation Research Part A: Policy and Practice, 1995, 29(5): 359-370.

[53] Sinha K C, Fwa T F. Framework for systematic decision making in highway maintenance management. Transportation Research Record, 1993, (1409): 3-11.

[54] Transportation Officials. Highway Safety Design and Operations Guide, 1997. New York: AASHTO, 1997.

[55] Owens N, Armstrong A, Sullivan P, et al. Traffic incident management handbook. Washington D. C.: Transportation Research Board, 2010.

[56] Bahar G B. Integrated safety management process. Washington D. C. : Transportation Research Board, 2003.

[57] Brooke K. Sharing information between public safety and transportation agencies for traffic incident management. Washington D. C. : Transportation Research Board, 2004.

[58] Platt T J. New South Wales incident management system//The 9th International Conference on Road Transport Information and Control, Washington D.C., 1998: 196-199.

[59] Cairns W R. Developing intelligent transportation systems using the national ITS architecture: an executive edition for senior transportation managers. New York: Joint Program Office for Intelligent Transportation Systems, 1998.

[60] Petrov A, Lin P W, Zou N, et al. Evaluation of the benefits of a real-time incident response system//The 9th World Congress on Intelligent Transport Systems, Chicago, 2002: 8-12.

[61] Chang G L, Rochon S. Performance evaluation of chart-coordinated highways action response team-year 2002. Maryland :University of Maryland, 2003.

[62] Yokota T, Ishida H, Kato K. Deployment of intelligent transportation systems in countries with developing and transitional economies: its toolkit. Transportation Research Record, 2004, 1886(1): 1-9.

[63] 纪纲. 加拿大高速公路交通管理系统. 中国公路, 2003, (22): 71-72.

[64] 赵新勇, 姜良维, 巩建国. 区域公路网交通安全态势监测, 评估与应急指挥——课题六成果综述. 交通信息与安全, 2013, (1): 36-40,69.

[65] 科学技术部. 重特大道路交通事故综合预防与处置集成技术开发与示范应用. 北京　科学

技术部, 2009.

[66] Zografos K G, Androutsopoulos K N, Vasilakis G M. A real-time decision support system for roadway network incident response logistics. Transportation Research Part C: Emerging Technologies, 2002, 10(1): 1-18.

[67] Ritchie S G. A knowledge-based decision support architecture for advanced traffic management. Transportation Research Part A: General, 1990, 24(1): 27-37.

[68] Karlaftis M G, Latoski S P, Richards N J, et al. ITS impacts on safety and traffic management : an investigation of secondary crash causes. Journal of Intelligent Transportation Systems, 1999, 5(1): 39-52.

[69] Sawaya O B R. Real-time incident traffic management methodologies. Evanston: Northwestern University, 2000.

[70] 于春全. 北京市道路交通流实时动态信息系统的研究. 交通运输系统工程与信息, 2002, 2(8): 22-28.

[71] 徐明德, 朱健. 上海市高速公路网联网收费交通监控与应急指挥通信系统的技术方案与发展. 华东公路, 2003, 1(140): 3-6.

第2章 运行安全信息采集

高速公路作为城际紧密联系的通道，凭借速度快、效率高、灵活性大的运输特点，在城市对外交通体系中占据主导地位。近年来，日渐攀升的多元化交通需求与有限的道路通行能力矛盾日渐尖锐，道路资源的有限供给与不合理的交通管理造成高速公路运行安全风险颇高的现象，甚至事故导致的高速公路拥堵问题日渐严重。如何利用信息化集聚交通要素，驱动运行管理方式转变，将被动处理转化为主动预防，保证高速公路平稳、高效地运行是现今交通管理的趋势。因此，运行安全信息的采集不仅是国家战略发展的要求，也是高速公路运行安全的本质需求。

本章主要讲述在高速公路运行阶段采集的安全信息种类，如交通流信息、车辆轨迹信息、气象信息、车重信息、路面状态信息等，采集手段、设备及用途。

2.1 交通流信息采集

2.1.1 交通流参数

宏观交通流参数包括交通量、速度、交通流密度、时间占有率等[1]。

(1) 交通量一般定义为单位时间内(一般为 15min)检测到通过断面或者路段的实际车辆数，并将其扩大为小时交通量得到的结果，单位一般为辆/h。

(2) 速度一般指车组/车流通过某一断面或某一小路段时表现出的速度特性，包括时间平均速度和空间平均速度。

(3) 交通流密度，简称密度，定义为单位长度内所占的车辆数，通常取单车道 1 英里的长度。

(4) 时间占有率定义为某一时刻或某一小段时间内，道路被占用的百分比，是用来作为道路控制系统宏观密度特性的指标，相对于直接测量道路密度采说，其采集更加方便。

微观参数主要包括车头时距和车头间距等[1]。

(1) 车头时距指在同一车道上行驶的车辆队列中，连续两车车头端部通过某一断面的时间间隔。

(2) 车头间距指在同一时刻两车车头之间的距离，通常可以由前车车尾到后车车头之间的距离与前车车身长度之和计算。

在目前的交通系统中，大多数采集的都是断面宏观交通流参数。同时，依据相应宏观参数推导得到的交通流理论是目前交通工程学中应用最为广泛的理论，合理的交通流表示良好的交通状况。因此，断面交通流信息采集对交通管控至关重要。

2.1.2　线圈检测器

近些年，各种交通信息感知设施不断研发，交通流信息采集手段也不断多元化，从最初的环形感应线圈检测器到如今的微波检测器、雷达-视频组群感知设备。感知手段的不断发展实现了更加丰富的功能定位，逐步实现从宏观到微观交通行为的感知，并可进行行为匹配，实现精确化的交通管控。由于交通流信息感知设施更新成本较高，并且交通流信息属于基本交通信息，由基础的交通感知设施便可以获得较为精准的信息，因此本节将介绍传统的线圈检测器感知设施和断面交通流信息。

1. 线圈检测器简介

线圈检测器用感应线圈检测车辆速度，是道路监控系统非常重要的一部分。它可以获得当前监控路面交通流量、占有率、速度等断面数据，以此判断道路阻塞情况，并利用外场信息发布系统发出警告等，是目前用量最大的一种交通流信息检测设备。

线圈检测器是一种基于电磁感应原理的车辆检测器。传感器是一个埋在路面下，通有一定工作电流的环形线圈。当车辆通过环形地埋线圈或停在环形地埋线圈时，车辆切割磁感线引起线束回路电感量的变化，检测器通过检测该电感变化量就可以检测出车辆的存在[2]。线圈感知设施示意图如图 2.1.1 所示。

图 2.1.1　线圈感知设施示意图

由于其具备高测速精度和交通量计数精度、工作稳定性好、受气象和交通环境变化的影响较小等一系列优点，可以充分实现断面交通信息检测的功能，国内外成功将线圈检测器运用在道路上的案例不胜枚举。同时，廉价的成本也是其广泛应用的原因。

随着技术的发展和交通量的增加，线圈检测器的各种局限性不断暴露出来，即粗放式(缺乏对微观行为、个体危险行为特征的捕捉)、信息单一(断面信息，无法对全域交通特性进行综合采集)、定向性差(无法对特定车辆形成定向追踪)。这些局限逐步被新型技术弥补，但是线圈检测器依旧占据断面交通流信息采集的主导地位。

通过对线圈检测器的原理阐述，可以发现线圈检测器一般具备以下功能。

(1) 交通信息采集、处理功能。

(2) 数据储存功能。

(3) 故障检测功能。

(4) 通信功能。

通过上述功能的实现，线圈检测器可以检测到交管部门需要的数据资料。

2. 线圈检测器数据

通过线圈检测器返回的原始数据一般以 20s 或 30s 为周期，包括流量、车速、占有率，而后得到 5min 的流量、车速及占有率输出。具体数据按照日期、区域，以 txt 文件形式独立存储，单日单区数据文件可达 100～400Mbit，区域以 5min 为周期的检测器数据有上亿条。线圈检测器原始数据如表2.1.1所示。其中，流量为检测周期内通过的车辆数；速度为检测周期内基于车流量的车速平均值；占有率为车辆通过时间占有率。

表 2.1.1　线圈检测器原始数据

基础信息	交通流参数	状态信息
线圈编号	断面流量	数据有效性
路段编号	断面平均车速	线圈工作状态
线圈桩号	断面占有率	线圈异常时间百分比
车道编号	车型 N 流量	—
检测周期	车型 N 平均速度	—

检测器原始数据仅记录线圈的流量数据，按线圈检测器编号和时间排序。为提取检测器的特征和位置，需要从相应数据管理系统中导出检测器的特征数据，详细记录检测器所在的位置、长度等信息。

2.1.3　交通流信息的应用

在大数据时代，断面交通流信息作为交通最基本参数，通过对该信息的采集可以获取实时的交通状况。同时，对历史交通流信息进行统计分析，可以进行交通流的组成结构和趋势分析。

随着智慧高速公路的不断发展，对高速公路提出更高的要求，即交通流信息的功能定位与智慧高速公路要求的交通流检测和预警系统相匹配。同时，交通流信息的采集对路网运行状况管理、交通状况检测等功能的实现有巨大的帮助。

1. 交通流监测与预警系统

交通流监测与预警功能主要实现高速公路交通流基本指标(流量、速度、密度)的采集与分析，对道路服务水平和拥挤程度进行识别和展现，并根据交通流量变化情况进行预警[3]。

(1) 交通流量监测分析。

挖掘分析高速道路匝道出入口、重大节假日、交通时间段、交通运行状况和车辆情况，找出拥堵点段和事故隐患路段，掌握车辆通行情况，给出重要节假日和重大活动的交通流量现状及预测，提出路段流量管控对策措施。

(2) 交通流量统计分析。

基于大数据平台业务数据库中存储的大量交通流数据，按指定的时间段(起止时间)和指定的统计单位(年、月、周)，计算指定道路匝道出入口、路段交通流数据的时间分布特征，分析交通流数据的变化趋势。

(3) 交通流量预测分析。

系统可以根据历史交通通行大数据分析，为用户提供未来一段时间的交通情况预测，包括拥堵道路预测、流量预测等。

(4) 预警级别类别判断。

对交通拥堵情况进行预警级别，以及拥堵可能涉及的区域进行高速范围内交通拥堵预警信息的统筹掌握和管理。

系统自动对大范围的交通拥堵进行识别，并用声、光报警形式提醒监控人员进行筛查和情况确认。

2. 交通状况检测

综合监控平台通过采集其他各应用系统的数据，利用 GIS 平台进行集中展示。通过系统接口调用综合交通服务大数据平台分析后的交通状态结果进行显示，可进行全貌显示、局部显示等。

全貌显示适宜地图全貌显示全部范围交通概况。例如，交通流数据方面综合分析道路平均交通流量、平均车速、饱和度等指标，按照服务水平显示不同颜色，将服务水平划分为三级，用红、黄、绿显示。

局部显示适宜地图局部放大显示。例如，交通流数据方面接收交通流采集系统综合分析每条道路中交通流采集系统采集的实时数据(交通流量、车速、饱和度)产生的交通拥堵预警信息，对前端采集点附近路段重点显示交通拥堵预警标志，显示颜色覆盖全貌。

2.2　卡口交通信息采集

近年来，为了有效执法取证、违法抓拍、车辆疏导、保障交通的高效安全运行，快速掌握车辆的运行轨迹及运行状态，随着图像处理技术的快速发展，交通卡口系统应运而生。

2.2.1　卡口系统简介

交通卡口系统通过对高速公路通行车辆信息实时采集，分析各路口、各时段车辆通行量的数据，能使相关部门根据这些分析结果，科学合理地安排各路口的车辆通行时间，实现在现有道路的情况下，提高道路的通行效率，降低拥堵程度，同时为高速公路改扩建方案提供科学参考。另外，高速公路交通卡口管理系统还提供车辆照片的批量查询，方便对车辆照片进行高效搜索和快速比对。

当机动车驶入交通卡口的监测区域时，卡口监控开始进行机动车的图像采集，从采集到的图像中识别机动车的号牌、号牌颜色、车身颜色、车道，以及车辆型号等相关信息，并结合抓拍时间、抓拍地点、行驶速度、行进方向等信息合并生成一条过车记录，然后将过车记录上传至后台的数据库或者相关应用平台。卡口设施及系统界面示意图如图 2.2.1 所示。

图 2.2.1　卡口设施及系统界面示意图

随着感知设备技术的不断发展，卡口的清晰度与精度不断提高。高清卡口监控系统不仅能够实现高速公路路网交通运行状况实时可视化，还能持续记录路网中机动车的各种行驶信息。相比传统的感应线圈、微波雷达、卫星定位等，高清卡口监控系统采集到的交通数据无论是在内容的多样性，还是可靠性上都具有非常大的优势。

综上所述，交通卡口数据(traffic bayonet data，TBD)具有 7 大优势[4,5]。

(1) 存储的数据信息量大。

(2) 机动车身份识别。

(3) 快捷的数据采集方式。

(4) 识别速度快。

(5) 识别性能稳定。

(6) 数据易于获取。

(7) 覆盖车种全面。

当然，交通卡口数据在应用的过程中也存在一些不足，例如当前交通卡口的数据获取都较为粗放，缺乏时间连续粒度的检测；信息单一，获取的数据信息是断面信息，无法对全域交通特性进行综合采集。尽管交通卡口数据有上述不足，但依旧可以为交管部门提供可靠的信息数据来源。

2.2.2　卡口数据的应用

交通卡口数据是指高清卡口监控系统记录经过交通卡口监控的机动车移动痕迹的电子数据产物，通常包含机动车号牌、抓拍设备点位、抓拍时间等重要信息。高清卡口监控系统利用车牌识别(automatic license plate recognition，ALPR)技术对路网中机动车被抓拍的照片进行信息提取，分析机动车在路网中的移动状态。其中，车牌识别是一种基于图像识别技术从被监控机动车号牌中自动提取车辆牌照信息的技术，在交通卡口数据的采集过程中起到关键性作用。交通卡口数据如表 2.2.1 所示。

表 2.2.1　交通卡口数据

基础信息	交通流参数
卡口编号	通过时间
路段编号	车型
卡口桩号	速度
上下行	车道号
	车辆照片(车牌)

随着机动车辆保有量的不断增加，卡口过车信息剧增，交管部门通过对卡口

过车信息挖掘，能够得到很多被忽视的潜在信息，从而达到交通管理智能化的效果。因此，在交通智能化越来越发达的今天，交通卡口数据与其他数据结合，在大数据技术的基础上能够在交通诸多领域中得到运用。

1. 车辆在线追踪

基于 GPS 定位数据或交通卡口过车数据在 GIS 地图上可视化显示重点车辆的实时在线行驶轨迹，可同时对多辆车进行追踪。轨迹用不同的颜色区别展示，可以对报警的重点车辆将拦截信息及时推送到移动警务终端。

2. 车辆轨迹分析

基于 GPS 基础数据和卡口过车数据查询重点车辆的行驶轨迹，并在 GIS 地图上可视化展示，罗列轨迹的相关信息，如 GPS 时间、GPS 速度等。

3. 预警车辆锁定

通过精准搜索，能够对重点车辆进行锁定，并依托 GPS 数据和卡口数据实时展示车辆位置及过车照片。

4. 红眼客车分析

红眼客车也称红眼班车。该说法最早是指飞机的航班，因为长途飞行的航班都要过夜，造成乘客的眼睛充血变红，所以这种长途航班就称红眼航班。同样，应用到长途客车上就称红眼客车。

基于重点车辆 GPS 行驶轨迹和卡口通行数据，对不同行政辖区、不同道路类型、不同时段、不同重点企业在凌晨时间的红眼客车进行预警分析。

5. 危化品闯禁行分析

基于卡口通行数据和 GPS 数据，对全省/全市范围内重点监管车辆中擅闯禁行区域的车辆进行分析研判。

6. 疲劳驾驶分析

基于重点车辆 GPS 行驶轨迹和卡口通行数据，对不同行政辖区、不同道路类型、不同时段、不同重点企业疲劳驾驶行为进行预警分析。

7. 超速违法分析

基于重点车辆 GPS 行驶轨迹和卡口通行数据，针对不同行政辖区、不同道路类型、不同时段、不同重点企业超速违法行为进行预警分析。

8. 不按规定线路行驶

基于卡口通行数据和 GPS 数据，对全省/全市范围内重点监管的不按规定线路行驶行为进行分析研判。

2.3　全域车辆轨迹信息采集

2.3.1　概论

精准实时获得车辆在高速公路上行驶的轨迹参数，对于交通系统的管理有重要的作用，同时通过预测车辆未来时刻的轨迹信息，能够有效评估驾驶安全性和舒适性，在有安全隐患时能够及时预警或改变行驶策略，避免碰撞事故的发生。目前轨迹信息采集的手段主要有滴墨水法、GPS 数据、路侧感知设施等。

(1) 滴墨水法主要用到的测量工具是墨水。通过将墨水或者水放置在一个容器内，并通过喷射端使其在车辆行驶过程中将水滴排到地面，从而达到记录车辆轨迹的效果。该方法是一种较为传统的车辆轨迹信息采集方法，数据记录较为困难，因此主要在实验工程中使用，在实际中很少运用。

(2) GPS 数据主要从卫星定位车辆管理系统中获得。该系统利用全球定位技术，通过无线数据传输，并配合计算机软件管理信息系统(management information system，MIS)实现对车辆各项静态和动态信息的管理。它与以往的卫星定位设备最大的不同是，管理功能的多元化和系统化，突出的是计算机软件的管理功能而非定位设备的功能。与普通的车辆管理系统相比，因数据的动态性更加凸现优势。其主要记录的数据是从车辆端获取的卫星定位数据，进行相应的时序排列，从而形成连续的轨迹信息(经、纬度)。当前卫星定位主要用于浮动车信息采集，并不是所有的车辆都会安装或公布卫星定位位置信息，因此无法做到全路域全覆盖。

(3) 路侧感知设施的发展是高速公路智慧化的基础，其中路侧感知设施可实现的功能就包括记录车辆轨迹信息，最具代表性的便是毫米波雷达感知设施。毫米波技术在无人车领域也具有重要应用，它采用雷达感知技术，利用路侧的毫米波雷达获取精确的车辆轨迹，通过轨迹拼接实现全域轨迹跟踪。毫米波雷达系统具备目标检测、目标类型识别、车流量统计、车速检测、目标跟踪等能力，通过交通风险识别算法实现风险预警，为交通调度指挥提供决策依据。雷达和摄像机联动可以有效感知整个路段的交通信息，掌控交通态势[6,7]。

目前通过路侧感知设施获取车辆轨迹的应用最为广泛，符合智慧化高速公路的要求[8]。

2.3.2　基于毫米波雷达组群的全域车辆轨迹采集

在高速公路布设覆盖全路段的视频摄像机、毫米波雷达，以及各类传感器，可以组成多维度交通运行数字化感知网络。全域车辆轨迹感知系统网络便是其中之一。基于毫米波雷达的全域车辆轨迹采集系统旨在服务泛在公路使用者，通过采集路段中车辆的轨迹信息，将数据传送至云控平台，进行车辆行驶状态判断和交通态势研判，可以为高速公路的智慧化打下重要的技术基础。毫米波雷达布设及其系统界面示意图如图 2.3.1 所示。

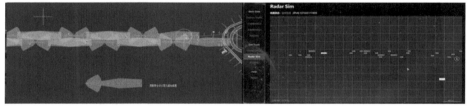

图 2.3.1　毫米波雷达布设及其系统界面示意图

作为系统关键设备之一的毫米波雷达具有如下诸多特点。

(1) 穿透能力强，不受天气影响。大气对雷达波段的传播具有衰减作用，毫米波雷达无论在洁净空气中，还是在雨雾、烟尘、污染中的衰减都弱于红外线、微波等，具有更强的穿透能力。毫米波雷达波束窄、频带宽、分辨率高，在大气窗口频段不受白天和黑夜的影响，具有全天候的特点。

(2) 体积小巧紧凑，识别精度较高。毫米波波长短，天线口径小，元器件尺寸小。这使毫米波雷达系统体积小、重量轻，容易安装在汽车上。对于相同的物体，毫米波雷达的截面积大、灵敏度较高，可探测和定位小目标。

(3) 可实现远距离感知与探测。由于毫米波在大气中衰减弱，因此可以探测感知到更远的距离，其中远距离雷达可以实现超过 200m 的感知与探测。

基于毫米波雷达组群的全域车辆轨迹采集可以获取整条道路所有车辆的毫秒级轨迹数据，其断面交通流统计、交通事件统计、交通情况统计、风险评估、基础数据格式如表 2.3.1～表 2.3.5 所示。

表 2.3.1　断面交通流统计

数据名称	含义	数据类型
Global_Time	时间	数值型
ID(identity document，身份标识号)	断面 ID	数值型
Speed	断面上平均车辆速度(m/s)	数值型
Flow	断面流量(veh/h)	数值型
Occupacy	断面占有率	数值型

表 2.3.2　交通事件统计

数据名称	含义	数据类型
Astern_ID	倒车事件车辆 ID	数值型
Astern_Time	倒车事件发生时间	数值型
Stop_ID	停车事件车辆 ID	数值型
Stop_Time	停车事件发生时间	数值型
Crash_ID	路段冲突车辆 ID	数值型
Crash_Time	路段冲突发生时间	数值型
Tra_ID	异常轨迹车辆 ID	数值型
Tra_Time	异常轨迹发生时间	数值型

表 2.3.3　交通情况统计

数据名称	含义	数据类型
vehicle_delay	车均延误=Total_Delay/Flow(s)	数值型
Total_Delay	总延误：一个车道组的总延误，包括控制延误、交通延误、几何延误、事故延误(s)	数值型
Queue	排队长度(m)	数值型
Crash_Num	路段冲突数	数值型
Tra_Num	异常轨迹数	数值型
LanC_Num	变道数	数值型

表 2.3.4 风险评估

数据名称	含义	数据类型
Section_ID	车辆行驶的路段，将路段按 100m 分段	数值型
Section_risk	路段风险：0-低风险、1-中风险、2-高风险	数值型
Vehicle_ID	车辆识别号码(按进入路段时间升序排列)，重复没有关联	数值型
Vehicle_risk	单车风险：0-低风险、1-中风险、2-高风险	数值型

表 2.3.5 基础数据格式

数据名称	含义	数据类型
Vehicle_ID	车辆识别号码(按进入路段时间升序排列)，重复没有关联	数值型
Global_Time	时间	数值型
Frame_ID	帧识别号(按启动时间升序)	数值型
Total_Frames	车辆在此数据集中出现的帧数	数值型
Local_X	车辆前中心点到监测区域起点的沿行驶方向的距离	数值型
v_Class	车辆类型：0-大货车、1-小货车、2-大客车、3-中客车、4-小客车	数值型
v_Vel	车辆瞬时速度(m/s)	数值型
v_Acc	车辆的瞬时加速度(m/s^2)	数值型
Lane_ID	车道编号	数值型
O_Zone	车辆进入跟踪系统的位置	纯文本
D_Zone	车辆退出跟踪系统的位置	纯文本
Preceding	同一车道前车的车牌号，"0"表示没有前面的车辆	数值型
Following	同一车道上跟在被摄车辆后面的车辆的车牌号，"0"代表没有后车辆(m)	数值型
Space_Headway	车头间距表示车辆的前中心点到前一车辆前中心点之间的距离(m)	数值型
Time_Headway	车头时距(Space_Headway/v_Vel)是指以车辆的速度从车辆的前中心点到前一车辆前中心点的距离所需的时间(s)	数值型

在路侧运用中，毫米波雷达作为系统多种联动设备之一，可有效感知整个路段的交通信息，结合边缘计算可以获取准确低延时交通数据、实时交通事件、交通运行状态及交通风险，联合路侧设备(可变情报板、可变限速板等)实现交通调度指挥；将雷达与视频组群感知设备进行联动，通过捕捉个体车辆及交通流运行特征信息，实现交通运行风险预警。对超速、跟车过近、随意变道、急加急减速等高风险交通行为，构建高风险交通行为场景库。针对不同等级的高风险行为，

可以采用相应的预警管控方案。雷达系统感知架构如图 2.3.2 所示。

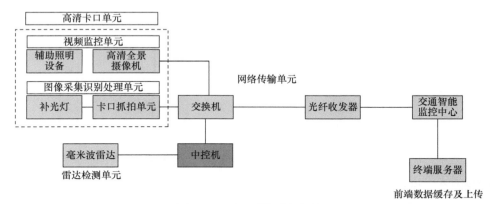

图 2.3.2　雷达系统感知架构

2.4　气象信息采集

由于高速公路线路较长，各个路段的微气候差异较大，尤其是山区道路，因此在高速公路安全管理中，天气对高速公路交通安全的影响十分突出。每年因恶劣天气导致的交通事故占总数的 30% 左右。以团雾为例，其具有突发性、局地性、持续时间不长等特点。因此，在恶劣天气下，高速公路交通安全管理需要更精细化和短时化的预测和预警技术。与之矛盾的是，现有高速公路沿线气象监测设备布设的密度和数量有所欠缺，尤其是对高速公路的气象监测条件不足，难以满足高速公路短临气象预测预警的要求。

综上所述，气象信息的采集对于高速公路运行安全管理具有重大战略意义。气象监测系统是交通智能化时代的产物，因此本节主要对气象监测系统进行相关内容地讲解。

2.4.1　气象监测系统

气象监测系统适用于高速公路交通安全管理体系，主要包括能见度仪、微气象站、数据采集器、通信模块等子系统，可以精确检测能见度、温度、湿度、风速、风向、降雨等多个气象要素指标[9]。在此基础上，通过通信模块将气象数据实时发送至云平台，建立交通安全风险评估模型，实时评估和预测交通安全风险，从而保障恶劣天气条件下高速公路交通安全，提高其管理水平。

气象监测系统主要包括气象站(含能见度仪)、无线模块、保护箱和支架等。

2.4.2 系统功能

气象监测系统通过监测设备和软件模块，可实现气象实时监测、恶劣天气短临预测等功能。

1. 气象实时监测

利用气象站和能见度仪，实现对温度、湿度、风向、风速、大气压、降雨、能见度等气象全要素的实时、精准监测。

2. 恶劣天气短临预测

基于实时监测的气象数据，利用软件中短临气象预测模块，对以团雾为代表的恶劣天气进行实时预测，为团雾预警提供支撑。

作为交通安全智能警示系统的组成部分，还可结合交通流监测系统、控制系统、信息诱导系统等实现风险评估、报警、诱导、矫正、监测反馈，以及处理突发状况等功能。

3. 风险评估

交通安全智能警示系统基于气象和交通的历史监测数据，搭建交通安全风险评估模型，实现交通安全风险的评估和预测，并基于风险分类方法，对交通安全风险进行等级判断，识别高危路段和时段。

4. 报警功能

报警功能一方面可以对恶劣天气下的能见度进行检测和低能见度报警，另一方面可以基于交通安全风险等级的评估，对高危路段和时段进行报警，即通过道路气象预警引擎提供基于公路线路的精细化路面温度、短时临近降水、道路结冰、横风、能见度预报预警。

5. 诱导功能

诱导功能一般是结合中心处理系统和信息发布系统共同完成的。检测数据在中心处理系统进行分析处理后，通过结合风险等级制定合理的建议车速或限速标志，并启动相应等级的警示设施，增强道路标志标线的可见性，及时利用可变信息情报板和交通诱导设施向驾驶人发出速度限制信息、限行车道等诱导信息，使驾驶人提高警觉，并按照发光设施的引导和建议以安全速度行车。

6. 矫正功能

矫正功能的核心是在诱导功能的基础上实现车速动态矫正，根据实际能见度和安全风险等级的变化及时修改限速，以便在保证安全的基础上最大限度地提高道路通行效率。

2.5　车重信息采集

每一辆汽车都有属于自己的个性化标签信息，即车牌信息。在 2.1～2.3 节讲述的设备技术中，有多种设备技术具有获取与相应车牌匹配的交通特性信息的功能，即车速、轨迹等信息的采集。在传统的高速公路安全运行管理中，车辆重量信息难以匹配获取，从而导致超载现象时有发生，极易对道路基建造成严重的损害，对高速公路的寿命造成影响。因此，通过动态称重系统可以掌握车辆荷载，同时为路面设计、管理、养护，以及交通精细化管理提供依据。

2.5.1　动态称重系统

动态称重系统可以实现车辆在正常行驶状态下重量的有效测量。此外，随着自动驾驶、毫米波雷达等设备技术的发展，动态称重系统还可以进一步拓展，用于路径监管、车道级管养、车道级交通管控辅助、交通安全风险评价、智能网联车路径诱导等方面。

对于高速公路运行来讲，安装动态称重设备的目的和用途如下[7]。

(1) 实现车辆正常行驶状态下轴载和车重的有效监测，为监管部门提供车辆重量信息，同时结合视频监控(车牌识别系统)，实现治超的目的。

(2) 实现不同重量车辆安全运行的有效管控。在运行中，车辆重量不同，行驶车辆的运行模式就不同。结合水膜厚度感知实现湿滑风险分析，根据车辆重量，实现车速和跟车间距的实时预报，为自动驾驶，特别是货车编队安全运行提供数据支撑。

2.5.2　系统构成

1. 动态称重子系统

系统一般采用光纤动态称重仪作为前端称重系统采集传感器。它由动态称重仪、高精度解调设备、光纤传输介质组成。动态称重仪实物图如图 2.5.1 所示。传感器技术要求如表 2.5.1 所示。光纤动态称重系统可以快速便捷地安装到交通路面上。动态称重梁安装位置示意图如图 2.5.2 所示。

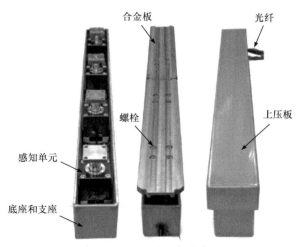

图 2.5.1 动态称重仪实物图

表 2.5.1 传感器技术要求表

技术要求	指标
传感器测量类型	动态垂直压力
传感器测量精度	≤5.0%量程值(full scale，FS)
传感器量程	0～100t
频响范围	0～1000Hz
工作温度	−20～50℃
传输距离	≥5km
梁的外形尺寸	1500mm×105mm×150mm
测量的长期稳定性	≥5a

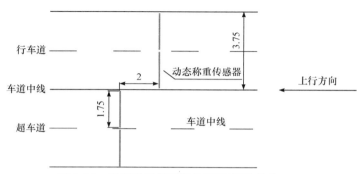

图 2.5.2 动态称重梁安装位置示意图(单位：m)

2. 视频监控子系统

1) 主要功能

视频监控子系统包含各类视频监控设备及相关配套软件，主要包括终端服务器、球形摄像机，可根据实际情况选用安装，用于对称重系统周边环境监控、保留现场录像，以及确保设备安全。视频监控子系统包括数字高清网络摄像机、终端服务器、光纤收发器等。

2) 主要设备

系统集成高速智能球机，包括高速智能监控球机、硬盘录像机、视频服务器、光端机及附属器件等。

3) 安装方式及安装位置

高速智能球机与车辆识别系统共杆，主要对动态称重现场进行监控。

3. 供电通信子系统

1) 通信接入

每天前端采集设备均采集大量的车辆参数信息。信息能传送至后台进行存储。通信方式采用道路沿线光纤接入方式，将数据快速地传回后端数据中心。

2) 供电接入

高速公路沿线一般采用直铺电缆的方式进行供电。

2.6　路面状态信息采集

随着高速公路的不断发展，智能高速公路技术体系不断成熟。其中，智能道路驱动的车路一体化技术旨在通过道路的智能化升级，实现交通状态信息和路面状态信息的实时感知，通过数据交互、驾驶决策、行为诱导等对车辆行为进行调控，并对驾驶行为进行预警和自动化决策。本节通过对水膜感知系统相关内容的讲解，明确如何对路面的水膜厚度进行实时感知，进而对路面的抗滑性能，以及抗滑失效风险进行精准评价，保障车辆行驶的安全性。

2.6.1　水膜感知系统

在高速公路的日常运行管理中，车辆在行驶过程中如果遇到路面处于湿滑状态，即路面表面被水膜覆盖，由于水膜在轮胎-路面界面处的润滑作用，轮胎与路面的附着系数显著降低且处于动态变化的状态，因此车辆的刹车距离增加、行驶稳定性下降，甚至还会出现滑水现象。

该系统面向湿滑路面上车辆行驶的安全性，以道路基础设施为载体对路面的湿滑状态进行实时感知，利用感知得到的多源湿滑状态信息，解析湿滑状态下的轮胎-路面-水膜相互作用行为，并由此建立即时准确的抗滑失效风险评价及预警机制，为道路交通运输系统的安全高效运行提供技术支持。其中，水膜感知系统包括遥感式水膜厚度传感器和嵌入式水膜厚度传感器。

1. 遥感式水膜厚度传感器

遥感式水膜厚度传感器采用新型红外和激光技术，可从道路一侧测量路面状况。此类遥感式传感器由于不需要进行交通管制或道路表面切割，因此安装维护更方便，可以尽量不破坏路面结构。除了能够测量水膜厚度之外，遥感式水膜厚度传感器还能识别路面结冰和积雪的厚度。但是，此类传感器为非接触式测量，在测量范围及测量精度上存在一定的不足。遥感式水膜厚度传感器如图 2.6.1 所示。

图 2.6.1　遥感式水膜厚度传感器

2. 嵌入式水膜厚度传感器

嵌入式水膜厚度传感器基于光电传感等原理，通过切开道路表面并放置在其内部的方式，直接测量路面表面的水膜厚度。此类传感器虽然在安装和维修上存在一定的困难，并且要求传感器具有足够的抗压和耐磨性能，但是由于属于接触式测量，此类传感器相比遥感式传感器有更大的测量范围和更高的测量精度。嵌入式水膜厚度传感器如图 2.6.2 所示。

2.6.2　功能构架

为了满足水膜感知系统的定位需求，该系统可以实现以下功能。

图 2.6.2　嵌入式水膜厚度传感器

1. 智能化的水膜厚度感知

采用遥感式水膜厚度传感器与嵌入式水膜厚度传感器相结合的方式测量路面的水膜厚度值，通过人工智能算法对数据进行高效降噪和真值萃取，精准测量路面关键位置的水膜厚度值。

2. 高精度的路面面域抗滑性能预估

沥青路面湿滑状态受降雨、水膜厚度、路面纹理的影响，表现出强烈的时空差异性，因此需要依靠局部湿滑状态感知信息对沥青路面全域的抗滑性能进行动态评价。基于二维浅水方程可以求解水膜厚度的面域分布，通过伴随算法将水膜厚度的感知数据进行融合，对模型中的曼宁系数进行辨识，从而得到更为准确的预估结果。

3. 低延时的抗滑风险评价及预警

根据水膜厚度的面域预估值，采用 Lugre 摩擦方程得到路面各点的摩擦系数，计算车辆在此湿滑状态下的制动距离。在此基础上，根据车速、轮迹等参数的概率分布特征，基于风险分析理论，建立不同运动状态下的车辆抗滑失效风险评价模型，分析不同湿滑状态参数下抗滑失效概率，实现低延时，甚至零延时的抗滑风险评价及预警。

综上所述，水膜感知系统的创新性主要表现在以下两点。

(1) 该系统构建面向沥青路面的水膜厚度智能感知系统，可实时、全面、真实地获取沥青路面的湿滑状态。

(2) 利用水膜厚度感知数据，以及 Lugre 摩擦模型可以实现沥青路面抗滑性能的数字化空间表达，构建以状态感知-行为解析-风险评价为主线的全流程协同技术体系。

参 考 文 献

[1]　Zhang S R. Traffic Flow Theory. Beijing: China Communications Press, 2015.

[2]　胡志高. 基于环形线圈感应的车辆测速技术与实现. 上海: 上海应用技术大学, 2016.

[3]　任静, 华韶阳, 朱茵. 道路交通安全预警信息采集机制研究. 交通企业管理, 2014, 29(2): 67-69.

[4]　杨冰健. 基于交通卡口数据的机动车轨迹提取与关键路段挖掘分析. 北京: 北京交通大学, 2020.

[5]　袁潜韬, 邵晓波. 道路交通卡口车辆号牌识别准确率的分析与研究——以温州交警卡口现状为例. 中国安防, 2019, (4): 86-90.

[6]　何勇海. 高速公路货车智慧管控技术. 中国交通信息化, 2019, (8): 119-121.

[7]　邢东华. 超限超载非现场执法称重系现状分析. 衡器, 2019, 48(8): 13-14.

[8]　汽车与安全编辑部. 国外相关预防道路交通事故经验措施. 汽车与安全, 2020, (4): 49-51.

[9]　孙玫玲, 任丽媛, 王宏蕊, 等. 天津高速公路交通气象灾害及预报预警技术研究与分析. 天津科技, 2019, 46(8): 81-84.

第 3 章　　实时事故风险评估

为提升高速公路的交通安全水平，采用主动交通管理系统(active traffic management system，ATMS)[1]对高速公路的运行风险开展实时监测与预警干预成为趋势。ATMS 基于交通流感知数据，旨在通过可变限速、拥堵预警和匝道控制等管控手段，实现高速公路运行安全、效率的最大化[2]。相对于传统响应式的控制方法，其优势在于能主动预测事故发生的风险，实时采取适当的控制手段，以降低、消除事故风险。因此，ATMS 控制策略的设计有赖于事故风险评估模型。以可变限速为例，其控制策略需解决何时改变限速和如何改变限速两个关键问题。

本章首先介绍高速公路实时事故风险评估研究概况；然后介绍构建实时事故风险评估模型的数据集构建过程，包括数据抽样方法、交通流数据时空范围确定方法、交通流特征变量构建及筛选方法；最后以二元 Logistic 回归和支持向量机(support vector machine，SVM)为例介绍事故风险预测模型的建模方法，并对高速公路实时事故风险评估的研究趋势进行展望。

3.1　引　　言

区别于以事故频率为研究对象的安全表现评估函数(safety performance function，SPF)，高速公路实时事故风险评估研究以单起事故为研究对象，主要针对事故发生前的交通流紊乱状况，采用数理统计模型与数据挖掘模型，对事故、非事故二元状态下的交通流状态进行对比，发现影响事故风险的交通流因素(如平均速度、流量、密度、速度方差等)，实现事故发生概率的评估[3, 4]。从研究对象的时间范围来看，事故风险研究基于事故发生前的数据，事件检测和事故救援研究事故发生后即时的数据，事故频率分析则是针对长时间周期的事故集计数据。事故风险研究和事故频率分析的对比示意图如图 3.1.1 所示。

基于前期的事故风险评估模型，两类状态下的事故风险量化指标呈明显差异，并且在事故发生前显示出风险聚集的特征。

2001 年，Oh 等[3]首次提出交通事故风险评估的概念。事故风险评估的研究内容一直在不断丰富，主要可以概括为以下几点。

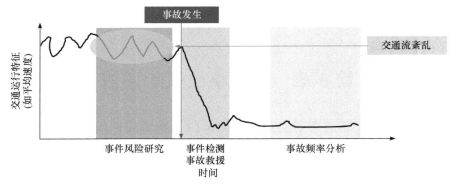

图 3.1.1　事故风险研究和事故频率分析的对比示意图

(1) 交通运行感知数据可行性研究。随着交通运行感知数据的采集模式从传统的固定检测设备扩展为移动检测器(如 GPS 浮动车数据)、全域行车轨迹监测等，新兴的、细颗粒度的交通运行感知数据为事故风险评估研究带来机遇。针对不同交通流运行感知数据，分析事故风险评估的可行性是研究热点。

(2) 交通事故风险影响因素体系构建。由于交通事故的影响因素众多，在实时事故风险评估研究中，如何表征道路线形、交通运行，以及气象环境等不同类型的影响因素，确定其合理的函数形式，是探索事故风险形成机理的重点内容。

(3) 交通事故风险模型建模方法研究。结合交通事故特点，交通事故数据存在异质性、时空相关性等特征。在评估事故风险时，需考虑该类相关数据本质问题，构建合理的模型结构。开展实时事故风险评估研究对交通事故、运行感知数据的要求较高，不同区域、路网构建的模型可移植性是近年来关注的重点。此外，鉴于新兴深度学习模型，如卷积神经网络(convolutional neural network，CNN)、长短时记忆神经网络(long short-term memory neural network，LSTM)等，在时空数据挖掘方面具有强大的算力和高维特征捕捉的能力，被用于构建实时事故风险评估模型[4]。

3.2　建模数据集构建

构建高速公路实时事故风险评估模型主要应用四类数据，包括交通运行特征数据、事故数据、气象数据、道路线形数据。其中，交通运行特征数据、事故数据一般源于公安交通管理系统和道路运行监管系统，气象数据可从高速公路沿线设置的气象监测站等获取，道路线形数据源于高速公路建设或设计部门，也可从互联网地图中提取。本节主要围绕高速公路实时事故风险评估研究的建模数据集构建过程，介绍数据抽样方法、交通流特征变量构建、交通流特征变量筛选。

3.2.1　数据抽样方法

交通事故具有小概率、偶发特性，在高速公路交通运行的全样本数据环境中，事故与非事故的比例会呈现失衡(imbalanced)的特征，即非事故样本量远远高于事故样本量。非平衡数据的分类结果易向多数类(即非事故)偏倚(biased)，导致事故风险评估结果准确性低。因此，为构建准确的实时事故风险评估模型，需在建模数据集构建时解决数据的非平衡特征(调整事故、非事故的分层抽样)，获取平衡的建模数据。其中，常用的数据抽样方法有欠抽样(under-sampling)和过抽样(over-sampling)。欠抽样通过减少多数类样本实现样本的均匀化，如病例对照法(case-control study)[5]。过抽样通过合理增加少数类样本达到均匀样本的目的，如合成少数类过抽样技术(synthetic minority oversampling technique，记为SMOTE)[6]和自适应合成抽样(adaptive synthetic sampling，记为 ADASYN)[7]。

1. 病例对照欠抽样

病例对照是经典的流行病学研究方法，常用于探索某疾病的危险因素[8]，以患有某疾病的病人作为病例，以不患该病但具有可比性的个体作为对照，测量其既往暴露于某个(某些)危险因子的情况和程度，以判断危险因子与该病有无关联及关联程度的大小。实时事故风险评估分析常采用病例对照方法提取交通流数据，其中病例为单起交通事故，对照为没有发生交通事故时对应路段的非事故。基于病例对照方法提取交通流数据的步骤如下。

(1) 设置事故和非事故的比例。在既有事故风险评估研究中，多数采用 1∶4的事故与非事故比例[9-11]，也有研究采用 1∶5[12]、1∶10[13]、1∶20[14]。

(2) 病例组数据提取。基于事故记录中的时间和地点信息，在交通流数据中提取时空范围的交通流数据。

(3) 对照组数据提取。一般考虑以下 5 个条件，即对照组日期与对应事故所在的日期不同；与事故发生时间相同；与事故发生地点相同；对照组与事故发生对应一周中的同一天；对照组对应事故时间前后各 1h 内同地点无交通事故发生。

2. SMOTE

SMOTE 通过对训练集的事故样本进行插值，以产生额外的事故样本。其算法流程如下。

(1) 对于事故样本中的每一起事故 x，以欧氏距离为标准计算它到事故样本集 m_s 中所有事故的距离，得到其 K 近邻。

(2) 根据样本不平衡比例设置一个采样比例，以确定采样倍率 N。对于每一个事故样本 x，从其 K 近邻中随机选择若干个样本，并假设选择的近邻为 x_n。

(3) 对于每一个随机选出的近邻 x_n，分别与原样本按下式构建新的样本 x_{smote}，即

$$x_{smote} = x + \text{rand}(0,1)\,|\,x - x_n\,| \tag{3.2.1}$$

3. ADASYN

ADASYN 通过对不同的事故样本赋值不同的权重，从而生成不同数量的样本。其算法步骤如下。

(1) 计算需要生成的样本总量，即

$$G = (m_l - m_s)\beta \tag{3.2.2}$$

其中，G 为需要生成的事故样本数量；m_l 为非事故样本数量；m_s 为事故样本数量；$\beta \in [0,1]$ 为系数，$\beta = 1$ 表示生成后的各类别样本数量相等。

(2) 对于每个事故样本 x，以欧氏距离为标准计算它到所有样本的距离，可以得到其 K 近邻，并计算 K 近邻中的多数类占比 r_i，即

$$r_i = \frac{\Delta_i}{K}, \quad i = 1, 2, \cdots, m_s \tag{3.2.3}$$

其中，Δ_i 为每个事故样本的 K 近邻中属于非事故样本的样本数，因此 $r_i \in [0,1]$。

(3) 对 r_i 标准化，即

$$\hat{r}_i = \frac{r_i}{\sum\limits_{i=1}^{m_s} r_i} \tag{3.2.4}$$

根据样本权重，计算每个事故样本需要生成新样本的数量，即

$$g_i = \hat{r}_i G \tag{3.2.5}$$

根据 SMOTE 算法生成 g_i 个新样本 x_{smote}，即

$$x_{smote} = x + \text{rand}(0,1)\,|\,x - x_n\,| \tag{3.2.6}$$

其中，x_n 为随机选出事故样本 x 的近邻。

3.2.2　交通流特征变量构建

交通流特征变量的构建过程可以概述为基于特定时空范围内的交通流数据，针对速度、流量、占有率等交通流参数，计算平均值、标准差、变异系数等统计变量，描述事故发生前的交通流状态特征。本节首先介绍交通流数据时空范围确定方法，然后从不同数据类型的角度介绍交通流特征变量的构建过程。

1. 交通流数据时空范围确定方法

事故风险评估的假设是，事故的发生受到一定时空内交通流运行波动性的影响。因此，建模时需根据事故数据所在地点确定交通流特征的时空提取范围。数据范围示意图如图 3.2.1 所示。

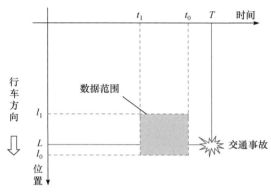

图 3.2.1　数据范围示意图

(1) 时间方面。

考虑实际交通安全管理措施的响应和实施，时间研究范围与事故发生时间相比需要有足够的时间提前量。

(2) 空间方面。

考虑事故发生前，上游路段为事故车辆行经路段，下游路段为前序路段，会对上游交通流传递压力，因此空间研究范围应该覆盖事故发生位置的上下游。基于断面检测数据的研究通常将事故数据匹配到距离最近的断面检测器，同时提取上下游若干个检测器数据进行建模。例如，事故断面及上下游各一个断面，共三个断面[11]。

2. 基于线圈检测数据的交通流特征变量构建

线圈检测器首先按照固定的时间间隔(一般是20s或30s)，对所处断面的交通流数据进行集计，然后传输至后台管理数据库，主要包含的交通流参数有车道流量(Q)、速度(V)、占有率(C)等信息。由于原始交通流数据的噪声较大，通常将原始交通流数据集记为时间颗粒度为 5min 的时间片段。基于断面检测器的交通流数据时空范围和时间颗粒度示意图如图 3.2.2 所示。

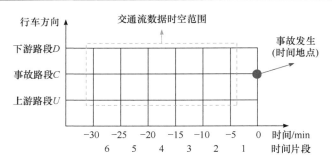

图 3.2.2　基于断面检测器的交通流数据时空范围和时间颗粒度示意图

为统一表征交通流，常建立如下特征变量命名规则。

(1) 第一位表示统计变量，A、S、C、r、R 分别表示平均值、标准差、变异系数、极差、变化率。

(2) 第二位表示交通流参数，S、V、O 分别表示速度、流量、占有率。

(3) 第三位表示空间属性，U、C、D 分别表示事故路段上游、事故(发生)路段、事故路段下游。

(4) 第四位表示时间属性，1、2、3、4、5、6 分别表示事故发生前 30min 的 6 个时间片段。

对于一起发生在 2014 年 4 月 7 日(星期一)上午 9:00 的事故而言，该路段从上午 8:30～9:00(事故发生前 30min)的交通数据被提取出来，并分成 6 个长度为 5min 的时间片段，其中第 1 个时间片段为事故发生前 5min。例如，AOC2 表示第 2 个时间片段(事故发生前 5～10min)事故(发生)路段占有率的平均值；SSU3 表示第 3 个时间片段(事故发生前 10～15min)事故路段上游速度的标准差。

3. 基于互联网数据的交通流特征变量构建

近年来，高德地图、百度地图、腾讯地图等商业地图运营商通过互联网平台发布实时高速公路交通运行状态数据。它们通常以路段为单位，以离散化的数据形式(如红、黄、绿状态)表现。该类信息为人们出行带来便利的同时，也为实时事故风险评估研究提供了新的交通流运行状态信息来源。例如，某互联网平台发布的高速公路实时路况(图 3.2.3)以路段为单位，通过颜色表征道路拥堵情况，拥堵状态每 5min 更新一次。基于互联网数据的交通流数据时空范围和时间颗粒度示意图如图 3.2.4 所示。

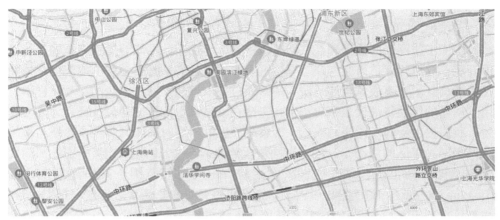

图 3.2.3　某互联网平台发布的高速公路实时路况图

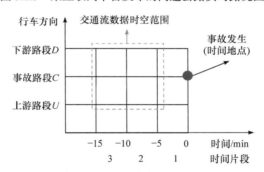

图 3.2.4　基于互联网数据的交通流数据时空范围和时间颗粒度示意图

　　基于上述互联网数据，可以研究路段交通运行状态的时空组合对事故风险的影响。三种基于互联网数据构建的交通流典型特征变量如表 3.2.1 所示。

表 3.2.1　三种基于互联网数据构建的交通流典型特征变量

变量类别	描述	示例
某一路段 某一时段	直接基于离散化的数据，表示各个路段在各个时间片段的交通运行状态	$U2$=红，表示在事故发生前 5～10min，上游路段的交通流运行状态为拥堵
交通运行 状态的空间 组合	表示某一时段各个路段(包括事故发生路段、事故发生上游路段，以及事故发生下游路段)的交通运行状态组合情况，侧重描述交通流在空间维度上的特征	$UC2$=红黄，表示在事故发生前 5～10min，上游路段和事故路段的交通流运行状态组合为拥堵和轻微拥堵，即沿着行车方向，从上游路段到事故路段，交通流从拥堵变成轻微拥堵
交通运行 状态的时间 组合	表示某一路段各个时间片段(事故发生前的若干个时间片段)的交通运行状态组合情况，侧重描述交通流在时间维度上的特征	$U23$=红黄，表示在事故发生前 5～10min 和 10～15min，上游路段的交通流运行状态组合为拥堵和轻微拥堵，即随着时间的流逝，上游路段的交通流从轻微拥堵发展成拥堵

4. 基于浮动车数据的交通流特征变量构建

不同于线圈断面数据和互联网路段数据，浮动车数据能够支持从车辆运行层面开展事故风险评估研究。浮动车信息采集技术的实质是对道路上的车辆总体随机抽样调查。在事故风险评估研究中，通过抽取事故车所在车队的浮动车样本，用浮动车的行驶特征代表事故车所在车队在事故发生前的交通流特征。为方便表述，我们提出浮动车同伴的概念，即事故发生前特定时间段内曾经或始终与事故车处于同一车队的浮动车。浮动车同伴示意图如图 3.2.5 所示，其中虚线圆圈代表车队的空间范围，N 代表事故发生前有限的时间范围，其中浮动车数据 (floating car data，FCD) 给出了浮动车在行车过程中的车辆状态信息，FCD_1 始终与事故车处于同一车队，FCD_2 刚开始与事故车处于同一车队，但是临近事故发生时已经不在同一个车队，FCD_3 临近事故发生时才加入事故车所在的车队，但是这三辆浮动车都属于事故车的浮动车同伴。

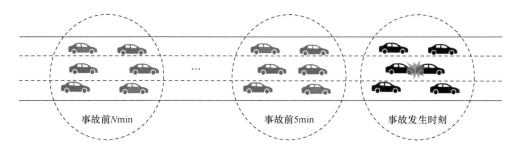

事故前Nmin　　　　　　　　　事故前5min　　　　　　　　　事故发生时刻

图 3.2.5　浮动车同伴示意图

当事故车辆行驶轨迹数据缺失时，满足以下任一条件就可以判定为浮动车同伴。

(1) 事故发生时刻出现在事故点上下游规定距离内的浮动车。

(2) 事故发生前有数据但临近事故发生时数据缺失，如果按照其平均速度行驶，事故发生时恰好能够到达事故点附近规定距离内的浮动车。

基于浮动车数据的交通流数据时空范围示意图如图 3.2.6 所示。

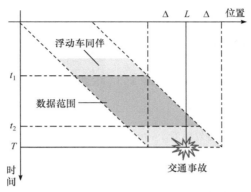

图 3.2.6　基于浮动车数据的交通流数据时空范围示意图

截取浮动车同伴在时间范围内的轨迹序列数据，可以从以下 6 个方面分析浮动车同伴的行驶特征，描述交通流特征变量(表 3.2.2)。

表 3.2.2　基于浮动车数据构建的交通流特征变量

变量	描述
平均速度	表征浮动车同伴的平均运行状况
平均速度方差系数	描述每辆浮动车同伴的车速离散性
平均相邻速度差	表征有序样本(每辆浮动车同伴的速度变化时间序列)的离散性
平均横向速度	表征车流整体变道的频繁程度，平均横向速度越大，说明变道越频繁
速度突变次数	反映浮动车同伴在时间范围内速度突变的大小
速度突变水平	反映浮动车同伴在时间范围内速度突变的整体剧烈程度

5. 基于高清卡口数据的交通流特征变量构建

高清卡口不同于线圈检测器，高清卡口在每个车辆行经检测区域时，自动对焦，记录并计算该车通过时的相关信息，如时间、所在车道、速度、车牌号等信息，因此相比线圈检测器，高清卡口数据能够提供更细颗粒度的交通流数据，即车道级别的断面数据，真实地反映车流通过检测断面时的分布状态。

基于高清卡口的交通流数据时空范围和时间颗粒度的确定方法，与线圈检测器数据类似。在交通流特征变量构建时，考虑交通流数据包括车道信息，某个事故发生前 5～10min 高清卡口数据的时空分布示意图如图 3.2.7 所示。因此，可以构建车道级别的特征变量。通过将各车道的交通流数据进行信息抽取，采用均值、方差、极差等统计量描述交通流特征，如表 3.2.3 所示。

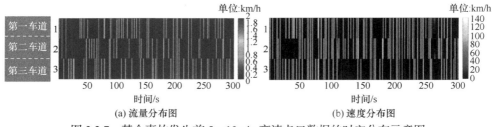

图 3.2.7　某个事故发生前 5～10min 高清卡口数据的时空分布示意图

表 3.2.3　基于高清卡口数据构建的交通流特征变量

变量	解释
Q_i	车道 i 的流量
EQ_i	车道 i 的流量时间分布均值
DQ_i	车道 i 的流量时间分布方差
EV_i	车道 i 的速度时间分布均值
DV_i	车道 i 的速度时间分布方差
RV_i	车道 i 的速度极差

3.2.3　交通流特征变量筛选

上述交通流特征变量构建时建立的潜在事故风险因素众多，因此通过变量筛选可以提升建模分析效率。常用的变量筛选方法包括随机森林、特征向量法和因子分析法等。

1. 随机森林

随机森林是一种多功能的机器学习算法，能够执行分类和回归的任务；是一种数据降维手段，用于处理缺失值、异常值，以及其他数据探索中的重要步骤；是一种集成学习的重要方法，可以将几个低效模型整合为一个高效模型。此外，还可以输出变量的重要性程度，基于这一点可以对影响因素与交通事故风险的关联程度进行排序。

精度是模型评价的重要指标，通常用分类器对数据的分类正确率或与之等价的错误率来衡量，可以估计分类器对数据正确分类的能力[15]。袋外数据(out of bag，OOB)误差估计可以评价随机森林模型的精度。所谓 OOB，是指在建立包含 L 棵树的随机森林模型过程中，共需要 L 个训练样本子集，每个训练样本子集通过有放回的抽样方法对样本集进行抽样得到，样本集中存在约 37% 的样本不会被抽到，这一部分数据被称为 OOB。所谓袋外误差(OOB error)，是指在 OOB 输入生成的随机森林模型中，得到模型给出的分类结果。分类错误的数目在 OOB

中的占比即袋外误差。Breiman 通过实验方法证实使用 OOB 数据得到的误差估计是无偏估计[16]。袋外误差计算公式为

$$OOB\ error = \frac{X}{N} \tag{3.2.7}$$

其中，X 为 OOB 中模型分类结果错误的数目；N 为 OOB 数目。

在利用随机森林模型进行重要性排序时，一个重要性评价指标就是均方误差增加值(increase in mean square error, IncMSE)，即对每一个变量随机赋值，如果该变量重要，预测的误差会增大。因此，对于每一个变量，IncMSE 越大，则表示该变量重要性程度越高，即

$$IncMSE = \frac{1}{n}\sum_{i=1}^{n}(p_i - y_i)^2 \tag{3.2.8}$$

其中，p_i 为预测值；y_i 为真实值。

2. 特征向量法

矩阵特征向量的特征及意义使其被广泛用作模式识别的工具[17,18]。特征向量提供的是一种用于识别的数据压缩和特征提取的方式。由于图像特征矩阵与路段交通流时空参数矩阵类似，因此可以将特征向量法拓延至交通流特征识别领域，通过交通流参数时空矩阵构建用于事故风险识别的交通流特征变量。算法步骤如下。

(1) 设 A 是数域 P 上的一个 n 阶矩阵，λ 是一个未知量，则 A 的特征方程可以表示为

$$|\lambda E - A| = 0 \tag{3.2.9}$$

其中，E 为单位矩阵；A 的特征方程为 n 次代数方程，解此方程得到的 n 个特征根为矩阵 A 的特征值。

(2) 将 A 的特征值 λ_0 代入 A 的特征方程组，可得

$$Av = \lambda v \tag{3.2.10}$$

进而得到向量 v_0 为特征值 λ_0 对应的 A 的特征向量，n 个特征值对应 n 个特征向量。特征向量的一个重要性质是，矩阵中互不相同的特征值对应的特征向量线性无关[19]。

将上述算法应用到交通流数据中，步骤如下。

(1) 对每一个事故样本，建立 3 个交通流特征矩阵，即流量矩阵、速度矩阵、占有率矩阵。以流量矩阵为例，在交通流数据时空范围内，假设该研究范围包括 6 个时间窗和 6 个路段，按照时间、空间两个维度，将流量参数排布为 6×6

的时空矩阵。速度矩阵和占有率矩阵构建方法与流量矩阵相同。

(2) 对于每一个矩阵，计算特征值和特征向量。以 6×6 矩阵为例，可以计算 6 个特征值和 6 个特征向量，并且这些参数均不相关。

此外，对于特征向量，考虑数组直接输入模型较为不便，并且带有的主要信息为多维空间中的方向，因此求取特征向量与对应的单位向量(对于上述 6×6 矩阵的特征向量，单位向量为[1 1 1 1 1 1])的夹角余弦值，作为最终模型的输入变量，即

$$\cos(a, b) = \frac{a \cdot b}{|a| \cdot |b|} \tag{3.2.11}$$

其中，a 和 b 为矩阵特征向量和单位向量。

因此，上述例子基于特征向量法构建的交通流特征变量包含流量、速度、占有率矩阵各自的 6 个特征值和 6 个特征向量夹角余弦值，一共 36 个变量。如表 3.2.4 所示，T 表示特征值变量，C 表示特征向量夹角余弦值，数字代表特征向量对应的变量。

表 3.2.4　特征向量法构造的交通流特征变量

流量矩阵		速度矩阵		占有率矩阵	
$fT1$	2950.4	$sT1$	312.55	$oT1$	0.63
$fT2$	−64.4	$sT2$	−8.98	$oT2$	−0.03
$fT3$	12.1	$sT3$	4.75	$oT3$	0.02
$fT4$	4.3+25.5i	$sT4$	−2.11	$oT4$	0.02−0.01i
$fT5$	4.3−25i	$sT5$	0.83	$oT5$	0
$fT6$	−21.8	$sT6$	0.253479	$oT6$	0
$fC1$	−0.943	$sC1$	0.995	$oC1$	0.976
$fC2$	0.003	$sC2$	0.0026	$oC2$	0.0411
$fC3$	0.021	$sC3$	−0.007	$oC3$	0.011+0.02i
$fC4$	0.018+0.02i	$sC4$	0.0107	$oC4$	0.011−0.01i
$fC5$	0.018−0.02i	$sC5$	−0.0014	$oC5$	0.01+0.005i
$fC6$	−0.0207	$sC6$	0.0014	$oC6$	0.01−0.005i

3. 因子分析法

影响事故风险的因素常常是多方面的，因此在事故风险评估研究中，需要引入多个变量。而这些变量常存在一定的相关性。为了解决上述变量的相关性问题，可以应用主成分分析和因子分析的多元统计分析方法，通过找出几个互不相关的综合变量来反映原来的绝大多数信息。

　　主成分分析法(principal component analysis，PCA)的思路是借助一个正交变换，将分量相关的原随机变量转换成分量不相关的新变量，从代数角度将原变量的协方差阵转换成对角阵；从几何角度将原变量系统转换成新的正交系统，使之指向样本点散布最开的正交方向，进而对多维变量系统进行降维处理。

　　因子分析法是主成分分析方法的推广。其本质是把一些具有错综复杂关系的变量归结为少数几个无关的新的综合因子，用一定的结构/模型表达或解释大量可观测的变量。根据变量的相关性大小对变量进行分组，最终得到的因子变量组内成分相关性高，而不同因子之间的相关性较低。

　　主成分分析只是变量变换，产生的系数矩阵是唯一确定的，不可以进行旋转处理，而因子分析还需要构建因子模型。其系数矩阵可以进行因子旋转处理，得到较为明晰的变量分组，最终可以根据因子变量的成分对因子进行命名，具有较好的变量解释性。考虑因子分析变量解释性较好，并且交通流变量符合因子分析变量间存在较强相关性的前提，因此本节基于因子分析法对传统交通流变量进行处理。其数学模型如下。

　　设 $X_i(i=1,2,\cdots,p)$ 为变量，即

$$X_i = a_{i1}F_i + \cdots + a_{im}F_{im} + \varepsilon_i, \quad m \leqslant p \tag{3.2.12}$$

其中，$F = [F_i \cdots F_{im}]$ 为公共因子，不可直接观测；系数 $a = [a_{i1} \cdots a_{im}]$ 为因子荷载矩阵；ε_i 为特殊因子，是模型无法体现的变量信息，此部分信息越少，说明模型的信息丢失越少。

　　因子分析的算法步骤如下。

　　(1) 预备分析的原始变量。

　　(2) 计算所选原始变量的相关系数矩阵。

　　(3) 提取公共因子，确定因子个数。

　　(4) 因子旋转与命名。

　　(5) 计算因子得分，计量因子变量值。

3.3　基于二元 Logistic 回归的事故风险预测模型

　　Logistic 回归模型是一种广义线性回归模型，常用于机器学习、数据挖掘、疾病诊断、经济预测等领域。其因变量为分类变量，当因变量只有两种类型时，又把这种回归模型称为二元 Logistic 回归模型。在工程领域，二元 Logistic 回归模型常用于预测某种过程、系统、产品的失效概率。在交通事故风险评估领域，针对事故、非事故的二分类状态，常采用二元 Logistic 回归构建实时事故风险评估模型。

3.3.1 原理阐述

通过构建二元 Logistic 回归模型，可以对事故风险概率做出判断。事故发生的概率和不发生的概率可以分别通过下式计算得到，即

$$P(y_i = 1|x_i) = p_i = \frac{e^{\beta_0 + \sum \beta_k x_{ki}}}{1 + e^{\alpha + \sum \beta_k x_{ki}}} \tag{3.3.1}$$

$$P(y_i = 0|x_i) = 1 - p_i = \frac{1}{1 + e^{\beta_0 + \sum \beta_k x_{ki}}} \tag{3.3.2}$$

其中，x_{ki} 为自变量；β_0 为截距常数项；β_k 为变量系数，可以通过下式进行似然估计，即

$$\ln L(\beta, x_i) = \sum_{i=1}^{n} \left(\beta_0 + \beta_1 x_{1i} + \cdots + \beta_k x_{ki} - \ln(1 + e^{\beta_0 + \sum \beta_k x_{ki}}) \right) \tag{3.3.3}$$

为了便于理解，往往采用发生比率对事件发生的概率进行描述，即

$$G(x) = \frac{p_i}{1 - p_i} = e^{\beta_0 + \sum \beta_k x_{ki}} \tag{3.3.4}$$

求对数便可变换为线性模型，从而直观了解每个变量对结果的贡献程度，即

$$\ln(G(x)) = \beta_0 + \sum \beta_k x_{ki} \tag{3.3.5}$$

作为一种常用的事故风险评估模型拟合效果的评价指标，AUC(area under the curve of ROC，接受者操作特征面积)表示 ROC(receiver operating characteristic，接受者操作特征)曲线下方的面积，作为判断模型优劣的指标常用来比较分类模型的预测准确度。根据一系列不同的二分类方式，以假阳率(false positive rate)为横坐标，真阳率(true positive rate)为纵坐标绘制 ROC 曲线。模型的 AUC 值越大，其分类能力越好。当 AUC<0.5 时，说明分类能力很差；当 AUC 在 0.5~0.7 时，说明分类能力一般；当 AUC 在 0.7~1 时，说明分类能力很好。

此外，用于评价分类模型拟合度的赤池信息准则(Akaike information criterion，AIC)、混淆矩阵、马修斯相关性系数等，也常用于评价实时事故风险评估模型的拟合度。

3.3.2 模型数据

在某个基于高清卡口数据的事故风险评估研究中，基于病例对照抽样方法，病例组和对照组按照 1∶4 的比例，考虑数据缺失和剔除的情况，得到事故数据 171 条，非事故数据 618 条，通过 ADASYN，得到 621 条事故数据和 618 条非事故数据，用于后续建模。经过关键变量筛选，最终选取 12 个变量。建模变量的

描述性统计值如表 3.3.1 所示。

表 3.3.1　建模变量的描述性统计值

变量	说明	均值	标准差	1/4 分位数	3/4 分位数
Q_3	车道 3 流量	22.82	24.16	8.00	29.00
$EQ_1(10-3)$	车道 1 流量时间分布均值	5.76	0.75	5.68	6.00
$EQ_3(10-3)$	车道 3 流量时间分布均值	5.93	0.85	5.88	6.27
$DQ_1(10-4)$	车道 1 流量时间分布方差	4.44	0.98	3.98	4.93
$DQ_2(10-4)$	车道 2 流量时间分布方差	2.99	1.41	2.79	3.85
$DQ_3(10-4)$	车道 3 流量时间分布方差	4.56	2.57	2.64	6.59
EV_1	车道 1 速度时间分布均值	85.22	14.91	81.11	93.37
EV_2	车道 2 速度时间分布均值	69.86	32.33	66.56	91.92
DV_1	车道 1 速度时间分布方差	18.15	5.82	14.51	21.74
DV_2	车道 2 速度时间分布方差	17.95	9.74	12.95	26.00
DV_3	车道 3 速度时间分布方差	27.83	11.29	17.95	37.75
RV_3	车道 3 速度极差	111.37	33.00	98.00	127.50

3.3.3　结果分析

基于上述变量建立二元 Logistic 回归模型，根据自变量的显著性指标进一步筛选自变量，最终的二元 Logistic 回归模型中有 10 个变量。其参数估计结果如表 3.3.2 所示。

表 3.3.2　基于高清卡口数据的 Logistic 回归模型参数估计结果

变量	系数	标准误差	Wald 统计量	自由度	显著性指标
常数项	1.42	0.89	2.57	1	0.11
Q_3	0.03	0.01	10.54	1	0.00
EQ_1	−2443.29	324.98	56.53	1	0.00
EQ_3	−334.22	89.46	13.96	1	0.00
DQ_1	−5318.68	1579.49	11.34	1	0.00
DQ_3	18758.55	1521.71	151.96	1	0.00
EV_1	0.15	0.02	58.92	1	0.00
DV_1	0.19	0.03	33.02	1	0.00
DV_2	−0.14	0.03	23.17	1	0.00
DV_3	−0.13	0.03	22.71	1	0.00
RV_3	−0.06	0.01	88.56	1	0.00

因此，最终的 Logistic 回归模型可以表示为

$$
\begin{aligned}
\ln\left(\frac{p}{1-p}\right) = {} & 1.42 + 0.03 \times Q_3 - 2443.29 \times EQ_1 - 334.22 \times EQ_3 \\
& - 5318.68 \times DQ_1 + 18758.55 \times DQ_3 + 0.15 \times EV_1 + 0.19 \times DV_1 \\
& - 0.14 \times DV_2 - 0.13 \times DV_3 - 0.06 \times RV_3
\end{aligned} \tag{3.3.6}
$$

基于高清卡口数据的 Logistic 回归模型的预测结果如表 3.3.3 所示。基于高清卡口数据的 Logistic 回归模型 ROC 曲线如图 3.3.1 所示。对应的 AUC 值为 0.9455，说明该模型具有良好的预测性能。

表 3.3.3 基于高清卡口数据的 Logistic 回归模型的预测结果

实际情况	预测结果/起		合计/起
	事故	非事故	
事故	572	49	621
非事故	95	523	618
合计	667	572	1239

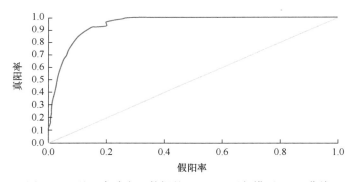

图 3.3.1 基于高清卡口数据的 Logistic 回归模型 ROC 曲线

3.4 基于支持向量机的事故风险预测模型

SVM 作为现阶段流行的监督式机器学习算法之一，被广泛应用于文本分类、图像识别、语音识别等领域，在分类问题、回归问题上均有良好的表现。由于传统的广义线性模型假设的自变量与因变量之间有着显著的线性关系，当自变量表现出很强的非线性特征时，采用广义线性模型对参数进行估计会产生显著的偏差[20]。SVM 在小样本、非线性、高维模式识别中表现出许多特有的优势。

SVM 基于结构风险最小化目标，通过形成一个最优的最大间隔超平面实现不同类边缘样本间距的最大化，因此具有良好的泛化能力。

3.4.1　模型原理

LIBSVM[21]是最受欢迎的 SVM 工具箱之一，能够面向 SVM 的不同形式，解决分类问题(包含 C-SVC 模型、e-SVC 模型)、回归问题(包含 e-SVR 模型、n-SVR 模型)等。本节研究的高速公路交通安全风险评估的结果为是否产生事故，是典型的分类问题。C-SVC 模型和 υ-SVC 模型的结构一致，区别在于损失参数的控制系数形式不一致，前者为大于零的常数 C，后者为常数 υ ($\upsilon \in (0,1)$)。本节采用默认的 C-SVC 优化模型对最优超平面进行求解。

SVM 的机器学习过程直观而言，是对最优超平面的求解优化选择。C-SVC 优化模型，并是对以下优化问题进行求解。

假设给定训练用的向量集 $x_i \in \mathbf{R}^n$，$i = 1,2,\cdots,l$，并且分属两类，向量集中的每个向量都对应一个分类标签 $y_i \in \mathbf{R}^l$，$i = 1,2,\cdots,l$，其中 $y_i \in \{-1,1\}$。该优化问题为

$$\min_{\omega,b,\xi} \frac{1}{2}\omega^{\mathrm{T}}\omega + C\sum_{i=1}^{l}\xi_i \tag{3.4.1}$$

$$\text{s.t.}\ \ y_i(\omega^{\mathrm{T}}\phi(x_i)+b) \geqslant 1-\xi_i \tag{3.4.2}$$

$$\xi_i \geqslant 0 \tag{3.4.3}$$

其中，$\phi(x_i)$ 为核函数，将 x_i 投射到更高的维度；C 为惩罚参数，是一个大于零的常量，调节该值可改变模型的偏向；ω、b、ξ 为该优化问题的变量，可在模型的优化求解过程中求解。

上述问题的对偶问题为

$$\min_{\alpha} \frac{1}{2}\alpha^{\mathrm{T}}Q\alpha - e^{\mathrm{T}}\alpha \tag{3.4.4}$$

$$\text{s.t.}\ \ y^{\mathrm{T}}\alpha = 0 \tag{3.4.5}$$

$$0 \leqslant \alpha_i \leqslant C, \quad i = 1,2,\cdots,l \tag{3.4.6}$$

其中，e 为由 1 组成的向量；$C \geqslant 0$ 为上界；Q 为 $l \times l$ 的半正定矩阵，$Q_{ij} \equiv y_i y_j K(x_i, x_j)$，并且 $K(x_i, x_j) \equiv \phi(x_i)^{\mathrm{T}}\phi(x_j)$ 是核。

C-SVC 模型经过数学方法求解后可得分类决策函数，即

$$f(x) = \text{sgn}(\omega^{\mathrm{T}}\phi(x) + b) = \text{sgn}\left(\sum_{i=1}^{l} y_i \alpha_i K(x_i, x) + b\right) \tag{3.4.7}$$

其中，x_i、$y_i \alpha_i$、b 为模型优化求解得到的参数。

根据核函数的不同，C-SVC 模型决策函数的最终形式也不相同。

C-SVC 模型支持常见的线性核函数、多项式核函数、径向基核函数(radial basis function，RBF)、Sigmoid 核函数。研究表明，采用 RBF 核函数作为 C-SVC 模型高维映射变换函数的分类预测模型的分类效果普遍优于其他三类。因此，选用 RBF 核函数作为样本高维映射函数。RBF 核函数的数学形式为

$$K(x_i, x) = \mathrm{e}^{-\gamma x_i - x^2} \tag{3.4.8}$$

将核函数代入 C-SVC 模型决策函数中，可以得到采用 RBF 核函数的 C-SVC 模型的决策函数，即

$$f(x) = \text{sgn}\left(\sum_{i=1}^{l} y_i \alpha_i \mathrm{e}^{-\gamma x_i - x^2} + b\right) \tag{3.4.9}$$

3.4.2 建模数据

在 3.2.4 节的实证案例中，基于线圈检测数据，构建事故风险评估模型建模数据集。该数据集包括断面流量、平均占有率、车道间流量累计均方差、车道间速度累计均方差、车道流量方差和，以及天气状态。建模变量的描述性统计值如表 3.4.1 所示。基于该数据集，利用 SVM 可以构建事故风险评估模型。

表 3.4.1　建模变量的描述性统计值

变量	均值	标准差	1/4 分位数	3/4 分位数
断面流量 Q	498.76	14.86	301.50	662.88
平均占有率 C_m	8.89	2.76	5.35	10.41
车道间流量累计均方差 Q_D	65.44	4.30	54.28	74.24
车道间速度累计均方差 V_D	409.80	17.42	119.65	737.29
车道流量方差和 Q_{DL}	51.07	4.62	34.87	64.95
天气状态 Wea	2.87	1.32	2.00	4.00

3.4.3 模型结果

在 C-SVC 模型构建时，引入常数 C 作为惩罚系数，控制损失的大小。在模型求解中，C 作为调节参数影响训练模型的分类性能。此外，RBF 核函数中的 γ 参数也是模型训练前需输入的常数。该参数的数值也会明显影响模型的分类性

能。因此，应用 SVM 方法解决分类问题还需解决 SVM 模型参数及核函数参数的寻优问题，得到分类效果最佳的一组 C、γ 参数。目前，在核函数参数选取方面，机器学习领域尚没有统一的规则，往往根据历史经验，给定参数范围空间 $C \in [2^0, 2^{16}]$、$\gamma \in [2^{-16}, 2^0]$。按照梯度，通过编程枚举的方式对不同参数组合下的模型预测效果进行对比，结合十重交叉验证法(10-fold cross validation)得出最优的参数对(C, γ)，并建立对应的 SVM 分类器。总体建模步骤如下。

(1) 将样本打乱后，按照 70%和 30%的比例随机分为训练集样本和测试集样本。

(2) 取给定参数范围二维空间的某个点(一般从最小点开始)，将训练集打乱，均分成 10 等份，每次取其中 9 份样本作为训练样本训练 SVM 结构参数，剩下一份作为测试样本，得出该次训练的 SVM 精度，重复 10 次后将精度均值作为该参数对对应的 SVM 训练集精度。

(3) 按照一定的梯度将给定参数范围二维空间的所有梯度点按照②进行，得到各个梯度点对应的 SVM 训练集精度。

(4) 取对应最佳 SVM 精度的参数对作为最优化的核函数参数对，并将该 SVM 精度作为训练集精度。

(5) 将剩余 30%的测试集样本用已训练好的 SVM 进行分类，得出最终的测试集样本分类精度，并将该精度作为最终的分类精度。

最终最优参数对(C, γ)取值为(12417, 0.00003)，支持向量占 56.84% (432/760)。基于线圈检测数据的 SVM 模型的分类性能如表 3.4.2 所示。该模型的 AUC 值为 0.8037，说明该模型具有良好的预测性能。

表 3.4.2　基于线圈检测数据的 SVM 模型的分类性能

项目	事故预测精度/%	误报率/%	总体预测精度/%	AUC
训练集	91.95 (354/385)	23.47(88/375)	84.34(641/760)	
测试集	76.32(116/152)	33.91(59/174)	70.86(231/326)	0.8037
总体	87.52(470/537)	26.78(147/549)	80.29(872/1086)	

3.5　前景展望

本章围绕实时事故风险评估，介绍高速公路实时事故风险评估研究的背景、数据集构建方法、常用的数理统计模型和机器学习模型。既有高速公路事故风险评估研究可以在一定程度上提高高速公路的事故风险预测能力，对高速公路的安全改善起到促进作用，但是仍有许多关键问题亟待解决。下面针对三个典型的问题，对高速公路事故风险评估研究进行展望。

1. 面向复杂结构数据的事故风险评估方法

高速公路安全分析数据结构特征复杂，据此建立事故风险评估模型时需要考虑以下问题。

(1) 事故形成机理的异质性。由于事故发生时间、事故地点、交通流状况，以及天气状况的不同，事故形成机理具有异质性。构建事故风险预测模型时需考虑事故风险影响因素的多状态性，有助于分析不同事故形成机理，方便主动式交通管理系统的差异化管理。

(2) 事故数据的空间相关性。交通事故并非无序散布在城市快速路网中，事故之间存在由驾驶行为、道路几何特征等引起的路网、路段层面的空间相关性。

(3) 时空综合特性。事故数据在时间、空间两个层面上具有关联性。时空数据结构复杂，分析时空综合特性的意义在于理解事故形成机理空间与时间相关性的相互作用，以及对事故风险预测的影响，为主动式交通管理系统提供准确的事故风险预测。因此，在面向复杂数据结构的高速公路事故风险评估研究中，如何考虑事故形成机理的异质性、事故之间的空间相关性，以及时空综合特性是关键。

2. 全样本非平衡数据的事故风险评估方法

既有研究的分析数据主要采取欠采样和过采样的方式，对建模数据的事故比例和非事故比例进行控制，以消除不平衡数据带来的事故风险评估难题。在实际运行环境中，事故比例、非事故比例呈现出极度不平衡的特征(约为 1 : 2000)。如何在已有研究成果的基础上，利用后验概率调整、分析数据权重分配推断技术等，构建适用于全样本、非平衡数据的实时事故风险评估模型是实现事故风险精准辨识的关键。

3. 基于持续增量数据的模型在线学习机制

传统基于极大似然估计推断构建的逻辑回归模型参数固定，无法利用评估反馈结果和增量数据进行参数调整和模型优化。然而，实际在线运行的实时事故风险评估模型将产生大量事故评估结果和增量交通流样本数据。如何利用累计评估结果实现事故风险评估模型的在线学习，持续提升模型事故风险辨识精度是模型应用的关键。此外，在模型迁移应用的背景下(针对新建高速公路或基础数据不佳设施)，在线学习机制的建立可增强事故风险评估模型的泛化能力。

参 考 文 献

[1] Harbord B. M25 controlled motorway-results of the first two years//Ninth International Conference on Road Transport Information and Control, New York, 1998: 149-154.

[2] Mirshahi M, Obenberger J, Fuhs C A, et al. Active traffic management: the next step in congestion management. United States Federal Highway Administration, 2007.

[3] Oh C, Oh J S, Ritchie S, et al. Real-time estimation of freeway accident likelihood//The 80th Annual Meeting of the Transportation Research Board, Washington D. C., 2001: 358-363.

[4] Abdel A M, Dilmore J, Dhindsa A. Evaluation of variable speed limits for real-time freeway safety improvement. Accident Analysis & Prevention, 2006, 38(2): 335-345.

[5] Abdel A M. Predicting freeway crashes from loop detector data by matched case-control Logistic regression. Transportation Research Record Journal of the Transportation Research Board, 2004, 1897: 88-95.

[6] Chawla N V, Bowyer K W, Hall L O, et al. SMOTE: synthetic minority over-sampling technique. Journal of Artificial Intelligence Research, 2002, 16: 321-357.

[7] He H, Bai Y, Garcia E A, et al. ADASYN: adaptive synthetic sampling approach for imbalanced learning//2008 IEEE International Joint Conference on Neural Networks, Chicago, 2008: 1322-1328.

[8] 冯国双, 刘德平. 医学研究中的 Logistic 回归分析及 SAS 实现. 北京: 北京大学医学出版社, 2015.

[9] Xie W, Wang J, Ragland D R. Utilizing the eigenvectors of freeway loop data spatiotemporal schematic for real time crash prediction. Accident Analysis & Prevention, 2016, 94: 59-64.

[10] Xu C. Evaluation of the impacts of traffic states on crash risks on freeways. Accident Analysis & Prevention, 2012. 47: 162-171.

[11] Yu R, Abdel A M. Utilizing support vector machine in real-time crash risk evaluation. Accident Analysis & Prevention, 2013, 51: 252-259.

[12] Sun J, Sun M. A dynamic Bayesian network model for real-time crash prediction using traffic speed conditions data. Transportation Research Part C: Emerging Technologies, 2015, 54: 176-186.

[13] Pande A, Abdel A M. Assessment of freeway traffic parameters leading to lane-change related collisions. Accident Analysis & Prevention, 2006, 38(5): 936-948.

[14] Abdel A M, Pande A. Identifying crash propensity using specific traffic speed conditions. Journal of Safety Research, 2005, 36(1): 97-108.

[15] 刘敏, 郎荣玲, 曹永斌. 随机森林中树的数量. 计算机工程与应用, 2015, 51(5): 126-131.

[16] Breiman L. Random forests. Machine Learning, 2001, 45(1): 5-32.

[17] 王晓君, 魏书华. 模糊理论在基于特征向量的模式识别中的应用. 计算机工程与应用, 2007, (10): 81-83.

[18] 郎方年. 四元数矩阵正交特征向量系的求解方法及其在彩色人脸识别中的应用. 自动化学报, 2008, 34(2): 121-129.

[19] Lao Y, Zhang G, Wang Y, et al. Generalized nonlinear models for rear-end crash risk analysis.

Accident Analysis & Prevention, 2014, 62: 9-16.

[20] Chang C C, Lin C J. LIBSVM: a library for support vector machines. ACM Transactions on Intelligent Systems and Technology, 2011, 2(3): 1-27.

[21] Kotsialos A, Papageorgion M, Diakaki C, et al. Traffic flow modeling of large-scale motorway networks using the macroscopic modeling tool METANET. IEEE Transactions on Intelligent Transportation Systems, 2002, 3(4): 282-292.

第4章　二次事故风险评估

高速公路行车速度快、车型多样，所引发的交通事故比一般道路更为严重，并且易引发二次事故。二次事故危害性大、涉及范围更广、造成的人身及财产损失更严重，使救援工作难度大大提升。因此，开展高速公路二次事故的分析研究，对二次事故的预防工作和提高高速公路行车安全具有重要意义。

本章主要讲述二次事故的相关定义，同时对二次事故时空分布进行研究与预测，分析二次事故的特点，得出影响二次事故发生概率的因素，为高速公路二次事故预防的交通管控决策提供理论指导。

4.1　二次事故概念

交通事故是当今人类社会共同面临的一大威胁。据世界卫生组织统计，近年来，世界每年的交通事故死亡的人数已超过 130 万，伤 2000 万人以上，交通安全问题引起世界各国的高度重视。随着汽车保有量的增加，我国高速公路事故居高不下，道路安全问题十分严峻，事故严重程度逐年增加。

大量的事实证明，二次事故往往比一次事故危害性更大、范围更广、造成的人身及财产损失更严重，同时使救援工作难度大大提升。造成二次事故的原因包括环境因素、救援不及时、无后方事故预警、人员没有事故意识、未采取措施及时撤离现场、超速驾驶等，因此二次事故大部分可以通过研究分析提出针对性的预防措施来避免。开展高速公路二次事故的分析与研究工作，对预防二次事故，提高高速公路行车安全具有重要意义。

同时，国家对交通安全保障、事故预防与处理也高度重视。《国家中长期科学和技术发展规划纲要》提出重点开发交通事故应急处理技术、运输工具主动与被动安全技术、交通运输事故再现技术、交通应急反应系统和快速搜救等技术。近年来，交通智能化迅速发展，先进的交通管理系统和交通信息系统使运用交通信息分析交通事故成为可能。因此，如果希望对二次事故做到有效的防范，必须明确什么是二次事故，即二次事故的概念。

首先，传统意义上的广义二次事故是指在原有事故的基础上，由自然不可抗力、救援方的疏忽、涉及人员的错误操作等引起的事故，即二次事故是在一次事故导致的交通条件变化的情况下发生的。二次事故是一次事故危险因素的第二次激发，会造成事故的扩大蔓延。

更具体地说，二次事故的定义有一定的发展过程，最初二次事故根据具体的时间和距离来定义。国外部分学者以距离一起事故 1 英里 15min 内的其他事故作为此事故的二次事故，得到 15%的事故可能是二次事故的结论。之后，部分研究同样是给出固定的距离，以及时间定义二次事故，只是数值不尽相同。从这些研究可以发现，交通二次事故的概念与一次事故是密不可分的。因此，高速公路二次事故也可引申为一次事故发生后一定时间内与一定空间内事故的再发生。

通过对高速公路二次事故概念的描述，我们可以发现二次事故与一次事故是密不可分的，因此如何鉴别二次事故与一次事故也是十分重要的。在二次事故定义中提到的具体时空范围，也需要进行数据的确定，从而给出更加精确的概念，以期达到预测二次事故的效果，减少损失。

4.2　二次事故鉴别

高速公路上行车速度快、冲击力强，引发的交通事故比一般道路严重得多，并且容易引发二次事故。二次事故伤害更大，造成的人身及财产损失更严重，使救援工作难度大大提升。因此，国内外对二次事故的相关研究十分重视。

此外，高速公路二次事故数据存在人为记录的困难性，交通事故数据库往往缺乏二次事故数据，因此对二次事故进行研究首先要采用适当的分析方法鉴别高速公路二次事故。

针对交通事故记录中通常没有二次事故导致的研究困难的问题，本章提出一种交通波分界理论方法来鉴别二次事故。二次事故是在一次事故导致的交通条件变化的情况下发生的，因此本节选用的交通波分界理论是一种基于交通条件变化的筛选方法。区别于以往研究中以固定时空分布值，以及基于排队理论的筛选方法，这种方法可以提供实时的事故影响范围，通过现代信息化手段，匹配一个自动算法进行筛选，更有说服力且更准确。与静态研究相比，此方法可以消除 50%以上不准确时空范围对事故鉴别造成的影响，为高速公路二次事故的研究提供一种可靠的鉴别方法。

交通波分界理论方法主要包含以下步骤。

(1) 根据交通波理论，通过交通流量和密度计算交通波速。

(2) 通过流量检测器数据，计算发生事故后不断变化的交通波。

(3) 根据交通波速确定事故发生后可能发生二次事故的区域，得到一次事故与匹配的二次事故。

步骤(1)中交通波速计算点为事故发生点上游最近的流量检测器，可以准确地反映事故发生后的交通波变化。

　　步骤(2)中计算交通波根据时间的变化最小间隔可以与流量检测器采集数据的最小间隔相同，计算两次变化的交通波，即计算 3 次交通波。交通波 1 是事故发生后向上游传递的波，它造成交通拥堵并导致车辆减速。交通波 2 是牵引车或者交警到达引起的变化波，会导致交通拥堵进一步加重。交通波继续传递，直到事件处理结束，交通拥堵开始消散，此时传递的波为交通波 3。

　　步骤(3)中若事故的时间距离在事件影响范围内，就是此事件的二次事故。

　　二次事故鉴别方法示意图如图 4.2.1 所示。一起潜在的一次事故发生，即原点，横坐标为时间，纵坐标为空间，直线的斜率表示交通波速，阴影范围表示事件的影响范围，即二次事故可能发生的范围。通过计算每一个事件的三种交通波，确定事件处理时间、结束时间，计算影响范围，然后找出时间和空间在影响范围内的事故，即此事件对应的二次事故。

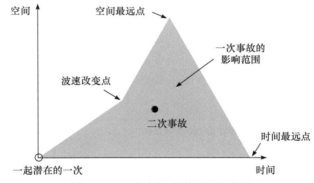

图 4.2.1　二次事故鉴别方法示意图

　　有关交通波理论对于二次事故鉴别的具体实践，本书作者已通过美国加州综合交通记录系统中的第 47、542 条事故数据进行了相关验证。

　　在本次实践过程中，相关步骤和结果如下。

　　(1) 初步筛选。为简化计算量，初步筛选可能的二次事故，结合以往交通波的固定边界，选取一个大的范围初步确定可能成为一次事故与二次事故的组合，采用距离事件 3h、40km 内的事故作为初步筛选条件，将得到的第 25、415 组对应组进行后续交通波的计算筛选。

　　(2) 检测器对应。通过结合事件发生位置的桩号与检测器的桩号，找到距离事件发生最近的上游检测器。

　　(3) 计算波速。通过事件的时间、地点、处理时间对应的检测器流量数据，得到流量、密度，通过式(4.2.1)计算交通波波速，即

$$\omega_{ij} = \frac{\Delta q}{\Delta k} = \frac{q_j - q_i}{k_j - k_i} \tag{4.2.1}$$

其中，q 为流量；k 为密度；ω_{ij} 为波速；i 和 j 为两个不同的时间点。

计算出的三种交通波包含一次事故发生后传递的交通波、救援车辆或警察到达事故现场造成改变后的交通波(交通进一步拥堵)和事故处理完成后的消散交通波。其中，改变交通波是由检测器监测事故发生一段时间后，事故地点平均车速突变的时间点对应的交通波；消散交通波是通过记录的事故处理完成时间计算的交通波。

(4) 计算潜在的一次事故的影响范围。根据波速与时间计算出的事故的影响范围示意图如图 4.2.2。

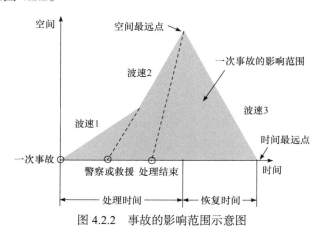

图 4.2.2　事故的影响范围示意图

(5) 事故与事件对应。将初筛得到的事故数据的时间、距离与事件的影响范围结合进行计算，如果事故在事件的影响范围内，则可以得到一次事故与二次事故对应组。根据交通波分界理论的方法，最终得到 931 组二次事故数据。

(6) 提取事件信息。通过事件 ID 和事故 ID 提取原事件，以及事故的信息，以便后续研究。

由此可知，交通波分界理论对二次事故的鉴别和研究有一定的实践意义。

4.3　二次事故的时空预测

二次事故时空分布因鉴别条件的不同而不同，本节基于 4.2 节交通波分界理论鉴别的 931 组国外高速公路二次事故数据来研究二次事故时空分布特征，对二次事故时空分布建模。由于一次事故信息与二次事故时空分布之间的关系为非线性关系，因此采用 SVM 与神经网络建立二次事故时空预测模型，以期对交管部门的管控产生一定的影响。相关预测分析流程如下。

4.3.1　高速公路二次事故时空统计分布

二次事故时空统计分布是进行二次事故预测的重要前提。由于二次事故时空分布由二次事故距离一次事故的时间差及距离差构成，因此采用三种单一分布，以及一种混合分布对二次事故时空分布进行拟合。

1. 威布尔分布

威布尔分布的概率密度函数为

$$f(x;\lambda,k) = \begin{cases} \dfrac{k}{\lambda}\left(\dfrac{x}{\lambda}\right)^{k-1} e^{-\left(\frac{x}{\lambda}\right)^{k}}, & x \geqslant 0 \\ 0, & x < 0 \end{cases} \tag{4.3.1}$$

其中，x 为随机变量；$\lambda > 0$ 为尺度参数，也称比例参数；$k > 0$ 为形状参数。

威布尔分布在可靠性工程中的应用广泛。由于它可以利用概率值很容易地推断出分布参数，因此广泛应用于各种寿命实验的数据处理[1]。

2. 正态分布

正态分布的概率密度函数为

$$f(x;\mu,\sigma) = \frac{1}{\sqrt{2\pi}\sigma} e^{-\frac{(x-\mu)^2}{2\sigma^2}} \tag{4.3.2}$$

其中，μ 为期望；σ 为标准差。

正态分布的应用十分广泛，生产与科学实验中的很多随机变量的概率分布都可以近似地用正态分布来描述。从理论上看，正态分布具有很多良好的性质，许多概率分布都可以用它来近似。此外，对数正态分布、t 分布、F 分布等这些常用的分布都是由正态分布导出的。

3. 对数正态分布

对数正态分布是对数为正态分布的任意随机变量的概率分布。对数正态分布的概率密度函数为

$$f(x;\mu,\sigma) = \begin{cases} \dfrac{1}{\sqrt{2\pi}\sigma x} \exp\left(-\dfrac{1}{2}\left(\dfrac{\ln x - \mu}{\sigma}\right)^2\right), & x \geqslant 0 \\ 0, & x < 0 \end{cases} \tag{4.3.3}$$

其中，μ 为对数均值；σ 为对数标准差。

4. 威布尔分布与正态分布混合分布

经初步计算，威布尔分布和正态分布对于二次事故时空分布的拟合度较高，因此采用这两种分布的混合分布来拟合并检验。其中，随机变量 $x > 0$，因此混合分布的概率密度函数为

$$f(x) = af(x; \lambda, k) + (1-a)f(x; \mu, \sigma)$$

$$= a\frac{k}{\lambda}\left(\frac{x}{\lambda}\right)^{k-1} \mathrm{e}^{-\left(\frac{x}{\lambda}\right)^{k}} + (1-a)\frac{1}{\sqrt{2\pi}\sigma}\mathrm{e}^{-\frac{(x-\mu)^2}{2\sigma^2}} \tag{4.3.4}$$

其中，a 为权重函数，并且 $0 < a < 1$。

二次事故时间差与距离差分布拟合图如图 4.3.1 与图 4.3.2 所示。

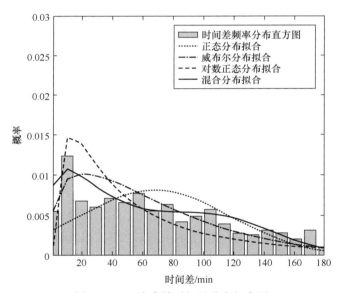

图 4.3.1　二次事故时间差分布拟合图

可以看出，无论是哪一种单一分布都不能很好地拟合二次事故时空分布，而威布尔分布与正态分布的混合分布拟合度较高。对混合分布进行拟合优度检验，K-S 检验(Kolmogorov-Smirnov test)是一种通用的拟合优度检验方法，可以对各种分布进行拟合优度检验。因此，使用 K-S 检验对混合分布进行检验。

拟合优度检验的零假设是，该分布能够很好地拟合二次事故时间差及距离差分布，即它们没有显著的差异性。

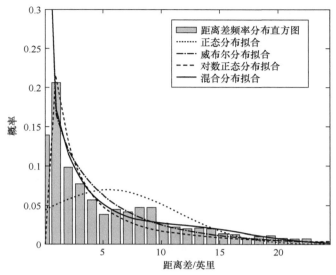

图 4.3.2　二次事故距离差分布拟合图

二次事故时空分布 K-S 检验表如表 4.3.1 所示($\lambda = 0.0324$)。其中，P 值是当原假设为真时得到的样本观察结果的概率。如果 P 值很小，即原假设情况发生的概率很小，根据小概率原理，表示拒绝原假设。P 值越小，可以越强烈地拒绝原假设。当结果中的 P 值大于 0.1 时，不能拒绝原假设，即接受原假设，可以得到二次事故时空分布服从威布尔和正态的混合分布。将参数与权重代入式(4.3.4)，可得二次事故时空分布的概率密度函数。

表 4.3.1　二次事故时空分布 K-S 检验表

项目	分布		参数 1	参数 2	权重	K-S 检验	
						统计量	P 值
距离差	混合分布	威布尔	3.125	12.578	0.762	0.031	0.314
		正态分布	0.879	5.283	0.238		
时间差	混合分布	威布尔	43.397	108.818	0.603	0.029	0.425
		正态分布	1.163	38.756	0.397		

鉴别方法不同，二次事故的时空分布结果相差也较大，而且原有的固定空间和时间的鉴别方法并不准确，所以这里采用交通波边界法，选择距离较远与时间较长的二次事故。高速公路二次事故时空统计分布采用威布尔分布与正态分布混合分布。

4.3.2 一次事故信息说明及线性分析

二次事故预测用到的一次事故变量的选取至关重要。根据研究，结合能真实反映交通流状态的参数，可进行建模的变量包括天气、事故类型、路面状况、照明、是否受伤、车道、持续时间、交通波、流量等。

离散型变量均处理为 0-1 变量，是为 1，否为 0。每种离散性变量的对比组为细分变量中的其他。因此，模型中二次事故时空分布特征研究采用的变量并不包含每种细分变量中的其他。连续型变量用原始数据表示。

变量说明如表 4.3.2 所示。

表 4.3.2　变量说明表

变量	变量类型	变量描述 (所占比例/%)	线性分析			
			时间差		距离差	
			系数	P 值	系数	P 值
天气	离散型	晴或阴(92.9)	0.027	0.954	−5.577	0.090
		雨(6.8)	0.051	0.915	−6.507	0.054
		其他(0.3)	—	—	—	—
事故类型	离散型	行人或动物(4.2)	0.271	0.119	2.321	0.058
		交通危险(40.6)	0.120	0.343	1.385	0.120
		单车抛锚(5.8)	−0.032	0.844	2.654	0.019
		碰撞(42.2)	−0.240	0.109	−0.760	0.395
		肇事逃逸(2.5)	−0.018	0.930	0.433	0.762
		其他(4.7)	—	—	—	—
路面状况	离散型	干(84.1)	0.587	0.041	1.450	0.472
		湿(15.0)	0.416	0.164	1.549	0.461
		其他(0.9)	—	—	—	—
照明	离散型	日照光(69.8)	−0.066	0.479	−0.408	0.534
		黄昏(3.3)	0.058	0.729	1.399	0.239
		街灯(18.0)	0.113	0.286	0.596	0.424
		其他(8.9)	—	—	—	—
是否受伤	离散型	事件中是否有人受伤	−0.264	0.021	−1.309	0.105
车道	离散型	事件发生位置的车道总数	0.009	0.179	0.026	0.585
		平均值	标准差			

续表

变量	变量类型	变量描述 (所占比例/%)		线性分析			
				时间差		距离差	
				系数	P 值	系数	P 值
流量/ (辆/5min)	连续型	事故前 5min 交通流量	303.511　181.282	0.000	0.236	−0.001	0.623
交通波 1/ (km/h)	连续型	一次事故发生后传递的交通波	44.450　53.520	0.001	0.452	0.024	0.000
交通波 2/ (km/h)	连续型	救援车辆或警察到达事故现场造成改变后的交通波(交通进一步拥堵)	85.163　98.040	−0.001	0.002	−0.007	0.031
交通波 3/ (km/h)	连续型	事故处理完成后的消散交通波	73.760　98.889	0.000	0.976	0.001	0.557
持续时间/h	连续型	交通事故持续的时间	0.726　1.391	−0.021	0.257	−0.257	0.052

同时，对这些变量与二次事故的时空分布，即时间差与距离差进行线性分析。结果如表 4.3.2 所示。其中，P 值是原假设为真时，所得样本观察结果的概率。若 P 值很小，即原假设情况发生的概率很小，表示拒绝原假设。P 值越小，表示结果越显著。一般取 P 值小于 0.05 作为显著变量。系数的正负表明是正向影响或反向影响。由于 P 值小于 0.05 的显著变量并不多，因此线性分析并不适合建立二次事故时空预测模型。

虽然线性分析并不适合建立二次事故时空预测模型，但是从表 4.3.2 中依然可以看出交通波与二次事故时空分布有关。对于时间差，一次事故交通波 2 的 P 值为 0.002，是最显著的变量，并且交通波 2 越大，二次事故时间差越小。这说明，交通波 2 较大时，救援车辆或者交警的到来对事故影响较大，导致拥堵更为严重，因此二次事故可能在这个时间段发生。对于距离差，一次事故交通波 1 的 P 值小于 0.05，并且交通波 1 越大，二次事故距离差越大。交通波 1 越大，说明一次事故影响越大，因此二次事故可能在影响范围内较远的地方发生。所以，救援或者警车到达时要及时疏散过往车辆，清理事故现场，避免交通恶化。由此可见，基于交通波的二次事故模型存在一定的实践价值。

4.3.3　二次事故时空预测模型

通过 4.3.2 节的分析，线性关系并不能满足相关模型的需求。对于二次事故大数据非线性模型的建立，考虑采用机器学习的方法进行相关模型分析。

机器学习是根据给定的训练样本，研究输入与输出之间的关系，对输出进行准确地预测。机器学习的基本模型如图 4.3.3 所示。

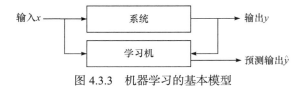

图 4.3.3　机器学习的基本模型

1. 基于 SVM 的二次事故时空预测模型

1) SVM 介绍

SVM 是统计机器学习理论中最重要的一种方法。由于一次事故信息与二次事故时空分布之间的关系是非线性关系，而 SVM 可以较好地解决非线性问题，并且算法简单，训练时间短，因此采用 SVM 对二次事故时空分布建立回归模型。SVM 对于有限的样本使结构风险最小化，可以解决凸二次规划的问题，得到的是全局最优解。

2) SVM 的算法和函数的选取

Suykens 等[2]最早提出最小二乘 SVM 算法。这种方法将最小二乘线性函数作为损失函数，将问题转化为解方程式，从而大大提高运算速度。这种方法在模式识别和非线性函数估计中可以取得很好的效果。

设有样本 x_i 及其所属类别 y_i，记为 (x_i, y_i)，$i = 1, 2, \cdots, N$，$x_i \in \mathbf{R}^N$，$y_i \in \mathbf{R}$，N 表示输入空间的维度。这里，x_i 表示第 i 个一次事故参数，y_i 表示二次事故时间差或空间差。在 SVM 理论中，回归函数 $f(x)$ 具有如下形式，即

$$f(x) = w^{\mathrm{T}} \varphi(x) + b \tag{4.3.5}$$

其中，$\varphi(x)$ 为输入空间到特征空间的映射；w 为系数向量；b 为偏差项。

w 和 b 为待求量，可通过最优化问题来确定，最小二乘 SVM 对应的优化为

$$\max_{w,b,e} \; Q(w, b, e) = \frac{1}{2} \| w^2 \| + \frac{\gamma}{2} \sum_{i=1}^{l} e_i^2 \tag{4.3.6}$$

$$\text{s.t.} \;\; y_i = w^{\mathrm{T}} \varphi(x) + b + e_i, \quad i = 1, 2, \cdots, l \tag{4.3.7}$$

其拉格朗日函数为

$$L(w, e, b, \alpha) = Q(w, b, e) - \sum_{i=1}^{l} \alpha_i \left(w^{\mathrm{T}} \varphi(x_i) + b + e_i - y_i \right) \tag{4.3.8}$$

式(4.3.8)的最优值条件为

$$\begin{cases} \dfrac{\partial L}{\partial w} = 0 \Rightarrow w - \sum_{i=1}^{l} \alpha_i \varphi(x_i) = 0 \\[2mm] \dfrac{\partial L}{\partial b} = 0 \Rightarrow \sum_{i=1}^{l} \alpha_i = 0 \\[2mm] \dfrac{\partial L}{\partial e_i} = 0 \Rightarrow C e_i - \alpha_i = 0 \\[2mm] \dfrac{\partial L}{\partial \alpha_i} = 0 \Rightarrow w^{\mathrm{T}} \varphi(x_i) + b + e_i - y_i = 0 \end{cases} \tag{4.3.9}$$

求解方程可以得到决策函数，即

$$f(x) = \sum_{i=1}^{l} \alpha_i K(x, x_i) + b \tag{4.3.10}$$

最小二乘 SVM 的核参数与正则化参数对模型的性能有重要影响。

选取最优参数的方法可分为两类，即基于分析的方法和基于启发式的搜索方法[3]。粒子群优化(particle swarm optimization，PSO)算法是 Kennedy 等[4]在 1995 年开发的一种优化方法，通过粒子在解空间追随最优的粒子进行迭代搜索。这种算法具有容易实现、需要调整的参数较少等优点，多应用于函数优化、神经网络训练，以及其他遗传算法领域。因此，采用 PSO 算法进行最小二乘 SVM 模型参数求解。

核函数 $K(x_i, x_j)$ 是高维特征空间的内积。核函数的选择不同，算法也不相同。常见的核函数有以下几种形式[5]。

线性核函数，即

$$K(x_i, x_j) = x_i x_j \tag{4.3.11}$$

多项式核函数，即

$$K(x_i, x_j) = (x_i x_j + 1)^d \tag{4.3.12}$$

RBF 核函数，即

$$K(x_i, x_j) = \exp\left(-\frac{\| x_i - x_j \|^2}{2\sigma^2}\right) \tag{4.3.13}$$

将向量映射到高维度会导致计算更加复杂，因此选用适当的核函数可以得到合适的高维度函数。RBF 核函数相比线性核函数可以实现非线性映射，相比多项式核函数参数较少。因此，首选 RBF 核函数进行最小二乘 SVM 模型计算。

3) 二次事故时空预测模型的建立

在交通波分析理论中，最小二乘 SVM 模型输出是单个变量，因此基于最小二乘 SVM 的二次事故时空预测模型包含二次事故时间差模型与二次事故距离差模型。

　　模型数据为 4.2 节筛选得到的一次事故与二次事故，共 931 组，其中 838 组作为训练样本，93 组作为测试样本。模型的自变量为一次事故的变量，包含天气(晴或阴、雨)、事故类型(行人或动物、交通危险、单车抛锚、碰撞、肇事逃逸)、路面状况(干、湿)、照明(日照光、黄昏、街灯)、是否受伤、车道、流量、交通波 1、交通波 2、交通波 3 和持续时间。模型的因变量为二次事故时间差和距离差。

　　建立模型的步骤如下。

　　(1) 对训练组与测试组输入输出数据进行归一化处理。

　　(2) 对输入数据进行降维。

　　(3) 进行 PSO 优化。

　　(4) 建立最小二乘 SVM 回归模型。

　　(5) 将测试组代入模型，求误差和回归系数。

　　步骤(1)为了消除变量之间的量纲影响，进行归一化处理。归一化后的模型结果更加精确。设 $x = x_1, x_2, \cdots, x_n$，指标的最小值为 $x_{\min}$、最大值为 $x_{\max}$，整理数据为

$$f(x) = \frac{x_i - x_{\min}}{x_{\max} - x_i}, \quad i = 1, 2, \cdots, n \qquad (4.3.14)$$

　　步骤(2)采用的降维方法是 PCA。PCA 是一个统计过程。该过程通过正交变换将原始的 n 维数据集变换到一个新的数据集中。变换后按照方差依次递减排序，降维时选取前 $m(m < n)$ 个主成分就能表示最大的数据信息量。这样就可以用较少的变量解释大部分变量。

　　在步骤(3)中，PSO 优化得到 γ 和惩罚因子 C。

　　在步骤(4)中，使用 RBF 核函数时需要考虑的参数为 C 和 γ，可以采用交叉验证方法得到。

　　在步骤(5)中，得到的测试组结果要进行反归一化处理，再与原始数据比较得出 MSE 和回归系数 R。

　　4) 模型评价

　　采取 4.2 节中实例得到的 931 组数据以上述步骤进行分析，得到相关结果。931 组数据中 838 组作为训练样本，93 组作为测试样本。

　　时间差的单位为小时，距离差的单位为英里。基于 SVM 的模型结果如表 4.3.3 所示。其中，MSE 为均方误差，MSE 越小，说明训练或测试的整体误差较小；R 为回归系数，若 R 越接近 1，训练或测试的拟合程度越高。

表 4.3.3　基于 SVM 的模型结果

组别	时间差		距离差	
	R	MES	R	MSE
训练组	0.872	0.073	0.834	1.698
测试组	0.052	39.249	0.056	0.118

　　模型归一化后的原数据与归一化后的 SVM 模型数据对比图如图 4.3.4 所示。其中，1~838 组为训练组，839~931 组为测试组。

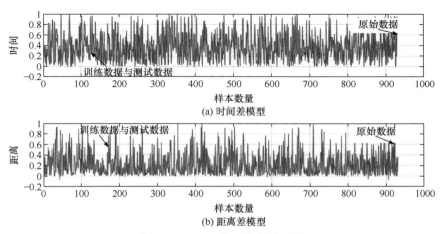

(a) 时间差模型

(b) 距离差模型

图 4.3.4　SVM 模型数据对比图

　　可以看出，SVM 对训练样本时间差和距离差的回归系数 R 为 0.8 左右，拟合较为准确。对于测试组，时间差和距离差回归系数 R 都较小，拟合程度较差。但是，距离差测试结果显示 MSE 较小(0.118 英里)。虽然二次事故距离差模型的整体测试结果误差较小，但是从第 839~931 组(测试组)可以看出实际值波动较大，而预测值波动较小，因此对于单个样本来说精度并不高。从图 4.3.4 中同样可以看出，SVM 对于时间差的拟合波动范围与原始数据相比偏小，因此对时间差的拟合较差，而对于训练组的距离差波动程度相近，拟合程度较好，与表中的结果相一致。

　　综上可得，SVM 对于二次事故时空分布训练效果较好，但是预测效果需要进一步的改善。因此，需要对其他时空预测模型的探索来修正该模型的不足。

2. 基于神经网络的二次事故时空预测模型

　　神经网络可以求解内部关系复杂的问题，以任意精度逼近任何复杂的非线性连续函数, 同样适用于建立二次事故时空预测模型。SVM 只能输出单一变量, 而二次事故时空分布包含二次事故距离一次事故的时间差和距离差两个变量。相对于 SVM, 神经网络模型样本量不受限制, 具有一定的容错能力, 因此可以采用神经网络方法建立更精准的二次事故时空预测模型。

1) BP 神经网络介绍

人工神经网络是以工程手段模拟人脑神经系统结构和作用机理的系统, 由大量的神经元连接构成。人工神经网络的基本特征是非线性、非局限性、非常定性和非凸性。

反向传播(back propagation, BP)神经网络由 Rumelhart 等[6]于 1986 年提出。BP 神经网络是一种运用误差反向传播算法训练的多层前馈网络, 是目前应用最广泛的神经网络模型之一。在道路安全评价、交通流状态, 以及事故预测等方面有很多应用[7-13]。BP 神经网络由输入层(input layer)、隐含层(hidden layer)、输出层(output layer)构成, 其中隐含层可以有多个。常用的 BP 神经网络结构是包含一个隐含层的三层神经网络。三层 BP 神经网络示意图如图 4.3.5 所示。

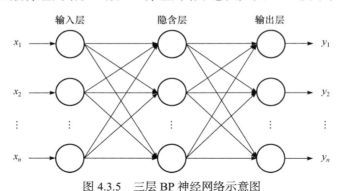

图 4.3.5　三层 BP 神经网络示意图

假设网络的输入变量为 $x_1, x_2, \cdots, x_n$, 其隐含层 j 节点的输入为

$$I_j = \sum_{i=1}^{n} w_{ij} x_i - b_j, \quad j = 1, 2, \cdots, m \tag{4.3.15}$$

其中, m 为隐含层神经元的数量; w_{ij} 为输入层第 i 个神经元与隐含层第 j 个神经元的连接权; b_j 为隐含层神经元 j 的阈值。

此时, 神经元 j 的输出为

$$Q_j = f(I_j) \tag{4.3.16}$$

令 $f(x)$ 为隐含层的激活函数, 一般使用 Sigmoid 函数计算, 即

$$f(x) = \frac{1}{1 + e^{-x}} \tag{4.3.17}$$

输出层第 p 个节点的输入与输出为

$$I_p = \sum_{i=1}^{m} v_{jp} Q_j - b_p \tag{4.3.18}$$

$$y_p = f(I_p) \tag{4.3.19}$$

其中，v_{jp} 为隐含层第 j 个神经元与输出层第 p 个神经元的连接权；b_p 为隐含层神经元 p 的阈值。

BP 神经网络的计算过程包含信息正向传播和反向传播两个过程。正向传播由输入层接收来自外界的信息，传递给隐含层的神经元处理，然后传递给输出层。当实际输出与期望不符时，误差反向传播，将网络的误差由输出层逆向传播(按梯度下降的方式修正权值)到隐含层，再到输入层。然后，循环正向传播反向传播过程。在这个过程中，不断优化网络结构和参数，直到输出与期望的误差可以接受或与预先设定的学习次数相符。

2) 基于 BP 神经网络的二次事故时空预测模型

BP 神经网络的样本包含一次事故与二次事故共 931 组，其中 838 组作为训练样本，93 组作为测试样本。

代入的一次事故变量包含天气(晴或阴、雨)、事故类型(行人或动物、交通危险、单车抛锚、碰撞、肇事逃逸)、路面状况(干、湿)、照明(日照光、黄昏、街灯)、是否受伤、车道、流量、交通波 1、交通波 2、交通波 3 和持续时间。

输出变量为二次事故时间差和距离差。由于 BP 神经网络可以有多个输出变量，因此只需建立一个二次事故时空预测模型，模型的输入层神经元数量为 19，输出层神经元数量为 2。本章采用三层神经网络，包含一个隐含层。由于隐含层神经元数量确定方法尚无精确的计算方法，因此采用比较法。其步骤如下。

(1) 对训练组与测试组的输入输出数据进行归一化处理。

(2) 建立具有不同节点数隐含层的 BP 神经网络模型。

(3) 将测试组代入模型，求出不同节点数隐含层误差和回归系数。

(4) 比较不同节点数隐含层的 BP 神经网络模型，得到最优模型。

在步骤(1)中，为了消除变量之间的量纲影响，进行归一化处理，将数据统一到[0, 1]区间。设 $x = x_1, x_2, \cdots, x_n$，计算指标的最小值 $x_{\min}$ 和最大值 $x_{\max}$，整理数据为

$$f(x) = \frac{x_i - x_{\min}}{x_{\max} - x_i}, \quad i = 1, 2, \cdots, n \tag{4.3.20}$$

归一化后，模型结果更加精确。

在步骤(2)中，取隐含层节点数 1~15 进行分析。神经网络的学习率设为 0.05，目标精度设为 10^{-6}，最大步数设为 500。

在步骤(3)中，测试组结果反归一化处理后与原始数据比较，得出 MSE 和回归系数 R。

3) 结果分析

一次事故与二次事故共 931 组，其中 838 组作为训练样本，93 组作为测试样本。隐含层节点数不同的三层 BP 神经网络模型结果对比如表 4.3.4 所示。隐含层神经元数量确定方法目前尚无精确的计算方法，因此取 1~15 个节点建立模型，对结果进行比较，选取最优结果对应的隐含层节点数作为最终模型。

表 4.3.4　不同隐含层节点数结果对比表

节点数	时间/s	训练数据			测试数据		
		R	MSE 时间/s	MSE 距离	R	MSE 时间/s	MSE 距离
1	1.706	0.390	0.586	31.173	0.508	0.690	34.431
2	7.964	0.462	0.579	26.556	0.492	0.704	36.078
3	13.442	0.506	0.550	24.929	0.437	0.730	42.699
4	15.156	0.548	0.521	23.201	0.479	0.733	37.563
5	18.027	0.542	0.513	24.381	0.443	0.814	39.939
6	20.465	0.586	0.485	22.116	0.426	0.778	43.684
7	21.615	0.587	0.495	21.337	0.444	0.797	42.890
8	**25.766**	**0.642**	**0.442**	**19.289**	**0.492**	**0.926**	**37.375**
9	26.375	0.638	0.470	17.861	0.455	0.921	45.551
10	34.452	0.663	0.420	18.524	0.381	1.072	51.844
11	32.969	0.686	0.411	16.547	0.344	0.932	50.657
12	37.677	0.651	0.447	18.012	0.296	0.891	58.213
13	39.897	0.707	0.404	14.524	0.282	1.063	68.032
14	54.929	0.719	0.360	16.237	0.228	1.165	59.993
15	47.519	0.711	0.370	16.650	0.331	0.938	56.390

MSE 越小，说明训练或测试的整体误差越小。R 为回归系数，R 越接近 1，说明训练或测试的拟合程度越高。从表 4.3.4 可以看出，隐含层有 8 个节点的神经网络模型回归系数 R 较大，以及误差 MSE 较小，因此隐含层节点数取 8。最终确定二次事故时空分布 BP 神经网络模型，即输入层(19 个节点)、隐含层(8 个

节点)、输出层(2 个节点)。

BP 神经网络模型数据对比图如图 4.3.6 所示。其中，1~838 组为训练组，839~931 组为测试组。

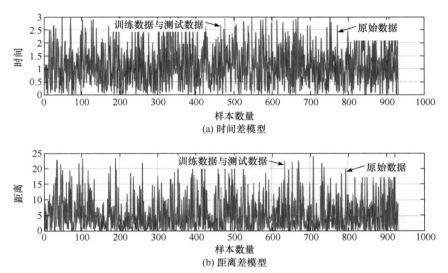

图 4.3.6　BP 神经网络模型数据对比图

可以看出，神经网络模型可以较好地拟合二次事故时空分布时间差与距离差，预测二次事故时间差，但是对于二次事故距离差的预测存在较大误差。

4.3.4　模型对比

1. SVM 一般特点

(1) 非线性映射，神经网络利用核函数将原始数据映射到高维空间，可以解决非线性问题。

(2) 目标是对特征空间划分最优超平面。

(3) 具有坚实理论基础，适用于小样本学习，算法简单，可以简化通常的分类回归问题。

(4) 计算的复杂性取决于支持向量的数量，不是空间的维数，因此可以避免维数灾难。

(5) 具有较好的鲁棒性。

这些特点也反映出 SVM 模型的不足之处，因其是求解矩阵，当数据规模较大时，矩阵规模随之增大，因此其对大规模数据难以进行计算。

2. BP 神经网络的特点

神经网络可以以任意精度逼近非线性连续函数，具有较强的非线性映射能力，可以求解内部机制复杂的问题。

(1) 具有较高的自学习和自适应能力。

(2) 具有一定的容错能力，在部分神经元破坏时，对全局的训练影响不大。

BP 神经网络也存在一些缺点。容易陷入局部最小化，BP 神经网络是局部搜索的优化方法，网络的权值是在局部调整的，因此容易陷入局部极值，导致网络训练失败。训练速度慢，神经网络不断进行迭代工作，它的收敛速度无法确定，收敛条件也无法定量分析，因此训练速度只能从结果得出。模型的优劣在很大程度上取决于样本数据，因此过分依赖学习样本，需要有足够的数据量，同时也导致训练时间的增加。

考虑二次事故时空分布与一次事故变量之间的关系，从表 4.3.2 中可以看出这种关系是非线性关系，因此考虑采用 SVM 与神经网络两种方法进行分析，解决非线性问题。

由表 4.3.5 可知，1～15 层 BP 神经网络的建模时间为 1～54s，最终建立的含 8 层隐含层的 BP 神经网络的时间为 26s。在最小二乘 SVM 模型中，当核参数与正则化参数确定时，建模速度非常快，但是用 PSO 方法得到最优化参数的时间超过 1min。两种模型建立完成后，输入测试组，分析得出结果的速度都非常快，可以忽略不计。因此，相比之下 BP 神经网络在建模速度上较优。

从建模稳定性比较，BP 神经网络不确定的参数为一个，即隐含层的层数。当隐含层层数、数据样本一定时，由于内部计算复杂，每一次构建模型时网络的权值都有细微调整，因此得到的模型均有细微差别。对于最小二乘 SVM，不确定的参数有两个，可以采用 PSO 方法优化得到。只要数据样本相同，得到的参数也相同，最小二乘 SVM 内部构造相同，最终结果也相同，因此相比之下，SVM 具有较高的稳定性。

从建模结果比较，SVM 模型与 BP 神经网络模型结果表如表 4.3.5 所示。可以看出，SVM 模型训练组略优于 BP 神经网络训练组，但是 SVM 测试组明显差于 BP 神经网络。同时，由于 BP 神经网络的输出可以有多个，因此相比 SVM 只需建立一个模型即可。考虑实际应用，BP 神经网络更适合二次事故时空分布建模。二次事故时空分布 BP 神经网络模型的训练组回归系数 $R=0.642$，测试组回归系数 $R=0.492$，训练结果中时间差与距离差的误差分别为 0.442 和 19.239，测试结果中时间差与距离差的误差分别为 0.926 和 37.375。

表 4.3.5　SVM 模型与 BP 神经网络模型结果表

方法	组别	时间差		距离差	
		R	MES	R	MSE
SVM	训练组	0.872	0.073	0.834	1.698
	测试组	0.052	39.249	0.056	0.118
BP 神经网络	训练组	0.642	0.442	0.642	19.289
	测试组	0.492	0.926	0.492	37.375

　　BP 神经网络模型输入一次事故的 19 个变量，可以计算得出可能发生的二次事故与一次事故的时间差和距离差。由于建模数据来源是美国加州数据，当数据结构相同时，即采用相同的变量和格式。如表 4.3.2 所示，进行预测时，数据结果依然适用。因此，当国内事故数据记录类型和整理方法与表 4.3.2 相符，交通波计算方法采用交通波边界法时，本模型同样适用。

　　因此，交通管理部门可以通过以上模型预测二次事故时空分布采取的手段，对驾驶人发布相应的信息进行预防，使二次事故的预防具有时空的针对性。

4.4　二次事故的可能性分析

　　高速公路二次事故与一次事故有相关性，找出一次事故对二次事故发生概率(可能性)的影响因素，研究二次事故特点，对预防二次事故具有重要意义。然而，二次事故致因研究中往往缺少反映当时交通状况的参考因素。因此，加入一次事故发生后的交通波作为可能的影响因素，对二次事故致因进行建模，从而获得影响二次事故可能性的主要因素。

4.4.1　二次事故原因分析

　　通常交通事故的发生是由多个因素共同导致的。其中主要因素可以概括为人、车、路三方面。

　　1. 人

　　在高速公路上，机动车驾驶人是唯一的使用者。驾驶人无视交通法规是造成交通事故最主要的原因，如驾驶人安全意识不强、超速驾驶、疲劳驾驶、违法变道、酒后驾驶、违法超车、带故障驾驶等现象时有发生。甚至，有的驾驶人无视交通法律法规，在出口附近的高速上逆向行驶或停车查看。

　　对于二次事故，人的因素包括一次事故方的原因、救援方的原因、二次事故方的原因。

1) 一次事故方的原因

一次事故发生在很大程度上是人的操作不当引起的。一次事故发生后，处理不及时或不妥当会造成很大的安全隐患。一些驾驶人在事故发生后不按照规定设置警示标志、开启危险信号灯，使后方车辆不能及时避让而追尾。此外，还有一些人员在事故发生后停车查看或争执，这些都是十分危险的行为，容易引发二次事故。

2) 救援方的原因

救援方在发生事故后可能会忽略对过往车辆的避让工作，未按规定设置警示标志与警戒带，或者是警戒标志设置距离不足，使后方车辆未能及时避让。此外，救援方往往在救援时会造成更大规模的拥堵，如果交警与路政管理部门不协调会使事故处理不及时，事故影响范围扩大。

3) 二次事故方的原因

二次事故方可能的原因是反应不及时。驾驶者从认知、反应到操作完成一般需要 3s 的时间，因此 3s 的行程距离很重要。高速公路车速为 120km/h 时，3s 行驶过的路程为 100m。当一次事故发生后，事故地点交通流突然变化，后方驾驶人来不及避让容易造成二次事故，或者二次事故方操作不当，如超速驾驶、疲劳驾驶、带故障驾驶等。在驾驶人超速行驶的状态下，3s 行程增加，同时驾驶人的视野也会受到影响，车速越高，驾驶人能看清的距离越短，用来避让一次事故的距离就越短，可能造成车辆驶入一次事故现场，与事故现场车辆、人员发生碰撞。

高速公路单一的行驶路线容易造成疲劳驾驶。模拟驾驶研究表明，大多数驾驶人在较为单一场景下驾驶 100min 以内会出现疲劳，有一半的驾驶人在 50min 内会出现疲劳[14]。疲劳驾驶危害性极大，会导致注意力不集中，判断能力下降，甚至出现睡眠、驾驶操作停顿或修正时间不当等，引发二次事故的发生。

2. 车

汽车在道路上行驶，主要有以下几方面性能。

(1) 动力性能，指汽车牵引力决定的汽车加速、爬坡和最大速度的性能。汽车的动力性能是汽车在道路上行驶最基本的性能。动力性能越好，越容易适应道路状况。

(2) 制动性，指汽车在短时间内强制刹车或减速的能力。汽车制动性能的好坏，直接影响行车安全。当汽车的制动性能较好时，遇到突发状况可以及时刹车，避免事故的发生。

(3) 行驶稳定性，指汽车在行驶过程中，受到外界干扰时，能保持驾驶人指定方向行驶的能力。汽车行驶稳定性好，则不容易发生意外情况。

(4) 操纵稳定性，指驾驶人控制汽车按照意愿行驶的容易程度，包括汽车的转向特性、高速稳定性和操纵轻便性。当汽车的操纵稳定性高时，驾驶人在突发状况下容易使汽车回归正常行驶状态，减少危险。

(5) 燃油经济性，指用最少的燃油消耗完成单位运输工作。

(6) 行驶平顺性，指汽车在不平坦的道路上行驶时，免受震动和冲击的能力。汽车行驶平顺性对汽车平均技术车速、乘车舒适性、运货完整性等有很大的影响。

(7) 通过性(又称越野性)，指汽车在各种道路和无路地带行驶的能力。汽车通过性能越好，使用的范围就越广。

我国对于车辆的检测力度不够，导致道路上的车辆可能存在性能不良、爆胎、刹车失灵、电路故障等问题，并且有些驾驶人安全意识不强，并不注重车辆的维修保养。在高速公路上，车辆爆胎、夜间车灯不全、汽车动力不足等都是发生事故后导致二次事故的重要原因，其中刹车失灵更会造成十分严重的事故，使道路安全存在巨大隐患。因此，相关管理部门，以及驾驶人都应重视车辆存在的问题，防患于未然。

3. 路

道路线形与二次事故有关。路线设计的各要素与交通安全的关系如下。

1) 视距与交通安全

行车视距是影响道路行车安全的一个重要方面。当行车视距不满足实际需要时，一旦道路上有危险事件发生，驾驶人就可能无法及时辨认前方路况、无法做出判断、来不及制动减速等，导致二次事故发生。行车视距不足的路段常常为事故多发路段，极易引发二次事故。为了保障行车安全，驾驶人应能随时看到前方一定距离的路程。当前方有障碍物或突发状况时，驾驶人可以采取制动减速等措施避开障碍物。这一最小的距离称为行车视距。它是道路使用质量的重要评判指标之一。

2) 线形设计连续性与交通安全

线形设计连续性是指道路设计中的几何条件与驾驶人的期望驾驶速度相适应的特性。线形设计的连续性通常用运行速度来评价。当路段部分线形设计连续性较好且超出设计速度的范围，使驾驶人期望速度过高时，容易造成超速。超速行驶是加剧二次事故严重程度的重要因素。

3) 纵断面设计与交通安全

道路的纵坡、变坡点、高程和竖曲线是纵断面设计线的重要组成部分。当纵断面为直线时，可以分为上坡和下坡。道路纵断面设计的重要控制指标主要指纵坡的坡长和坡度，而坡度和长度都有相应的规范，最小纵坡应大于 0.3%。坡长是纵断面上相邻两变坡点间的长度。从行车的平顺性和线形几何连续性考虑，纵坡坡长不宜太短，最小应保证汽车设计行驶速度下 9~15s 的行程，使汽车既能保证一定行驶速度又能保证安全性。对于高速公路，设计速度为 120km/h 时，最大纵坡为 3%，最小坡长为 300m，最大坡长为 900m。考虑地形的复杂性，设计为极限值时，会导致路段有安全隐患。例如，在连续下坡路段容易导致刹车失灵，形成事故黑点。在纵坡坡度较大的路段，刹车不及时易引发一次事故与二次事故。

4) 道路线形组合与交通安全

平、纵线形组合对视觉诱导起着重要的作用，在视觉上违背自然诱导的线形组合是事故多发的主要原因。

不同线形之间的组合与视觉诱导是否协调具有密切关系。道路设计规范中对道路平、纵线形的配合有如下要求，即设计速度≥60km/h 时，必须注重平、纵的合理组合。在线形组合设计中，不仅要满足汽车动力学的要求，还要考虑驾驶者的行为特征和视觉要求。道路线形设计整体应具有连贯性、均匀性、渐变性。在遇到与视觉不符的线形组合时，容易发生事故与二次事故。例如，在长大下坡接急转弯路段、断背曲线路段和直线路段的凹形纵断面上。

4.4.2 基于逻辑回归模型的二次事故致因分析

上述二次事故的致因理论分析主观性较大，无法分析影响因素的权重和二次事故发生概率之间的关系，因此需要采用数学建模的方法对二次事故致因进行分析。

逻辑回归方法适合影响因素分析，可以直观地反映因素显著程度，适用于连续性变量和分类变量，因此在分析过程中可以采用逻辑回归方法建立二次事故致因模型。

逻辑回归是当前常用的学习方法，由 Cox[15]于 1958 年建立。逻辑回归相当于一个广义线形模型的特例，在线性回归的基础上，运用逻辑函数表示因变量与自变量之间的关系。

逻辑回归用在很多领域，尤其在社会科学领域，例如研究某个危险因素对于疾病发生概率的影响。逻辑回归也可用于工程项目，预测一定过程中产品的失效概率。此外，也应用于营销策略，例如预测客户是否会购买产品、是否会订阅信息、是否会拖欠抵押等。

对于研究一次事故的因素对于二次事故发生概率的影响，可以发现逻辑回归模型较为适用。因此，接下来介绍如何运用二元逻辑回归模型研究一次事故因素对于二次事故发生概率的影响。

首先，介绍逻辑回归的数学原理。逻辑回归主要运用逻辑函数，当 t 为任意输入变量时，输出值总是在 0～1 之间，因此可以作为概率函数。逻辑函数 $\sigma(t)$ 定义为

$$\sigma(t) = \frac{e^t}{e^t + 1} = \frac{1}{1 + e^{-t}} \tag{4.4.1}$$

假设 t 是单一解释变量 x 的线性函数，t 可以表示为

$$t = \beta_0 + \beta_1 x \tag{4.4.2}$$

那么事件不发生的概率可以定义为

$$F(x) = \frac{1}{1 + e^{-(\beta_0 + \beta_1 x)}} \tag{4.4.3}$$

对数概率为

$$g(F(x)) = \ln\left(\frac{F(x)}{1 - F(x)}\right) = \beta_0 + \beta_1 x \tag{4.4.4}$$

那么事件发生比事件不发生的概率为

$$\frac{F(x)}{1 - F(x)} = e^{-(\beta_0 + \beta_1 x)} \tag{4.4.5}$$

这个比值为事件的发生比，即

$$\text{odds} = e^{-(\beta_0 + \beta_1 x)} \tag{4.4.6}$$

比值比(odds ratio，OR)[16]为

$$\text{OR} = \frac{\text{odds}(x+1)}{\text{odds}(x)} = \frac{\dfrac{F(x+1)}{1 - F(x+1)}}{\dfrac{F(x)}{1 - F(x)}} = \frac{e^{-(\beta_0 + \beta_1 x + \beta_1)}}{e^{-(\beta_0 + \beta_1 x)}} = e^{\beta_1} \tag{4.4.7}$$

上述都是单一变量，可以转换为多变量，$\beta_0 + \beta_1 x$ 可以转换为 $\beta_0 + \beta_1 x_1 + \beta_2 x_2 + \cdots + \beta_n x_n$。

因此，二次事故的发生概率可以表示为

$$P(y_i = 1 | x_i) = p_i = \frac{1}{1 + e^{-(\beta_0 + \beta_1 x + \beta_2 x_2 + \cdots + \beta_n x_n)}} \tag{4.4.8}$$

在此基础上，建立二次事故逻辑回归模型。模型的数据源于美国加州高速公路 2012～2014 年的事故与流量数据。一次事故与二次事故共 931 组，这些样本标记为 1，再取 2000 组没有发生二次事故的事件作为对比组，标记为 0。

以往二次事故的致因研究运用到了很多方法,研究结果往往因包含的变量不同而不同,本节对研究变量的选取基于以往研究中概率较高的因素,以及描述交通流状态的因素。

在以往的研究中,事故发生后动态的变量太少,这些变量也是引发二次事故的关键。例如,AADT 与车速都是显著的影响变量,这些事故的交通流状态是必须考虑的因素。二次事故是在一次事故的影响范围内发生的,因此一次事故产生的交通波同样也是诱发二次事故的重要变量。

基于逻辑回归的二次事故致因模型中总的变量均是可能对二次事故有影响的变量,包含天气(晴或阴、雨)、事故类型(行人或动物、交通危险、单车抛锚、碰撞、肇事逃逸)、路面状况(干、湿)、照明(日照光、黄昏、街灯)、是否受伤、车道、流量、交通波 1、交通波 2、交通波 3 和持续时间等。离散型变量整理为 0～1 变量,连续型变量使用原数据。

建立逻辑回归模型的步骤如下。

(1) 整理数据。将引发二次事故的一次事故标记为 1,将未引发二次事故的事件标记为 0,并提取对应的一次事故变量。

(2) 利用编程软件建立逻辑回归模型。将所有变量代入模型,得出初步逻辑回归模型。

(3) 建立最优逻辑回归模型。

模型最优的方法是使模型的 AIC 值最小。AIC 为

$$AIC = -2LogL + 2(K + S) \tag{4.4.9}$$

其中,K 为模型中自变量的数目;S 为变量类别总数减 1。

对于逻辑回归,$S = 1 - 2LogL$ 的值域为 0 到无穷大,其值越小说明拟合越好,当模型中的参数数量越大时,似然值也越大,$-2LogL$ 就越小。因此,在其他条件一定的情况下,AIC 越小,说明模型效果越好。

二次事故致因逻辑回归模型结果如表 4.4.1 所示。表中,P 值为显著水平,越小说明变量越显著。比值比大于 1 说明变量越大,二次事故的发生概率越大;比值比小于 1 说明变量越大,二次事故的发生概率越小。通过对表中信息进行分析,可以归纳出这些变量对二次事故发生概率的内在影响机理,从而为交警人员提出相应控制策略。

表 4.4.1 二次事故致因逻辑回归模型结果

变量	参数	标准差	z 值	P 值(>|z|)	比值比
常量	−0.973	0.089	−10.952	2.00×10^{-16}	0.378
交通波 1	−0.022	0.002	−12.715	2.00×10^{-16}	0.979

续表

变量	参数	标准差	z 值	P 值($>|z|$)	比值比
交通波 2	0.031	0.002	18.566	2.00×10^{-16}	1.031
交通波 3	−0.003	0.001	−3.224	0.001	0.997
持续时间	0.002	0.001	2.863	0.004	1.002
黄昏	0.303	0.133	2.275	0.023	1.354
是否受伤	−0.523	0.218	−2.403	0.016	0.593
单车抛锚	−0.332	0.203	−1.633	0.102	0.717
碰撞	0.211	0.106	1.997	0.046	1.235

从表 4.4.1 可以得出以下结论。

1) 三种交通波对二次事故发生概率有显著影响(P 值小)

交通波 1 是一次事故发生后传递的交通波，比值比为 0.979，因此交通波 1 越大，二次事故发生的概率越小。

当交通波 1 较大时，说明交通迅速由低密度状态进入高密度状态，也就是事件发生前的交通量较低，因此在一次事故发生后，后方的驾驶人仍能及时反应，制动减速避免二次事故的发生。二次事故较大概率发生在原本交通量较大的状态下，由于车辆距离都较近，后方的驾驶人来不及反应。

交通波 2 是救援车辆或警察到达事故现场造成改变后的交通波，会导致交通更加拥堵。交通波 2 的比值为 1.031，即交通波 2 越大，二次事故发生的概率越大。

救援车辆或警察到达时会进一步造成拥堵。由于处理不当、不设立标志牌、不拉标志线、忽视对过往车辆的提示等，因此容易引发二次事故。建议当警察或救援人员到达事故现场时，不应突然阻塞交通，应采取适当的处理方式控制平稳的交通流，对过往车辆进行疏散，按照标准设立警告线和警告牌，警惕二次事故的发生。

交通波 3 是事故处理完成后的消散交通波，比值比为 0.997，即交通波 3 越小，越容易引发二次事故。

一方面的原因是，交通波 3 越小，交通拥堵状况疏散的越慢，即使事故已经处理完，并且后方车速开始增加，但是疏散速度较慢，车辆在车距不足的情况下加速超车会增加二次事故发生的概率。因此，建议交通事故处理完成后，尽快采取措施恢复原本的交通状态。另一方面，当交通波 3 较小时可能是因为原交通状态与拥堵状态相近，同时也说明拥堵状态下交通波产生变化时，容易存在违法变道超车的情况，引发二次事故。

2) 一次事故的持续时间是影响二次事故发生概率的重要影响因素

由表 4.4.1 可知，这项的比值比为 1.002，说明持续时间增加会增加二次事故发生的概率。

研究表明，星期、事故类型、拖挂车、所在车道、影响车道数等会影响事件处理时间，而有拖挂车到达、影响车道数较多时会增加事件的处理时间。同时，研究结果表明，一般影响范围较大且需要救援车辆的事件所需处理时间会增加，更容易引发二次事故。

因此，在事件发生后，要对现场进行及时处理，避免影响范围扩大，救援车辆和警察要注意缩短救援时间，及时到达事故现场实施救援，减少事件的处理时间，减小发生二次事故的概率。

3) 照明条件会对二次事故发生的概率造成极大的影响

照明条件包含日照光(69.8%)、黄昏(3.2%)、街灯(18.0%)和其他(8.9%)。如表 4.4.1 所示，黄昏相比其他照明条件会显著增加二次事故发生的概率。黄昏时，光线、视力、疲劳等容易引发事故与二次事故。

黄昏时，光线暗淡，物体反射出的光线也很弱，交通标志牌容易反光或者背光使驾驶人无法清楚地辨认，同时周围光线弱也使驾驶人对周围车辆和行人的动态反应看不清楚，不能及时辨认一次事故发生，从而导致二次事故。

由于人的眼睛包含两种视细胞，当光线亮时，其中一种锥状细胞起作用，当光线暗时，另一种杆状细胞起作用，但是它不能分辨颜色。黄昏光线暗淡时，这两种细胞都起作用，但是不容易协调，从而造成人眼辨识物体变得模糊不清，使驾驶人的视力下降，不容易看清道路交通标志和路面障碍物。在前方有事故时不容易辨认，容易引发二次事故。

由于黄昏时大部分驾驶人刚完成工作，身心处于较为疲惫的状态，同时回家心切，因此容易放松警惕、不自觉地加快速度、不按规定驾驶，进而引发二次事故。

因此，设计人员在高速公路设计的标志、标线要容易辨认；管理部门在下班高峰时期要注意提醒路面状况；驾驶人要注意事故多发时间，不能过于急躁，疲劳时要注意休息。

4) 一次事故是否有人受伤是显著影响二次事故发生的因素

该项的比值比为 0.593，即一次事故有人受伤时会降低二次事故发生的概率。当一次事故有人受伤时，往往事件比较严重，会引起后方的注意，同时管理部门会发布相应的通知，会引起后方车辆注意并提高警惕。

需要引起重视的是，与一次事故不同，统计结果显示，在二次事故中无人受伤的事故仅有 8 起(总事故 931 起)。因此，有时由于人的疏忽，在高速路上发生小刮擦、小碰撞，以及随意停在路边时不注意及时处理、不设置警示标志会引发二次事故。其造成的后果往往比一次事故严重得多。相反，一次事故较严重时，后方驾驶人更加警惕，并尽力避免二次事故。管理部门要注意宣传二次事故的危害，以及发生交通事故后的正确处理方式。

5) 显著事件类型

如表 4.1.1 所示，单车抛锚与碰撞较其他因素更为显著地影响二次事故发生的概率。

当事故类型为单车抛锚时，二次事故发生概率较小。因为一般单车抛锚时，驾驶人会在应急车道或者最右侧车道停车检查，对交通流的影响较小，一般较少引发二次事故。当事故类型为碰撞时，由于涉及多车辆，驾驶人没有高速公路发生事故后及时撤离的意识，或者没有及时设置警告标志，导致交通流堵塞，即交通波 1 较大，对后方交通影响较大，容易引发二次事故。在拥堵高峰期发生碰撞后很容易引起二次事故。由于拥堵路段跟车距离很近，一旦前方发生碰撞急停，后方的车辆就容易继续碰撞，导致交通流紊乱向后传递，引发二次事故。

综上所述，对交管人员提出以下管控建议。

交通波显著影响二次事故发生概率，建议当警察或救援人员到达事故现场时，不应该突然阻塞交通，应采取适当的处理方式控制平稳的交通流。

一次事故持续时间越长，二次事故发生的风险就越高，因此在事件发生后，要对现场进行及时处理，避免影响范围扩大。同时，救援车辆和警察要注意缩短救援时间，及时到达事故现场实施救援，避免发生二次事故。

黄昏时也易发生二次事故，因此要提醒驾驶人在事故多发时间谨慎驾驶。当一次事故没有人受伤时，容易引发二次事故。由于人的疏忽和不重视，轻微的一次事故往往会引发后果严重的二次事故，因此需要加强驾驶人对事故的重视程度，提高及时处理能力。事件类型中的单车抛锚，以及碰撞显著影响二次事故发生概率，同样要提高驾驶人对发生事故后及时处理的能力。

一次事故产生的交通波比交通量更为显著地影响二次事故发生。交通量只反映事故发生前道路的状态，并不能反映人为因素造成交通状态的改变，因此二次事故的研究需要加入实时交通流数据。

参 考 文 献

[1] 郭靖羽, 张磊. 基于 EM 算法的混合正态分布的参数求解及定阶问题的探讨. 现代计算机(专业版), 2009, (12): 21-25.

[2] Suykens J A K, Gestel T V, Brabanter J D, et al. Least Squares Support Vector Machine. Singapore: World Scientific, 2002.

[3] 郭新辰. 最小二乘支持向量机算法及应用研究. 长春: 吉林大学, 2008.

[4] Kennedy J, Eberhart R. Particle swarm optimization. Swarm Intelligence, 2007, 1(1): 33-57.

[5] 顾燕萍, 赵文杰, 吴占松. 最小二乘支持向量机的算法研究. 清华大学学报(自然科学版),

2010, 7: 1063-1066.

[6] Rumelhart D E, Mcclelland J L. Parallel Distributed Processing. Cambridge: The MIT Press, 1986.

[7] 凌智. 基于 BP 神经网络的高速公路车流量预测研究. 武汉: 武汉理工大学, 2014.

[8] 戴洪波, 曾献辉. 基于 BP 神经网络的高速公路短时交通流预测. 智能计算机与应用, 2015, 5(4): 36-38.

[9] 李聪颖, 王肇飞. 基于 BP 神经网络的高速公路交通安全评价系统设计与实现. 武汉理工大学学报(交通科学与工程版), 2010, 34(3): 476-479.

[10] 王军, 许宏科, 蔡晓峰, 等. 基于 BP 神经网络的高速公路动态交通流预测. 公路交通技术, 2007, (1): 150-152.

[11] 邓晓庆, 孟祥海, 郑来. 基于 BP 神经网络的高速公路事故预测模型. 交通信息与安全, 2016, (1): 78-84.

[12] 邱世卉, 王琪. 基于 BP 神经网络的高速公路交通事件检测. 中国测试, 2009, 35(2): 48-52.

[13] 陈君, 李聪颖, 丁光明. 基于 BP 神经网络的高速公路交通安全评价. 同济大学学报(自然科学版), 2008, 36(7): 927-931.

[14] Wang J, Sun S, Fang S, et al. Predicting drowsy driving in real-time situations: using an advanced driving simulator, accelerated failure time model, and virtual location-based services. Accident Analysis & Prevention, 2017, 99: 321-329.

[15] Cox D R. The regression analysis of binary sequences. Journal of the Royal Statistical Society: Series B(Methodological), 1958, 20(2): 215-232.

[16] Wang J, Guo Z. Logistic Regression Models: Methods and Applications. Beijing: Higher Education Press, 2020.

第 5 章　施工作业区风险评估

施工区往往是高速公路安全运行的薄弱位置。由于车流在瓶颈位置的突变，施工区交通事故发生的可能性和事故后果的严重性远高于一般路段。由于过去施工区的交通流数据难以获取，基于施工区交通数据的安全风险研究有所欠缺。近年来，随着 ITS 技术和智能网联技术的快速发展，如何利用现代车流检测数据实现高速公路事故风险实时预测成为当前交通安全研究的热点问题。

本章通过对施工作业区进行安全性与驾驶人行为特征分析，基于机器学习方法，利用施工区历史交通流检测数据和事故数据，构建高速公路施工区事故风险实时预测模型，作为事故风险预警的依据，保障施工区运行安全。

5.1　施工作业区安全分析

对高速公路施工区进行安全分析，需要收集总结当前国内外施工区安全管理规定，分析高速公路施工区基础理论，对施工企业和施工现场进行调研，总结施工区存在的安全问题，并提出改善措施，从而对高速公路施工区及其安全管理有全面的认识，同时也方便开展对施工作业区进行风险评价的工作。研究发现，施工区的构成、类型和安全设施是影响施工区作业安全的重要因素。

5.1.1　施工作业区构成

施工区又称作业控制区，是指进行养护维修作业时，使用安全设施在道路上围封的区域。作业控制区除了限定施工人员的工作区域，还能对施工区过往社会车辆进行提前警示和告知。此外，还能使车流变道平稳过渡、车辆撞击缓冲吸能，是保证施工区安全(避免外来车辆冲入)的主体。

一般情况下，作业控制区由警告区、上游过渡区、缓冲区、工作区、下游过渡区、终止区六部分组成，并在不同作业控制区设置相应功能的安全设施。养护作业控制区示意图如图 5.1.1 所示。

警告区是公路养护作业控制区起点布设施工标志位置到上游过渡区起点之间的区域，用来警告驾驶人已进入养护作业区域，按交通标志调整行车状态。

上游过渡区是保证车辆从警告区终点封闭车道平稳地横向过渡到缓冲区起点侧面非封闭车道之间的区域。

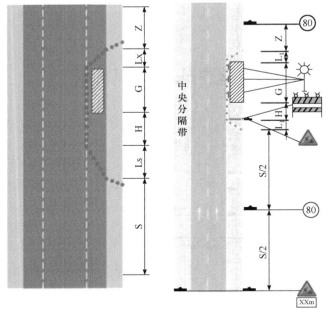

S为警告区、Ls为上游过渡区、H为缓冲区、G为工作区、Lx为下游过渡区、Z为终止区

图 5.1.1　养护作业控制区示意图

缓冲区是上游过渡区终点到工作区起点之间的安全缓冲区域。

工作区是缓冲区终点到下游过渡区起点之间的施工作业区域。

下游过渡区是保证车辆从工作区重点非封闭车道平稳地横向过渡到终止区起点之间的区域。

终止区是设置于下游过渡区用于调整车辆恢复到正常行车状态的区域。

根据相关规定，除工作区外，作业控制区各部分最小长度由设计车速、交通量和施工区限速等决定。以警告区为例，《公路养护安全作业规程》(JTG H30—2015)规定的高速公路警告区最小长度如表 5.1.1 所示。

表 5.1.1　高速公路警告区最小长度

设计速度/(km/h)	交通量/(pcu/(h·ln))	警告区最小长度/m
120	$Q \leqslant 1400$	1600
	$1400 < Q \leqslant 1800$	2000
100	$Q \leqslant 1400$	1500
	$1400 < Q \leqslant 1800$	1800
80	$Q \leqslant 1400$	1000
	$1400 < Q \leqslant 1800$	1500

5.1.2　施工作业类型

根据施工作业的特征有多种划分施工区的方式，如作业内容(路面施工、交通设施施工、浇灌清扫等)、封道形式(全封闭施工、半封闭施工)、作业位置(车道施工、分隔带施工、路肩路侧施工)，但是往往把施工作业时间和作业形式作为划分施工作业类型的主要依据。例如，《公路养护安全作业规程》将各类型养护作业以作业时间为标准，将施工作业分为长期养护作业、短期养护作业、临时养护作业、移动养护作业四类。施工作业类型划分示意图如图 5.1.2所示。

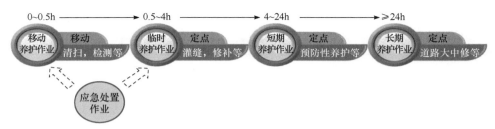

图 5.1.2　施工作业类型划分示意图

(1) 长期养护作业。定点设置作业区、实施作业区，以及拆除作业区的总和大于 24h 的各类养护作业，主要为道路大中修、专项维修等。

(2) 短期养护作业。定点设置作业区、实施作业区，以及拆除作业区的总和大于 4h 且小于等于 24h 的各类养护作业，主要为预防性养护、路侧分隔带施工等。

(3) 临时养护作业。定点设置作业区、实施作业区，以及拆除作业区的总和大于 30min 且小于等于 4h 的各类养护作业，主要为路面修补、灌缝等。

(4) 移动养护作业。连续移动不超过 30min 的间歇移动作业，主要为路面清扫、检测等。

此外，还有应对道路突发状况采取的应急处置作业，如突发交通事故、山区路段掉落石块、大型货物掉落等。应急处置作业一般按照临时养护作业或移动养护作业的要求执行。

5.1.3　施工作业区安全设施和布置

施工区安全设施是指布置于作业控制区内，起到预告、引导、警示作用的标志牌，施工区域隔离设施、防撞设施，以及其他施工区安全相关的设施。常见的施工区安全设施如表 5.1.2 所示。

表 5.1.2　常见施工区安全设施

安全设施	图案图例
施工区预告标志 施工区长度标志	××m　　长度××m
限速标志 解除限速标志	80　　60
静止超车标志 解除禁止超车标志	
车道减少标志	
导线标识 闪光箭头	
路栏	
交通锥	10cm ≥8cm ≥90cm 反光面　　10cm ≥8cm 50~90cm 反光面
警示频闪灯	

　　随着施工作业时间的增加，车辆随机闯入施工区的可能性也不断增加，相应安全设施的规模也由小增大，可以起到更好的预告警示引导作用。考虑安全事故的严重程度，安全设施规模较小的临时养护作业和移动养护作业对安全设施的防

撞缓冲性能提出更高的要求。

以上海市高速公路作业控制区布置要求为例，不同作业类型的安全设施布设要求如表 5.1.3 所示。高速公路施工区安全设施布置平面示意图如图 5.1.3 所示。

表 5.1.3　不同作业类型的安全设施布设要求

作业类型	隔离设施	防撞设施	施工预告	施工区限速	警告区	上游过渡区
长期养护作业	砼隔离墩	纵向缓冲区	多级预告	多级限速	正常设置	正常设置
短期养护作业	交通锥	移动标志车、纵向缓冲区	多级预告	多级限速	正常设置	正常设置
临时养护作业	交通锥	防撞缓冲车	一级预告	独立限速	正常设置上基础上减小长度	不设置
移动养护作业	无	防撞缓冲车	无	无	防撞车与施工区的距离要求	不设置

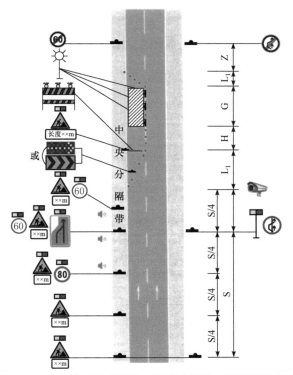

图 5.1.3　上海市高速公路施工区安全设施布置平面示意图

5.2 施工作业区驾驶行为特征

交通系统中的人-车-环境始终是一体的。5.1 节对施工作业区的环境进行了简单阐述。如果要提高施工作业区的安全性，还需要对在该区段内的驾驶行为进行分析，总结出相应施工作业区的驾驶行为特征，从而为交通安全设施的设置提供理论指导。

本节主要从速度、变道距离和通行时间三个方面，在驾驶模拟实验数据的基础上，采用多元回归的方式分析施工作业区流量、警告距离、上游过渡区长度和封闭形式的影响，建立相应的驾驶人行为模型，通过对施工作业区驾驶行为特征分析，找出高速公路施工作业区驾驶行为的规律，结合驾驶行为特征分析的结论给出安全设施设置指标推荐值。

5.2.1 施工作业区驾驶行为特征模型

对于施工作业区，选取速度、变道距离、通行时间进行相关驾驶行为特征的建模。

关于驾驶行为特征模型的建立，我们需要选取合适的数据进行分析，从而建立相应的数学模型，推导出一般的结论。但是，由于施工区的实际行车数据较难获取，因此采取驾驶模拟的方式来进行相关实验，获取数据。驾驶模拟实验流程图如图 5.2.1 所示。

图 5.2.1　驾驶模拟实验流程图

实验场景设计以某高速公路养护施工作业区设置情况为背景，主要设计内容包括流量设置、过渡长度设置、警告距离设置、封闭形式设置四部分内容。

接下来进行的工作就是分别从速度、变道距离、通行时间三个方面，综合分析养护施工作业区流量、警告距离、上游过渡区长度、封闭形式的影响(相应条件已经在场景中设定)，建立养护施工作业区驾驶行为特征模型，同时对模型进行分析与解释，获得较为一般的规律。

1. 速度特征模型建立

在进行速度特征建模前，对实验进行简单的分析可以发现，与速度特征有关的相关变量主要有流量、警告距离、过渡区长度、封闭形式等变量，因此可以知道速度特征模型主要是研究速度与流量、警告距离、过渡区长度、封闭形式的关系。

这是多元变量特征的分析，因此采用多元回归分析的方法进行研究。在回归分析中，速度为因变量，流量、警告距离、过渡长度、封闭形式为自变量。在自变量中，流量、警告距离、过渡长度均为连续型变量，封闭形式为离散型变量。

多元回归中对离散型变量常用的处理方式是设置虚拟变量，即将离散型变量转换成若干个取值为 1 或 0 的变量。其中，封闭形式有三种形式，即封闭一侧、封闭中间、封闭两侧，对应可生成的三个虚拟变量，即一侧、中间、两侧。当作业区封闭形式为封闭一侧时，一侧取值为 1，中间取值为 0，两侧取值为 0，其他情形类似。由于三个虚拟变量间存在完全的线性关系(之和为 1)，如果都参与到建模，会导致完全共线性问题，因此仅需引入前两个虚拟变量到特征模型即可。

结合上述对离散型变量的分析，速度分析自变量集如表 5.2.1 所示，主要包括流量、警告距离、过渡长度、封闭形式。

表 5.2.1　速度分析自变量集

变量名称		变量解释
流量		养护施工作业区流量，单位 pcu/h
警告距离		第一块警告标志距离养护施工作业区起点的距离，单位 km
过渡长度		上游过渡区的长度，单位 m
封闭形式	一侧	虚拟变量，0 或 1
	中间	虚拟变量，0 或 1

接下来进行变量之间的相关性分析，为多元回归分析打下基础。

1) 相关性分析

(1) 速度与自变量拟合。

为了明确速度与各自变量之间的相关关系，绘出散点图，并以常用的函数关系对其进行拟合。主要判断流程是绘制散点图，根据散点图的大致走向选取合适的拟合函数和参数，并进行拟合效果的对比。

图 5.2.2 所示为速度与流量散点图。速度与流量拟合参数如表 5.2.2 所示。

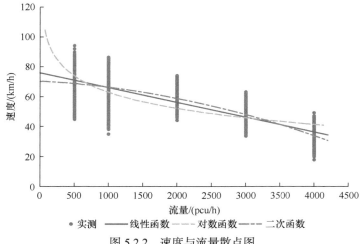

图 5.2.2　速度与流量散点图

表 5.2.2　速度与流量拟合参数

函数	模型摘要					参数估算值		
	R^2	F	自由度 1	自由度 2	显著性	常量	b_1	b_2
线性函数	0.741	4664.594	1	1798	0.000	75.867	−0.010	
对数函数	0.622	2956.631	1	1798	0.000	171.017	−15.676	
二次函数	0.722	2569.336	2	1797	0.000	70.301	−0.002	0.000

注：自变量为流量(pcu/h)，表示某个路段每小时可通过车辆的最大值。

从散点图来看，由于实验设置，数据点在五种流量处集中分布，但是整体呈现出明显的规律性。从拟合参数来看，三种拟合方程的 p 值均小于 0.01，但是线性拟合的 R^2 更大，对数据的拟合程度更高，这里选用线性拟合模型。

同样，绘制速度与过渡长度和警告距离的散点图，并以常用函数进行拟合，其中线性拟合效果最好。分析过程与速度部分相同，这里不再赘述。

由于封闭形式的处理设置为虚拟变量，绘制速度与单一虚拟变量的散点图没有意义，因此对速度和封闭形式的关系不做拟合。

(2) 变量间的相关系数。

虽然散点图直观地展现了变量之间的统计关系，但是并不精确。这里进一步计算相关系数，判断自变量与自变量、自变量与因变量之间的相关关系。

① Pearson 简单相关系数。

此处，相关性分析采用的是 Pearson 简单相关系数。Pearson 简单相关系数可以用来度量数值型变量间线性相关的密切程度和相关方向。r 绝对值与变量间线性相关程度的简单判断如表 5.2.3 所示。

表 5.2.3 r 绝对值与变量间线性相关程度的简单判断

r 绝对值	0	0~0.3	0.3~0.5	0.5~0.8	0.8~1	1
相关程度	不相关	微弱相关	低度相关	显著相关	高度相关	完全相关

利用 Pearson 简单相关系数只能简单地判断两个变量之间的线性关系，却不能准确地表明变量之间是否有相关性，因此在 Pearson 简单相关系数判断的基础上还要进行相关系数的检验，通过两者来综合判断变量之间的相关性，才能获得较为精准的结果。

② 相关系数计算。

计算变量之间的相关系数，并进行显著性检验(显著性水平为 0.05)。从计算结果来看，流量、过渡长度、警告距离、封闭形式四个自变量间不存在相关性。封闭形式的两个虚拟变量间显著相关，相关系数为–0.5。这是虚拟变量的设置形式导致的，可不考虑。因此，自变量间不存在相关性。相关性分析应该结合显著性检验结果和相关系数综合判断，可以认为因变量与自变量间具有显著相关性(虚拟变量中间除外)。

2) 多元回归的分析

(1) 逐步回归法。

结合相关性分析结论，这里采用多元线性回归的方法对自变量和因变量间的相关关系进行拟合。线性回归是研究变量之间因果关系常用的方法之一，在建立多元线性回归模型时，一般选择逐步回归法。

(2) 回归结果分析。

① 描述性统计。

回归变量的描述性统计如表 5.2.4 所示。

表 5.2.4 回归变量的描述性统计

变量	平均值	标准偏差	个案数
速度/(km/h)	54.940	15.025	1800
警告距离/km	2.000	0.817	1800
流量/(pcu/h)	2100.000	1280.981	1800
过渡长度/m	125.000	55.917	1800
一侧	0.333	0.472	1800
中间	0.333	0.472	1800

② 输入或删除的变量。

回归模型拟合过程中自变量输入或删除的情况如表 5.2.5 所示。可以看出，所有自变量都输入回归模型，没有删除的变量。同时，注明自变量输入或删除的标准，自变量输入模型的标准是 F 检验值的概率值小于或等于 0.05，删除自变量的标准是 F 检验值的概率值大于或等于 0.1。

表 5.2.5　自变量输入或删除的情况

模型	输入的变量(概率小于等于 0.05)	删除的变量(概率大于等于 0.1)
1	流量/(pcu/h)	—
2	过渡长度/m	—
3	一侧	—
4	警告距离/km	—
5	中间	

③ 模型汇总。

汇总模型拟合优度、DW 检验结果及相关系数(R)、判定系数(R^2)、校正判定系数(调整 R^2)、估计的标准误差、更改统计量和误差独立性检验。

④ 方差分析。

回归模型的方差分析检验结果和显著性水平如表 5.2.6 所示。

表 5.2.6　方差分析检验结果和显著性水平

	项目	平方和	自由度	均方	F	显著性
1	回归	293128.605	1	293128.605	4664.594	0.000[①]
	残差	112988.435	1798	62.841		
	总计	406117.041	1799			
2	回归	308105.401	2	154052.700	2824.488	0.000[②]
	残差	98011.640	1797	54.542		
	总计	406117.041	1799			
3	回归	312998.978	3	104332.993	2012.306	0.000[③]
	残差	93118.063	1796	51.847		
	总计	406117.041	1799			
4	回归	316172.741	4	79043.185	1577.449	0.000[④]
	残差	89944.299	1795	50.108		
	总计	406117.041	1799			

续表

	项目	平方和	自由度	均方	F	显著性
5	回归	318845.011	5	63769.002	1310.862	0.000[⑤]
	残差	87272.030	1794	48.647		
	总计	406117.041	1799			

注：① 因变量：变道距离/m。

② 预测变量：常量，流量/(pcu/h)。

③ 预测变量：常量，流量/(pcu/h)，一侧。

④ 预测变量：常量，流量/(pcu/h)，一侧，中间。

⑤ 预测变量：常量，流量/(pcu/h)，一侧，中间，过渡长度/m。

可以看出，5 个模型的 F 值均达到显著性水平，表明回归方程整体解释变化量显著，具有统计学意义。

方差分析能够检验回归方程的整体是否显著，但是并不能说明各个回归系数显著，因此还需要对各个回归系数的显著性进行检验。

⑤ 回归系数。

回归系数包括 5 个模型的非标准化回归系数、标准化回归系数、显著性检验 t 值、显著性水平、共线性统计量容差(容忍度)和方差膨胀因子(variance inflation factor，VIF)。

共线性统计量容差和 VIF 显示各自变量之间不存在共线性问题，不过此处只是粗略判断，具体判断要参照后面的标准。

⑥ 共线性诊断。

共线性诊断表(表 5.2.7)列出了判断自变量之间共线性问题的两种统计指标特征值和条件指标。在回归系数表中，已经给出容差和 VIF。在回归分析中，容差小于 0.01，VIF 大于 10，特征值小于 0.01，条件指标大于 30 时，都能预测回归分析中存在共线性问题。表中同时给出了包括常数和各个自变量在内的方差比例，每一列的方差比例之和都为 1。当同一行中两个变量的方差比例都接近 1 时，变量之间的关系越密切，对应的特征值越小。

表 5.2.7　共线性诊断表

模型	维	特征值	条件指标	方差比例					
				常量	流量/(pcu/h)	过渡长度/m	一侧	警告距离/km	中间
1	1	1.854	1.000	0.07	0.07				
	2	0.146	3.561	0.93	0.93				

续表

模型	维	特征值	条件指标	方差比例					
				常量	流量/(pcu/h)	过渡长度/m	一侧	警告距离/km	中间
2	1	2.699	1.000	0.01	0.03	0.02			
	2	0.228	3.440	0.02	0.74	0.25			
	3	0.073	6.063	0.97	0.23	0.72			
3	1	3.104	1.000	0.01	0.02	0.01	0.03		
	2	0.598	2.279	0.01	0.04	0.01	0.93		
	3	0.227	3.699	0.01	0.71	0.27	0.01		
	4	0.072	6.586	0.97	0.23	0.70	0.03		
4	1	3.943	1.000	0.00	0.01	0.01	0.02	0.01	
	2	0.615	2.533	0.00	0.02	0.01	0.95	0.01	
	3	0.239	4.061	0.00	0.82	0.11	0.01	0.06	
	4	0.155	5.047	0.00	0.01	0.53	0.00	0.46	
	5	0.048	9.069	0.99	0.14	0.34	0.02	0.47	
5	1	4.256	1.000	0.00	0.01	0.01	0.01	0.01	0.01
	2	1.000	2.063	0.00	0.00	0.00	0.25	0.00	0.25
	3	0.312	3.695	0.00	0.20	0.01	0.59	0.01	0.59
	4	0.233	4.278	0.01	0.65	0.16	0.08	0.08	0.08
	5	0.155	5.248	0.00	0.01	0.51	0.00	0.48	0.00
	6	0.045	9.713	0.99	0.13	0.32	0.07	0.43	0.07

从表中数据来看，5 个模型的特征值和条件指标都在正常范围内，同一行中也没有变量的方差比例接近于 1，即模型中各个自变量之间不存在共线性问题。

⑦ 异常值诊断。

设超过标准差 3 倍的残差对应的观测值为异常值，因变量为速度值，单位是 km/h，异常值数量在合理范围内，这里直接剔除异常值，然后重新回归。

⑧ 残差分析。

残差统计表(表 5.2.8)列出了包括预测值、残差、标准预测值等在内的众多指标的描述性统计量。

表 5.2.8　残差统计表

参数	最小值	最大值	平均值	标准偏差	个案数
预测值	28.17913	79.03864	54.94042	13.312948	1800
标准预测值	−2.010	1.810	0.000	1.000	1800

续表

参数	最小值	最大值	平均值	标准偏差	个案数
预测值的标准误差	0.294	0.479	0.400	0.045	1800
调整后预测值	28.14844	79.06915	54.94197	13.312573	1800
残差	−25.879869	20.782894	0.000000	6.965013	1800
标准残差	−3.711	2.980	0.000	0.999	1800
学生化残差	−3.716	2.985	0.000	1.000	1800
剔除残差	−25.958290	20.855434	−0.001546	6.988536	1800
学生化剔除残差	−3.729	2.992	0.000	1.001	1800

　　对于残差的正态性分析，绘制残差正态性分析图，包括回归标准化残差直方图和正态概率图。直方图的曲线越接近钟形，残差分布越接近正态分布；若正态概率图是一条左下至右上呈 45°的直线，则残差为正态分布。

　　如图 5.2.3 所示，标准化残差直方图和正态概率图符合以上标准，可以认为残差符合正态分布，即样本观测值符合正态分布。

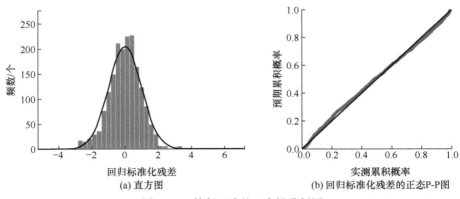

(a) 直方图　　　　　　　　　　(b) 回归标准化残差的正态P-P图

图 5.2.3　某断面残差正态性分析图

　　除了正态性，还要检验样本观测值的独立性和残差是否符合同方差，即方差齐性的假设。这里通过绘制标准化预测值和标准化残差散点图的交叉分布图进行线性回归异方差性分析判断，如图 5.2.4 所示。判断标准是，如果散点在 0 值上下水平随机分布，表明样本观测值独立同方差。这里的样本观测值基本是独立的，残差基本符合同方差。

　　这是一个断面数据进行多元回归的过程。其他断面的回归过程和该断面相似，这里略去其他断面的回归过程。

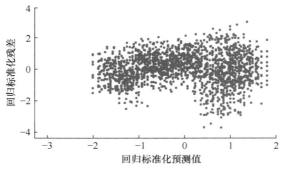

图 5.2.4　线性回归异方差性分析图

标准化残差直方图和正态概率图呈现的残差分布规律基本符合正态分布标准，说明样本观测值符合正态分布。其他断面样本观测值具有相同的独立同方差特征，这里不再多做分析。

3) 结果分析

多个断面的速度回归模型总体表现出一些相似的特征，同时又随位置的不同表现出一定的规律性。

(1) 总体特征。

① 模型显著性。断面的速度回归模型均非常显著，说明线性模型可以较好地反映各变量之间的相关关系。

② 自变量系数。以逐步回归法进行回归，各自变量系数非常显著，说明各自变量对速度均有显著地影响。速度与流量呈负相关，与过渡长度和警告距离呈正相关，与虚拟变量一侧和中间呈负相关。这说明，速度随流量的增加而降低，随过渡长度和警告距离的增加而增加。虚拟变量一侧和中间的回归分析本质上是以两侧的数据为基础，因此两个负相关及其系数值表明，在封闭两侧时速度较高，封闭中间时其次，封闭一侧时速度最低。

③ 自变量影响强弱。标准化系数除去了量纲的影响，用来比较各自变量影响的强弱。在包含虚拟变量在内的 5 个自变量中，流量对速度影响最强，其次是过渡长度和封闭一侧，警告距离和封闭中间影响最弱。

(2) 规律性。

这里的规律性是指回归参数随 5 个分析点位置变化表现出的一些规律性变化特征。

① 拟合优度。

对于多元线性回归，拟合优度检验采用调整的 R^2 统计量。调整的 R^2 随位置变化情况如图 5.2.5 所示。由此可知，在距离作业区较远时，拟合情况较好，随着向作业区靠近，速度影响因素变得更为复杂，不确定性增加，上游过渡区的引导作用使速度规律性增加，随后在工作区趋于稳定。

② 系数特征。

自变量系数和常量随位置变化呈现出一定的规律性。流量、警告距离和虚拟变量一侧的系数，以及常量变化特征相似，均为在作业区起点前逐渐变小，进入作业区后升高并逐渐趋于稳定。这与模型总体的拟合优度变化情况相似，同样，作业区起点前路段速度情况更为复杂，不确定性较大。过渡长度和虚拟变量中间的系数随位置变化不大，较为稳定，说明过渡长度和封闭中间受其他因素的影响较小，对速度的影响较为稳定。

2. 变道距离特征模型建立

变道距离特征模型主要研究变道距离与流量、警告距离、过渡区长度和封闭形式的关系，采用多元回归分析(线性回归与非线性回归)的方法进行研究。也就是说，变道距离特征模型的因变量为变道距离，自变量与速度分析部分相同，包括流量、警告距离、过渡长度和封闭形式。其中，封闭形式为离散型变量，处理方式仍然为设置虚拟变量。

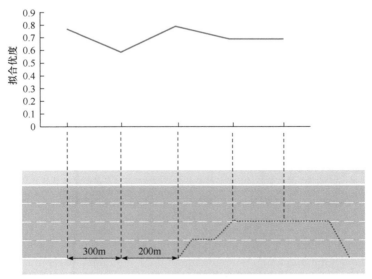

图 5.2.5　调整的 R^2 随位置变化情况

变道距离特征模型的建立步骤与速度特征模型建立的步骤大致相同，即对变量进行相关性分析，然后进行多元回归分析。

1) 相关性分析

图 5.2.6 所示为变道距离与流量散点图。同时，这里采用线性函数、对数函

数、逆函数和二次函数进行拟合。变道距离与流量拟合参数如表 5.2.9 所示。

表 5.2.9　变道距离与流量拟合参数

函数	模型摘要					参数估算值		
	R^2	F	自由度 1	自由度 2	显著性	常量	b_1	b_2
线性函数	0.702	3220.249	1	1798	0.000	300.818	−0.073	—
对数函数	0.677	3770.783	1	1798	0.000	1084.306	−126.399	—
逆函数	0.582	2498.596	1	1798	0.000	36.521	136936.289	—
二次函数	0.711	2214.796	2	1797	0.000	382.928	−0.183	0.000

　　从散点图来看，由于实验设置的原因，数据点在 5 种流量处集中分布，但是整体呈现出明显的规律性。从拟合参数来看，线性函数拟合和二次函数拟合的 R^2 较大，对数据的拟合程度更好。下面选用线性模型和包含二次项的非线性模型对整体的模型进行拟合。

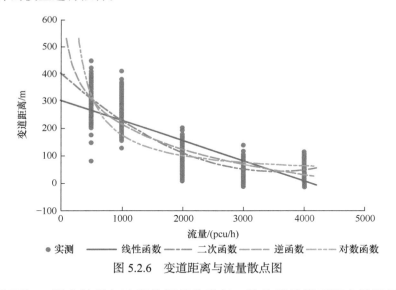

图 5.2.6　变道距离与流量散点图

　　由此可知，拟合结果与速度分析部分类似，均为线性模型拟合效果最好。在相关系数计算部分，自变量之间同样不存在相关性。分析过程和结论均相同，这里不再赘述。

　　2) 多元回归分析

　　前述变道距离和流量关系单独拟合中，线性拟合和二次函数拟合均表现出良好的拟合特性，因此多元回归部分将分别使用线性模型和非线性模型进行分析。

(1) 多元线性回归。

仍然采用逐步回归的方法，回归结果如下。

① 描述性统计。进入回归的变量描述性统计如表 5.2.10 所示。

表 5.2.10　描述性统计

变量	平均值	标准偏差	个案数
速度/(km/h)	54.940	15.025	1800
警告距离/km	2.000	0.817	1800
流量/(pcu/h)	2100.000	1280.981	1800
过渡长度/m	125.000	55.917	1800
一侧	0.333	0.472	1800
中间	0.333	0.472	1800

② 输入或删除的变量。回归模型拟合过程中自变量输入或删除的情况如表 5.2.11 所示。可以看出，所有自变量都输入了回归模型，没有删除的变量。自变量进入标准与速度分析部分相同。

表 5.2.11　自变量输入或删除情况表

模型	输入的变量	删除的变量	方法
1	流量/(pcu/h)	—	步进(条件：要输入的 F 的概率≤0.050，要删除的 F 的概率≥0.100)
2	过渡长度/m	—	步进(条件：要输入的 F 的概率≤0.050，要删除的 F 的概率≥0.100)
3	警告距离/km	—	步进(条件：要输入的 F 的概率≤0.050，要删除的 F 的概率≥0.100)
4	一侧	—	步进(条件：要输入的 F 的概率≤0.050，要删除的 F 的概率≥0.100)
5	中间	—	步进(条件：要输入的 F 的概率≤0.050，要删除的 F 的概率≥0.100)

③ 模型汇总。

模型拟合优度和 DW 检验结果如表 5.2.12 所示。同时，表中列出了相关系数 (R)、判定系数(R^2)、校正判定系数(调整 R^2)、标准估计误差、更改统计和误差独立性检验(Durbin-Watson)结果。

表 5.2.12 模型拟合优度和 DW 检验结果

模型	R	R^2	调整 R^2	标准估计误差	更改统计					误差独立性检验
					R^2 变化量	F 变化量	自由度 1	自由度 2	显著性 F 变化量	
1	0.801①	0.642	0.642	69.513	0.642	3220.249	1	1798	0.000	
2	0.814②	0.662	0.662	67.497	0.021	110.009	1	1797	0.000	
3	0.821③	0.674	0.674	66.316	0.012	65.566	1	1796	0.000	
4	0.827④	0.684	0.683	65.352	0.010	54.356	1	1795	0.000	
5	0.828⑤	0.685	0.684	65.274	0.001	5.297	1	1794	0.021	1.532

注: ① 因变量: 变道距离/m。

② 预测变量: 常量, 流量/(pcu/h)。

③ 预测变量: 常量, 流量/(pcu/h), 一侧。

④ 预测变量: 常量, 流量/(pcu/h), 一侧, 中间。

⑤ 预测变量: 常量, 流量/(pcu/h), 一侧, 中间, 过渡长度/m。

显著性水平取 0.05, 表中的 5 个模型判定系数检验均显著, 相关程度高, 说明模型拟合较好。同时, DW 检验值为 1.532, 说明残差与自变量间存在微弱相关关系。

④ 方差分析。回归模型的方差分析表如表 5.2.13 所示。

表 5.2.13 方差分析表

模型		平方和	自由度	均方	F	显著性
1	回归	15560397.224	1	15560397.224	3220.249	0.000①
	残差	8688022.368	1798	4832.048		
	总计	24248419.592	1799			
2	回归	16061580.279	2	8030790.140	1762.747	0.000②
	残差	8186839.312	1797	4555.837		
	总计	24248419.592	1799			
3	回归	16349927.091	3	5449975.697	1239.244	0.000③
	残差	7898492.501	1796	4397.824		
	总计	24248419.592	1799			
4	回归	16582077.211	4	4145519.303	970.633	0.000④
	残差	7666342.381	1795	4270.943		
	总计	24248419.592	1799			

续表

模型		平方和	自由度	均方	F	显著性
5	回归	16604647.913	5	3320929.583	779.425	0.000⑤
	残差	7643771.679	1794	4260.742		
	总计	24248419.592	1799			

注：① 因变量：变道距离/m。

② 预测变量：常量，流量/(pcu/h)。

③ 预测变量：常量，流量/(pcu/h)，一侧。

④ 预测变量：常量，流量/(pcu/h)，一侧，中间。

⑤ 预测变量：常量，流量/(pcu/h)，一侧，中间，过渡长度/m。

可以看出，5 个模型的 F 值均达到显著性水平，表明回归方程整体解释变化量显著，具有统计学意义。方差分析能够检验回归方程的整体是否显著，但是需要对各个回归系数的显著性进行检验。

⑤ 回归系数。显著性水平取 0.05，从模型检验数据来看，所有模型的常量和自变量回归系数均显著，说明各自变量均拟合地较好。其中，共线性统计量容差和 VIF 显示各自变量之间不存在共线性问题，不过此处只是粗略判断，具体判断要参照后面的标准。

⑥ 共线性诊断。共线性，即同线性或同线型。在统计学中，共线性即多重共线性。多重共线性指线性回归模型中的解释变量之间存在精确相关关系或高度相关关系，而使模型估计失真或难以准确估计。

共线性诊断表(表 5.2.14)包括判断自变量之间共线性问题的两种统计指标特征值和条件指标。

表 5.2.14　共线性诊断表

模型		特征值	条件指标	方差比例					
				常量	流量/(pcu/h)	一侧	中间	过渡长度/m	警告距离/km
1	1	1.854	1.000	0.07	0.07				
	2	0.146	3.561	0.93	0.93				
2	1	2.296	1.000	0.04	0.04	0.07			
	2	0.564	2.017	0.03	0.09	0.87			
	3	0.139	4.058	0.93	0.86	0.06			
3	1	2.580	1.000	0.02	0.03	0.03	0.03		
	2	1.000	1.606	0.00	0.00	0.25	0.25		
	3	0.305	2.908	0.00	0.38	0.47	0.47		
	4	0.115	4.741	0.97	0.59	0.25	0.25		

续表

模型		特征值	条件指标	方差比例					
				常量	流量/(pcu/h)	一侧	中间	过渡长度/m	警告距离/km
4	1	3.407	1.000	0.01	0.02	0.02	0.02	0.01	
	2	1.000	1.846	0.00	0.00	0.25	0.25	0.00	
	3	0.309	3.321	0.00	0.27	0.54	0.54	0.01	
	4	0.218	3.949	0.01	0.51	0.09	0.09	0.37	
	5	0.065	7.213	0.98	0.21	0.10	0.10	0.61	
5	1	4.256	1.000	0.00	0.01	0.01	0.01	0.01	0.01
	2	1.000	2.063	0.00	0.00	0.25	0.25	0.00	0.00
	3	0.312	3.695	0.00	0.20	0.59	0.59	0.01	0.01
	4	0.233	4.278	0.01	0.65	0.08	0.08	0.16	0.08
	5	0.155	5.248	0.00	0.01	0.00	0.00	0.51	0.48
	6	0.045	9.713	0.99	0.13	0.07	0.07	0.32	0.43

可以看出，5个模型的特征值和条件指标都在正常范围内，同一行中也没有任何两个变量的方差比例接近于1，说明模型中各个自变量之间不存在共线性问题。

⑦ 异常值诊断。我们认为，超过标准差3倍的残差对应观测值为异常值，在1800个样本数据中共输出24个异常值。与速度特征建模一样，观察异常值的范围，可以发现异常值数量在合理范围内。这里直接剔除异常值，然后重新回归。

⑧ 残差分析。残差统计表列出了包括预测值、残差、标准预测值在内的众多指标的描述性统计量，如最小值、最大值、平均值、标准偏差、个案数，如表5.2.15所示。通过残差分析可以较为直观地了解数据的情况，其中因变量为变道距离。

表 5.2.15　残差统计表

参数	最小值	最大值	平均值	标准偏差	个案数
预测值	−36.466	307.688	148.353	96.073	1800
标准预测值	−1.924	1.658	0.000	1.000	1800
预测值的标准误差	2.755	4.486	3.745	0.425	1800
调整后预测值	−36.813	308.132	148.340	96.082	1800
残差	−200.635	244.366	0.000	65.184	1800
标准残差	−3.074	3.744	0.000	0.999	1800
学生化残差	−3.080	3.748	0.000	1.000	1800
剔除残差	−201.515	244.902	0.013	65.399	1800
学生化剔除残差	−3.088	3.761	0.000	1.001	1800
马氏距离	2.205	7.497	4.997	1.324	1800
库克距离	0.000	0.010	0.001	0.001	1800
居中杠杆值	0.001	0.004	0.003	0.001	1800

对于残差的正态性分析，绘制残差正态性分析图(图 5.2.7)。可以看出，直方图和回归标准化残差的正态 P-P 图反映的特征基本符合正态分布标准，认为残差符合正态分布，即样本观测值符合正态分布。

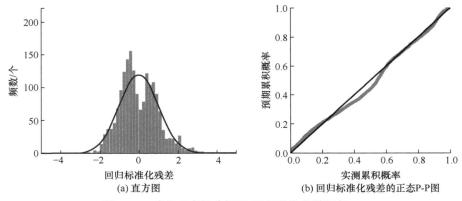

(a) 直方图　　　　　　　　(b) 回归标准化残差的正态P-P图

图 5.2.7　残差正态性分析图(因变量为变道距离/m)

除了正态性，还需要检验样本观测值的独立性和残差是否符合同方差，即方差齐性的假设。这里绘制标准化预测值和标准化残差散点图的交叉分布图进行判断，如图 5.2.8 所示。散点基本是在 0 值上下水平随机分布，说明这里的样本观测值基本是独立的，残差基本符合同方差。

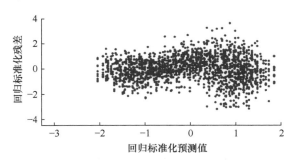

图 5.2.8　标准化预测值和标准化残差散点图的交叉分布图(因变量为变道距离/m)

(2) 多元非线性回归。

在多元回归分析采用非线性函数的回归方程时，方程中的因变量是随机变量，与其他变量(普通变量)之间的关系称为多元非线性回归关系。利用非线性回归的优势在于，可以利用多次回归的结果不断迭代，从而获得比线性回归更加精确的结果。

非线性回归主要根据单元素拟合的结果，将线性回归方程中流量部分调整为二次项。回归模型为

$$B = b_1 + b_2 F^2 + b_3 F + b_4 G + b_5 J + b_6 Y + b_7 Z \tag{5.2.1}$$

其中，B 为变道距离；F 为流量；G 为过渡长度；J 为警告距离；Y 为一侧，是虚拟变量；Z 为中间，是虚拟变量。

利用软件进行回归分析，参数迭代初始值采用单元素回归参数值。回归结果分析中略去与多元线性回归相同的分析内容。

回归结果中的判定系数 R^2=0.754，各参数估算值如表 5.2.16 所示。

表 5.2.16　参数估算值

参数	估算	标准误差	95%置信区间	
			下限	上限
b_1	372.348	6.636	359.333	385.363
b_2	2.471×10^{-5}	0.000	2.256×10^{-5}	2.686×10^{-5}
b_3	−0.183	0.005	−0.193	−0.173
b_4	−0.203	0.024	−0.251	−0.155
b_5	4.337	1.663	1.074	7.599
b_6	50.898	3.327	44.373	57.424
b_7	31.003	3.327	24.477	37.528

迭代记录表如表 5.2.17 所示。

表 5.2.17　迭代记录表

迭代编号(主迭代号.次迭代号)	残差平方和	参数						
		b_1	b_2	b_3	b_4	b_5	b_6	b_7
1.0	4.268×10^{15}	290.000	−0.183	2.000×10^{-5}	−0.203	4.337	50.000	31.000
1.1	8811437.466	322.208	2.160×10^{-6}	−0.101	−0.203	4.343	50.898	31.003
2.0	8811437.466	322.208	2.160×10^{-6}	−0.101	−0.203	4.343	50.898	31.003
2.1	5953864.571	372.348	2.471×10^{-5}	−0.183	−0.203	4.337	50.898	31.003
3.0	5953864.571	372.348	2.471×10^{-5}	−0.183	−0.203	4.337	50.898	31.003
3.1	5953864.571	372.348	2.471×10^{-5}	−0.183	−0.203	4.337	50.898	31.003

3) 模型解释与分析

(1) 线性回归模型。

① 模型显著性。线性回归模型整体非常显著，说明线性模型能较好地反映

变量间的相关关系。拟合优度统计量调整后 R^2=0.694，模型拟合效果较好。

②　自变量系数。各自变量系数同样非常显著，说明各自变量对变道距离均有显著影响。变道距离与流量和过渡长度呈负相关，与警告距离、虚拟变量一侧和中间呈正相关，说明变道距离随流量的增加而变短，随过渡长度的变长而变短，随警告距离的变长而变长。虚拟变量一侧和中间的回归分析本质上以两侧的数据为基础，因此两个正相关及其系数值表明，在封闭一侧时变道距离最长，封闭中间时其次，封闭两侧时变道距离最短。

③　自变量影响强弱。标准化系数除去了量纲的影响，用来比较各自变量影响的强弱。在包含虚拟变量在内的 5 个自变量中，流量对变道距离影响最强，其次是封闭一侧和封闭中间，警告距离和过渡长度的影响最弱。

(2) 非线性回归模型。

①　模型显著性。非线性回归模型整体显著，说明同样可以较好地反映变量间的相关关系。

②　自变量系数。各自变量系数同样显著，说明各自变量对变道距离均有显著的影响。变道距离与流量和过渡长度负相关，与警告距离、虚拟变量一侧和中间呈正相关，说明变道距离随流量的增加而变短，随过渡长度的变长而变短，随警告距离的变长而变长。虚拟变量一侧和中间的回归分析本质上是以两侧的数据为基础，因此两个正相关及其系数值表明，在封闭一侧时变道距离最长，封闭中间时其次，封闭两侧时变道距离最短。

③　模型比较。线性模型和非线性模型均可以较好地反映变量间的相关关系，这里对线性和非线性模型的回归参数进行比较。

在拟合优度方面，线性模型 R^2=0.694，非线性模型 R^2=0.754，因此非线性模型的拟合效果更好。系数方面，两个模型过渡长度、警告距离和虚拟变量的系数基本相同，且均为线性。两个模型的主要差别在于常数项和流量影响所占的比重，线性模型常数项较大，流量影响较小，非线性模型常数项较小，流量影响较大。结合拟合优度情况，非线性模型可以更好地反映流量的影响特征，拟合效果更好。

3. 通行时间特征模型建立

通行时间指车辆从上游过渡区终点到下游过渡区终点的时间。通行时间特征模型主要研究通行时间与流量、警告距离、过渡区长度和封闭形式的关系。这里采用多元回归分析的方法进行研究。

通行时间特征模型的因变量为通行时间，自变量与速度分析部分相同，包括流量、警告距离、过渡长度和封闭形式。其中封闭形式为离散型变量，处理方式仍然为设置虚拟变量。模型的分析步骤与速度特征模型的建立一致，均采用逐步回归的方法进行分析。这里不再赘述相关建模过程及中间结果。关于通行时间模型，只是简单列出关于该模型最终结果的分析与解释。

（1）模型显著性。

线性回归模型整体非常显著，说明线性模型可以较好地反映变量间的相关关系。拟合优度统计量调整后 $R^2=0.666$，模型拟合效果较好。

（2）自变量系数。

各自变量系数同样非常显著，说明各自变量对通行时间均有显著影响。通行时间与流量正相关，与过渡长度和警告距离负相关，与虚拟变量一侧和中间正相关，说明通行时间随流量的增加而变长，随过渡长度和警告距离的变长而变短。虚拟变量一侧和中间的回归分析本质是以两侧数据为基础，因此两个正相关及其系数值表明，在封闭一侧时通行时间最长，封闭中间时其次，封闭两侧时通行时间最短。

（3）自变量影响强弱。

标准化系数可以除去量纲的影响，比较各自变量影响的强弱。在包含虚拟变量在内的 5 个自变量中，流量对通行时间影响最强，其次是封闭一侧和过渡长度，警告距离和封闭中间影响最弱。

综上所述，从速度、变道距离和通行时间三个方面，采用多元回归的方式分析养护施工作业区流量、警告距离、上游过渡区长度和封闭形式的影响，其中速度和变道距离是从安全的角度考虑，通行时间是从效率的角度考虑，并且对三个指标均建立特征模型。其中，速度和通行时间是线性回归模型，变道距离包含线性回归和非线性回归两个模型。各模型和自变量系数均显著，整体拟合效果较好。同时，通过模型的建立可为交通安全设施的设置提供理论指导，在实际操作中需根据安全和效率两个方面的控制需求综合考虑作业区交通安全设施的设置。

5.2.2　施工作业区驾驶行为特征分析

本节在特征模型分析的基础上对各自变量进行方差分析，得出各自变量对因变量的具体影响规律，分别从速度、变道距离和通行时间三个方面分析流量、过渡长度和警告距离的影响。由于封闭形式的影响在回归分析部分已经比较明确，这里不再多做分析。对各自变量进行分析时，指定封闭形式为封闭一侧。

1. 速度分析

速度分析包含流量影响、过渡长度影响和警告距离影响三个方面。考虑过渡长度和警告距离可能存在交互作用，对两个因素进行组合分析。

1) 流量影响分析

结合回归分析内容，观测样本符合正态分布和方差齐性假设。

首先进行方差分析，检验不同流量下的速度有无显著差异。原假设是没有显著差异(H_0)，备选假设是有显著差异(H_1)，显著性水平为0.05，方差分析结果如表 5.2.18 所示。

表 5.2.18 方差分析结果

位置	平均速度/(km/h)	p	H_0
E	72.2148	0.000	拒绝
F	65.8108	0.000	拒绝
G	53.4312	0.000	拒绝
K	55.2866	0.000	拒绝

从方差分析结果来看，各断面 p 值均小于 0.05，拒绝原假设，认为流量变化对各断面速度均有显著影响。方差分析同时生成各断面速度分布箱型图如图 5.2.9 所示。

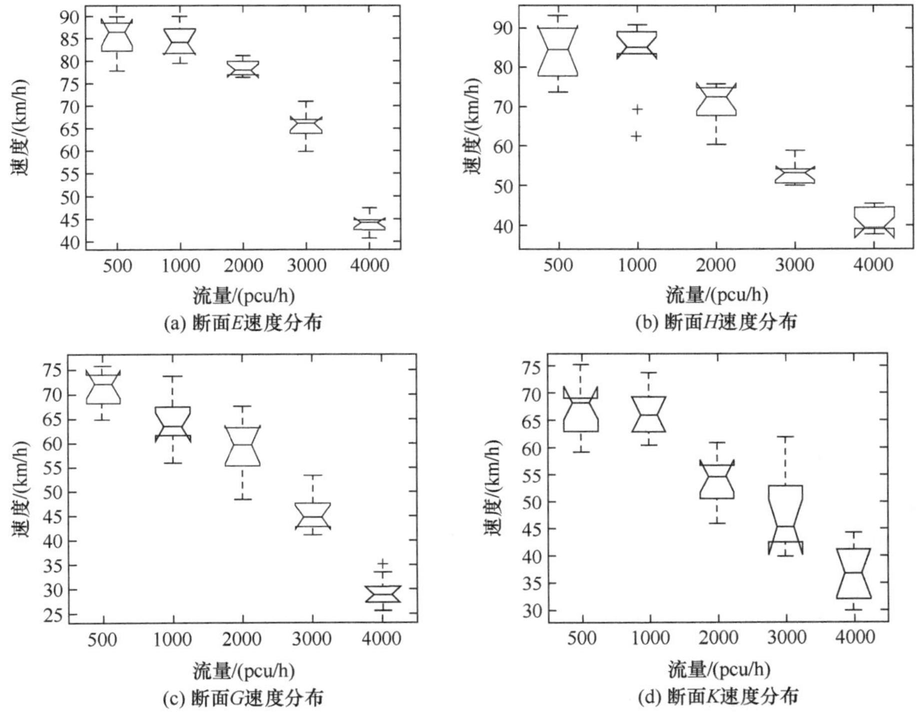

(a) 断面E速度分布 (b) 断面H速度分布

(c) 断面G速度分布 (d) 断面K速度分布

图 5.2.9 各断面速度分布箱型图

从速度分布箱形图来看,在小流量(500、1000pcu/h)条件下,各断面速度较为稳定,在中等流量(2000pcu/h)和大流量(3000、4000pcu/h)条件下,随着流量的升高,各断面速度迅速下降。在速度的离散性方面,小流量下的速度更为离散,中等流量和大流量下的速度则较为集中。

各断面的方差和速度分布可以从整体上反映流量对速度的影响情况,但是具体的流量影响情况仍不明确。虽然各断面不同流量下的速度都有显著差异,但是这并不意味着任意两种流量下的速度都有显著差异,因此还需要进行两两比较检验,即多重比较,进一步找出速度存在显著差异的流量条件。

对各断面在不同流量下的速度进行多重比较,原假设是两种流量下速度没有显著差异(H_0),备选假设是有显著差异(H_1),显著性水平为 0.05。同时,给出置信区间和组均值差。

多重比较结果中的速度和流量表现出明显的规律性,即断面 E 和断面 F 的速度在流量为 500pcu/h 和 1000pcu/h 时没有显著差异,在其他流量条件下则具有显著差异;断面 G 的速度在任意两种流量下都有显著差异;断面 K 的速度在500pcu/h 和 1000pcu/h、2000pcu/h 和 3000pcu/h 流量下没有显著差异,在其他流量条件下则具有显著差异。为了便于综合分析,做出各断面速度流量数量关系图(图 5.2.10)。

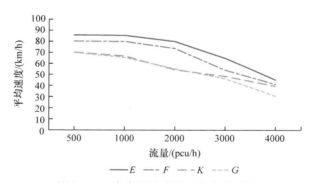

图 5.2.10　各断面速度流量数量关系图

在作业区起点前路段(E、F),小流量下的速度没有显著差异,中等流量和大流量下的速度具有显著差异,随流量的升高而下降。这是因为小流量下驾驶人受到其他车辆的干扰较少,同时前方作业区行驶条件较好,所以速度随流量的变化不大。在中等流量和大流量条件下,前方作业区交通流趋于饱和,因此速度随流量的升高迅速下降。

在作业区起点断面(G),任意两种流量下的速度都有显著差异,同时结合速度流量关系图来看,所有流量下的起点在各断面中的速度也最低。这是因为上游过渡区路段驾驶行为较为复杂，所以即便是小流量条件下的流量变化也会对速度产生显著影响，中等流量和大流量下的影响更明显。

在工作区路段(K)，小流量下的速度没有显著差异，从中等流量变到大流量时也没有显著差异，其他情况下则有显著差异。在过渡区和缓冲区之后，工作区的行驶条件变好，并且前方路段为解除施工封闭后的正常路段，行驶条件更好。因此，工作区在交通流饱和之前的速度受流量的影响不如过渡区明显，速度变化更为平缓。

2) 过渡长度和警告距离影响分析

考虑警告距离和过渡段长度对速度的影响可能存在交互作用，采用双因子方差分析。

对每种流量下不同警告距离和过渡段长度的速度进行双因子方差分析，共需进行 5(5 种流量)×5(5 个速度采集点)=25 次方差分析。这里以断面 G 在小流量(500pcu/h)和大流量(3000pcu/h)条件下双因子方差分析为例详细分析，其他则直接给出数据结果。

(1) 小流量条件下断面 G 方差分析。

综合考虑警告距离和过渡长度，以及两个变量之间的交互作用，进行双因子方差分析。首先，分析流量为 500pcu/h 时，不同警告距离和过渡长度组合下断面 G 速度的差异性。方差分析表如表 5.2.19 所示。

表 5.2.19　方差分析表

项目	SS	df	MS	F	$p>F$
过渡长度	3279.6	3	1093.19	18	0.0015
警告距离	27	2	13.48	0.22	0.8014
交互作用	693.4	6	115.57	1.9	0.0868
误差	6559.6	108	60.74		
总和	10559.6	119			

由此可知，不同过渡长度的分析结果 $p=0.0015<0.05$，拒绝原假设，认为不同过渡长度下断面 G 的速度存在显著差异；不同警告区长度的分析结果 $p=0.8014>0.05$，不能拒绝原假设，认为不同警告区长度下断面 G 的速度没有显著差异；两变量交互性作用的分析结果 $p=0.0868>0.05$，不能拒绝原假设，认为两变量之间没有显著交互作用。

虽然不同过渡长度下断面 G 的速度存在显著差异，但是这并不意味着任意两种过渡长度下断面 G 的速度都存在显著差异，因此还需要两两比较检验，即多重比较，找出速度存在显著差别的情况。

为了更直观地看出两两之间的差异及其程度，可以绘制一组交互式图形(图 5.2.11)。图形用一个符号(圆圈)标出每一组的组均值，用一条线段标出每个组的组均值置信区间。如果某两条线段不相交，即没有重叠的部分，则说明这两个组的组均值之间的差异是显著的。如果某两条直线段有重叠部分，则说明这两个组的组均值之间的差异是不显著的。对于每一组(虚线)而言，实线是与其存在显著差异的组。

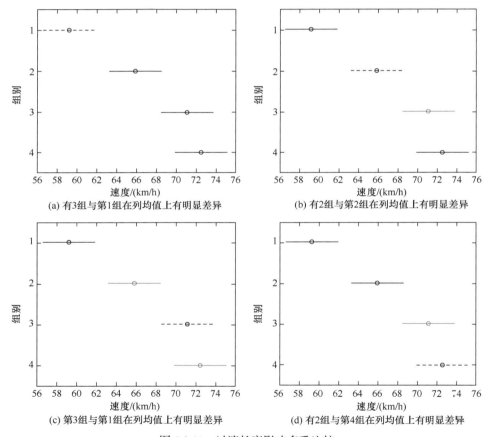

图 5.2.11　过渡长度影响多重比较

在显著性水平 $\alpha = 0.05$ 下两两比较，同时给出组均值差和置信区间，结果如表 5.2.20 所示。

表 5.2.20　不同过渡长度多重比较

过渡长度/m	过渡长度/m	置信下限	组均值差	置信上限	p
50	100	−11.933	−6.682	−1.431	0.007
50	150	−17.155	−11.904	−6.653	0.000
50	200	−18.575	−13.324	−8.073	0.000
100	150	−10.473	−5.222	0.029	0.052
100	200	−11.892	−6.641	−1.390	0.007
150	200	−6.670	−1.419	3.831	0.895

可以看出，过渡长度从 50m 变到 100m 和从 100m 变到 150m 时，对断面 G 的速度均会产生显著影响，平均速度均有一定幅度的提高；从 150m 变到 200m 时，对断面 G 的速度则没有显著影响，平均速度也没有明显变化。

(2) 大流量条件下断面 G 方差分析。

进一步分析流量为 3000pcu/h 时，不同警告距离和过渡长度组合下断面 G 的速度差异性。原假设(H_0)是不同警告距离和过渡长度组合下断面 G 的速度没有显著性差别，两变量之间没有交互作用。显著性水平 $\alpha = 0.05$，方差分析表如表 5.2.21 所示。

表 5.2.21　方差分析表

项目	SS	df	MS	F	$p>F$
过渡长度	288.54	3	96.179	5.53	0.0014
警告距离	526.06	2	263.028	15.12	0
交互作用	104.53	6	17.421	1	0.4281
误差	1878.27	108	17.391		
总和	2797.39	119			

由此可知，不同过渡长度下断面 G 的速度存在显著差异；不同警告区长度下断面 G 的速度存在显著差异；两变量之间没有显著交互作用。虽然不同过渡长度和警告区长度下断面 G 的速度存在显著差异，但是这并不意味着任意两种情况下断面 G 的速度都存在显著差异，因此还要进行两两比较检验，找出速度存在显著差别的情况。

在显著性水平 $\alpha = 0.05$ 下进行多重比较，同时给出组均值差和置信区间。不同过渡长度的多重比较如表 5.2.22 所示。

表 5.2.22　不同过渡长度多重比较

过渡长度/m	过渡长度/m	置信下限	组均值差	置信上限	p
50	100	−6.141	−3.116	−0.090	0.041
50	150	−8.597	−5.571	−2.546	0.000
50	200	−7.659	−4.634	−1.609	0.001
100	150	−6.181	−2.456	−0.025	0.046
100	200	−4.544	−1.518	1.507	0.559
150	200	−2.088	0.937	3.962	0.850

为了更直观地看出两两之间的差异及其程度，这里仍然绘制一组交互式图形。过渡长度的多重比较如图 5.2.12 所示。

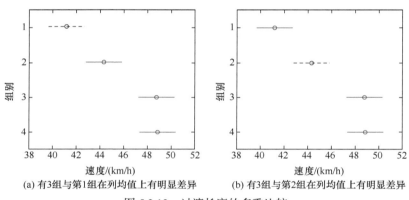

(a) 有3组与第1组在列均值上有明显差异　　　(b) 有3组与第2组在列均值上有明显差异

图 5.2.12　过渡长度的多重比较

可以看出，过渡长度从 50m 变到 100m 和从 100m 变到 150m 时，对断面 G 的速度均会产生显著影响，平均速度均出现一定幅度地提升；从 150m 变到 200m 时，对断面 G 的速度则没有显著影响，平均速度也没有明显变化。相对于小流量条件，此时断面 G 的整体平均速度出现明显的降低，但是速度变化规律没有明显变化。

与小流量条件下不同，大流量条件下警告距离对断面 G 的速度有显著影响。在显著性水平 $\alpha = 0.05$ 下对警告距离进行两两比较，同时给出组均值差和置信区间。不同警告区长度的多重比较如表 5.2.23 所示。

表 5.2.23　不同警告区长度的多重比较

警告距离/km	警告距离/km	置信下限	组均值差	置信上限	p
1	2	−5.714	−3.328	−0.942	0.004
1	3	−6.119	−3.733	−1.346	0.001
2	3	−2.791	−0.405	1.981	0.914

为了更直观地看出两两之间的差异及其程度，这里同样绘制一组交互式图形。警告距离的多重比较如图 5.2.13 所示。

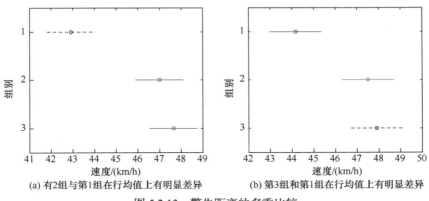

(a) 有2组与第1组在行均值上有明显差异　　　(b) 第3组和第1组在行均值上有明显差异

图 5.2.13　警告距离的多重比较

可以看出，警告距离从 1km 变到 2km，对断面 G 的速度会产生显著影响，平均速度出现一定幅度的提升；从 2km 变到 3km，对断面 G 的速度没有显著影响，平均速度也没有明显变化。

(3) 所有断面方差分析结果。

整理各断面在不同流量下的方差分析结果可知，各断面的平均速度和两变量对速度的影响均表现出一定的规律性。

在平均速度方面，随着流量的升高，作业区和作业区前路段在流量较小(500pcu/h、1000pcu/h)时各断面车速变化不明显，在流量较大(2000pcu/h、3000pcu/h、4000pcu/h)时各断面车速出现明显降低。从各断面位置来看，作业区起点之前的路段在流量较低时车速降低明显，在流量较高时车速降低较为平缓，作业区起点之后的路段在各种流量下都较为平稳。平均速度变化趋势如图 5.2.14 所示。

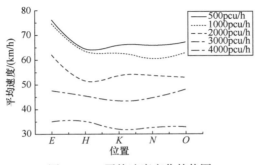

图 5.2.14　平均速度变化趋势图

过渡长度和警告距离，以及两变量之间的交互作用对各断面在不同流量下速度的影响主要表现在以下方面。

① 过渡长度变化对各断面在不同流量下的速度均有显著影响。

② 警告距离变化在流量较小(500pcu/h、1000pcu/h)时对各断面的速度没有显著影响，在流量较大(2000pcu/h、3000pcu/h、4000pcu/h)时对各断面的速度有显著影响。

③ 在不同流量条件下，过渡长度和警告距离的变化对各断面速度的影响均没有表现出交互作用。

在上述特征中，虽然过渡长度和警告距离的变化对速度存在显著影响，但是这并不意味着任意两种过渡长度和警告距离下的各断面速度都存在显著差异，因此还需要进行多重比较(两两比较)检验，进一步找出两变量对速度影响的变化规律。检验结果表明，过渡长度和警告距离对速度的影响不存在显著的交互作用，因此在交互作用方面不再进行多重比较检验。

在多重比较结果中，过渡长度和警告距离对速度的影响随位置和流量的不同表现出明显的差异性，同时也呈现出一定的规律性。为了便于分析，设 500pcu/h、1000pcu/h 为小流量，2000pcu/h 为中等流量，3000pcu/h、4000pcu/h 为大流量；E、F 和 G 代表作业区起点前路段，J 和 K 代表作业区路段。

过渡长度对速度多重比较如表 5.2.24 所示。

表 5.2.24　过渡长度对速度多重比较

流量/(pcu/h)	有无差异	E	F	G	J	K
500	有	50～150	50～150	50～100	50～100	50～100
	无	150～200	150～200	150～200	100～200	100～200
1000	有	50～150	50～150	50～150	50～100	50～100
	无	150～200	150～200	150～200	100～200	100～200
2000	有	50～200	50～200	50～200	50～150	50～150
	无	—	—	—	150～200	150～200
3000	有	50～150	50～150	50～150	50～200	50～200
	无	150～200	150～200	150～200	—	—
4000	有	50～100	50～100	50～100	50～200	50～200
	无	100～200	100～200	100～200	—	—

综合来看，在小流量时，过渡长度在 150m 以内会对速度有显著影响。这是因为小流量时车速较高，延长过渡长度会增强缓冲和过渡引导作用，使车辆通过

时受到车道变化的影响减小，从而更加快捷地通过作业区，但是过渡长度超过150m 后，缓冲和过渡引导作用的增加不再明显，因此速度也没有显著差异。在中等流量时，对速度产生影响的过渡段长度范围扩大到 200m，这是因为随着流量的升高，对缓冲和过渡引导的需求进一步增强，200m 的过渡段长度能更好地引导车辆快速平稳通过作业区。在大流量时，作业区起点前路段和作业区路段呈现出不同的特点。在作业区起点前路段，对速度产生影响的过渡段长度范围缩小，并且随着流量的增大进一步缩小，这是因为大流量条件下车速较低，并且车辆在渐变段交替通行进入作业路段。过渡段增加到一定长度后，其缓冲和引导作用就不再增强。在作业区路段，对速度产生影响的过渡段长度范围仍然较大，这是因为起点处车辆完成并道后在较长的过渡段能引导车辆更快地通过作业区。作业区对车流的缓冲和引导需求较强。

如表 5.2.25 所示，在小流量时，警告距离变化对速度没有显著影响，这是因为小流量时，行车环境较好，驾驶人对路况地掌握较为充分，因此施工警告标志对驾驶行为没有明显影响；在中等流量时，警告距离在 1～3km 变化对速度有明显的影响，并且在各断面速度方面，断面 E 和 F 的速度随着警告距离的延长而降低，断面 G、J 和 K 的速度随着警告距离的延长而略有提升。这是因为在中等流量较为复杂的行车环境下，驾驶人看到警告标志后会适当降低车速，相对于较近的警告距离，较远的警告距离会使作业区前路段车速降低得更为平缓(逐级有序降速)，从而使作业区前行车条件更好，起点及以后车速也略有提升；在大流量时，警告距离对速度的影响与中等流量条件相似，警告距离由 2km 变到 3km 时的影响不再明显，这是因为大流量条件下的车速较低，较远的警告距离对驾驶行为的影响不明显。

表 5.2.25　警告距离多重比较结果

警告距离/km	有无差异	E	F	G	J	K
500	有	—	—	—	—	—
	无	1～3	1～3	1～3	1～3	1～3
1000	有	—	—	—	—	—
	无	1～3	1～3	1～3	1～3	1～3
2000	有	1～3	1～3	1～3	1～3	1～3
	无	—	—	—	—	—
3000	有	1～2	1～2	1～2	1～3	1～3
	无	2～3	2～3	2～3	—	—
4000	有	1～2	1～2	1～2	1～2	1～2
	无	2～3	2～3	2～3	2～3	2～3

2. 变道距离分析

采用方差分析的方法分析变道距离与过渡长度和警告距离的关系。考虑过渡长度和警告距离对变道距离的影响可能存在交互作用，采用双因子方差分析法。变道距离方差分析如表 5.2.26 所示。

表 5.2.26　变道距离方差分析

流量/(pcu/h)	变道距离/m	来源	p	H_0
500	257.36	过渡长度	0.0000	拒绝
		警告距离	0.0007	拒绝
		交互作用	0.3922	接受
1000	234.29	过渡长度	0.0000	拒绝
		警告距离	0.0329	拒绝
		交互作用	0.0851	接受
2000	99.08	过渡长度	0.0105	拒绝
		警告距离	0.0029	拒绝
		交互作用	0.2094	接受
3000	65.28	过渡长度	0.0000	拒绝
		警告距离	0.9171	接受
		交互作用	0.4243	接受
4000	47.36	过渡长度	0.0000	拒绝
		警告距离	0.7785	接受
		交互作用	0.2948	接受

结合方差分析结果来看，平均变道距离和两变量对变道距离的影响均表现出一定的规律性。平均变道距离方面，在小流量(500pcu/h、1000pcu/h)时平均变道距离较长，且变化较慢，随着流量的增大，变道距离快速下降，在中等流量(2000pcu/h)时已经较短，并在大流量(3000pcu/h、4000pcu/h)条件下趋于稳定。在变道距离的离散性方面，小流量下变道距离更为离散，中等流量和大流量下变道距离则较为集中。平均变道距离变化趋势如图 5.2.15 所示。

过渡长度和警告距离，以及两变量之间的交互作用对变道距离的影响表现在以下方面。

(1) 过渡长度变化对不同流量下的变道距离均有显著影响。

(2) 警告距离变化在流量较小(500pcu/h、1000pcu/h、2000pcu/h)时对变道距

离有显著影响，在流量较大(3000pcu/h、4000pcu/h)时对变道距离没有显著影响。

(3) 在不同流量条件下，过渡长度和警告距离的变化对变道距离的影响均没有表现出交互作用。

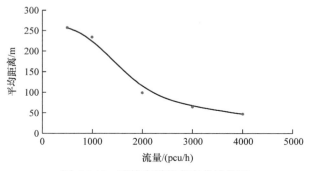

图 5.2.15　平均变道距离变化趋势图

进一步进行多重比较，找出过渡长度和警告距离对变道距离影响的变化规律。在多重比较结果中，过渡长度和警告距离对变道距离的影响随流量的不同表现出明显的差异性，同时也呈现出一定的规律性。为了便于分析，我们认为500pcu/h、1000pcu/h 为小流量，2000pcu/h 为中等流量，3000pcu/h、4000pcu/h 为大流量。

可以发现，在小流量条件下，警告距离在 1~3km 范围内变化时对变道距离有显著影响；在中等流量条件下，警告距离在 1~2km 范围内变化时对变道距离有显著影响；在大流量条件下，警告距离变化时对变道距离没有明显影响。过渡长度对变道距离的影响方面，在小流量条件下，过渡长度在 200m 内变化时会对变道距离产生显著影响；在中等流量和大流量条件下，过渡长度在 100m 内变化时会对变道距离产生显著影响，在由 100m 变到 200m 时变道距离没有显著差异。

这是因为在小流量时，过渡长度在 200m 以内会对变道距离产生显著影响。这是因为小流量时车速较高，视野条件好，延长过渡长度会增强缓冲和过渡引导作用，从而使驾驶人认为没有必要过早变道。在中等流量和大流量条件下，对变道距离产生影响的过渡长度减小到 100m 以内，这是因为大流量下车速较低，视野条件差，上游过渡段的缓冲和引导作用变弱，过渡段增加到一定长度后其缓冲和引导作用就不再增强。

在警告距离方面，小流量时，警告距离在 3km 以内变化时会对变道距离产生显著影响。这是因为小流量时车速高，驾驶人对道路的选择空间大，提前警告施工区会让驾驶人选择提前变道。在中等流量时，警告距离在 2km 以内变化时会对变道距离产生显著影响。这是因为流量的升高使车速降低，驾驶人认为没有必要过早变道。在大流量时，警告距离变化对变道距离没有明显影响。这是因为大流量下的车速低，道路选择空间小，驾驶员根据周围情况进行变道，警告距离的影响不再明显。

3. 通行时间分析

采用方差分析的方法分析通行时间与过渡长度和警告距离的关系。考虑过渡长度和警告距离对通行时间的影响可能存在交互作用，采用双因子方差分析。由于方差分析的过程与速度分析相同，略去分析过程，直接给出方差分析结果，通行时间方差分析如表 5.2.27 所示。

表 5.2.27　通行时间方差分析

流量/(pcu/h)	平均时间/s	来源	p	P_0
500	55.683	过渡长度	0.0032	拒绝
		警告距离	0.751	接受
		交互作用	0.124	接受
1000	59.025	过渡长度	0.0165	拒绝
		警告距离	0.857	接受
		交互作用	0.0836	接受
2000	69.399	过渡长度	0.0004	拒绝
		警告距离	0.0021	拒绝
		交互作用	0.7562	接受
3000	76.666	过渡长度	0.0005	拒绝
		警告距离	0.0091	拒绝
		交互作用	0.539	接受
4000	111.523	过渡长度	0.0382	拒绝
		警告距离	0.005	拒绝
		交互作用	0.425	接受

结合方差分析结果来看，平均通行时间和两变量对通行时间的影响均表现出一定的规律，即平均通行时间方面，随着流量的升高，在流量较小(500pcu/h、1000pcu/h)时平均通行时间变化不明显，在流量较大(2000pcu/h、3000pcu/h、4000pcu/h)时平均通行时间明显变长，并且变化较快。

过渡长度和警告距离，以及两变量之间的交互作用对通行时间的影响表现在以下方面。

(1) 过渡长度变化对不同流量下的通行时间均有显著影响。

(2) 警告距离变化在流量较小(500pcu/h、1000pcu/h)时对通行时间没有显著影响，在流量较大(2000pcu/h、3000pcu/h、4000pcu/h)时对通行时间有显著影响。

(3) 在不同流量条件下，过渡长度和警告距离变化对通行时间的影响均没有表现出交互作用。

在多重比较结果中，过渡长度和警告距离对通行时间的影响随流量的不同表现出明显的差异性，同时也呈现出一定的规律性。为了便于分析，这里认为500pcu/h、1000pcu/h 为小流量，2000pcu/h 为中等流量，3000pcu/h、4000pcu/h 为大流量。

过渡长度对通行时间的影响方面，在小流量条件下，过渡长度在 100m 内变化时会对通行时间产生显著影响，在由 100m 变到 200m 时，通行时间没有显著差异。在中等流量条件下，过渡长度在 50m 变到 150m 时会对通行时间产生显著影响，由 150m 变到 200m 时通行时间没有显著差异。在大流量条件下，过渡长度在 50～200m 范围内变化时会对通行时间产生显著影响。

综合来看，在小流量时，过渡长度在 150m 内会对通行时间产生显著影响，这是因为小流量时车速较高，延长过渡长度会增强缓冲和过渡引导作用，使车辆通过时受到车道变化的影响减小，从而更加快捷地通过作业区，但是过渡长度超过 150m 后，缓冲和过渡引导作用的增加不再明显，因此通行时间也没有显著差异。在中等流量时，对通行时间产生影响的过渡段长度范围扩大到 200m。这是因为随着流量的升高，对缓冲和过渡引导的需求进一步增强，200m 的过渡段长度能更好地引导车辆快速平稳地通过作业区。在大流量时，对通行时间产生影响的过渡段长度范围仍然较大，这是因为起点处车辆完成并道后地较长的过渡段能引导车辆更快地通过作业区，作业区对车流的缓冲和引导需求较强。

警告距离对通行时间的影响方面，在小流量条件下，不同警告距离下的通行时间没有显著差异；在中等流量和大流量条件下，警告距离变化会对通行时间产生显著影响。

综合来看，在小流量时，警告距离变化对通行时间没有显著影响，这是因为小流量时行车环境较好，驾驶人对路况掌握较为充分，因此施工警告标志对驾驶行为没有明显的影响。在中等流量时，警告距离在 1～3km 范围内变化时对通行时间有明显影响，通行时间随着警告距离的延长而略有下降，这是因为在中等流量较复杂的行车环境下，驾驶人看到警告标志后会适当降低车速，相对于较近的警告距离，较远的警告距离会使作业区前路段车速降低更为平缓(逐级有序降速)，从而使作业区前行车条件更好，起点及以后车速也会略有提升，从而使通行时间下降。在大流量时，警告距离对通行时间的影响与中等流量条件下的相似，不过在警告距离由 2km 变到 3km 时影响不再明显。这是因为大流量条件下的车速较低，较远的警告距离对驾驶行为的影响不再明显。

多重比较的结果阐明了各自变量对因变量的具体影响规律，同时对影响规律的原因做出了解释。

5.2.3 施工作业区驾驶行为特征运用

下面整理现行规范中相关施工作业区安全设施设置指标，同时结合驾驶行为特征分析结论给出安全设施设置指标推荐值，并对指标进行对比。

1. 现行规范指标

对高速公路施工作业区安全设施布设的规定，主要有《道路交通标志和标线第 4 部分：作业区》(GB 5768.4—2017)和各地方的地方规范中的相关内容。以上海市为例，还包括《上海市高速公路和快速路养护维修安全作业实施规定》(2017)。

《道路交通标志和标线 第 4 部分：作业区》对作业区警告距离的过渡长度规定为警告距离根据设计速度确定不同设计速度下警告区的最小长度，如表 5.2.28 所示。

表 5.2.28　警告区最小长度

设计速度/(km/h)	警告区长度/m
120	1500
100	1000
80	600
60	400
50	400
40	300
30	300
20	200

式(5.2.2)计算结果大于表 5.2.29 中的最小值时，采用计算结果作为实际上游过渡区长度，反之采用表 5.2.29 所示的最小值作为实际上游过渡区长度。

表 5.2.29　上游过渡区长度最小值

设计速度/(km/h)	上游过渡区长度/m
>80	100
80	85
70	70

续表

设计速度/(km/h)	上游过渡区长度/m
60	40
50	35
40	30
30	25
20	20

上游过渡区长度根据作业占用道路宽度和设计车速确定，长度 L 为

$$L = \begin{cases} \dfrac{V^2 W}{155}, & V \leqslant 60\text{km/h} \\ 0.625VW, & V > 60\text{km/h} \end{cases} \tag{5.2.2}$$

其中，L 为上游过渡区长度；V 为设计速度；W 为道路变化宽度。

《上海市高速公路和快速路养护维修安全作业实施规定》对高速公路作业区警告距离的过渡长度的规定如下，即高速公路养护维修作业警告区的最小长度为2km；每封闭一条车道的上游过渡区的最小长度为190m。

2. 研究推荐值

驾驶行为特征的研究主要分析流量、警告距离、过渡长度和封闭形式的影响，实际应用中的流量由作业区所在路段的交通条件而定，封闭形式往往根据施工需求确定，警告距离和过渡长度则是作业区安全设施布设的重要控制因素，因此主要针对这两项指标给出工程应用的推荐值。由于该节研究的道路条件为双向八车道，施工作业区单向封闭两车道，研究推荐值也仅对此施工作业区给出。

现行规范标准中对高速公路施工作业区警告距离和过渡长度的设置由设计速度确定，而没有考虑流量因素。由驾驶行为特征研究结论可知，不同流量下作业区的驾驶行为特征有显著差异，因此这里将流量因素考虑进去，给出不同流量下警告距离和过渡长度的推荐值。

驾驶行为特征的研究将流量划分为小流量(500pcu/h、1000pcu/h)、中等流量(2000pcu/h)和大流量(3000pcu/h、4000pcu/h)。研究发现，虽然三种流量下的驾驶行为特征各有不同，但是中等流量和大流量下驾驶行为特征多有相似之处。为了便于工程应用，这里将中等流量和大流量合并为大流量，并以断面流量 $Q=2000$pcu/h 作为划分标准，从而给出警告距离和过渡长度推荐值的标准。

在警告距离方面，驾驶行为特征研究结论表明，小流量下延长警告距离对作

业区车辆运行特征没有显著影响，因此这里推荐采用规范规定的最小值 2km；大流量下延长警告距离会使作业区车流更平稳，通行效率更高，因此这里推荐警告距离采用 3km。

在过渡长度方面，驾驶行为特征研究结论表明，小流量下过渡长度超过150m 后，再延长过渡长度，其缓冲和过渡引导作用增加就不再明显，因此小流量下过渡长度推荐采用 150m；大流量下对缓冲和过渡引导的需求较强，过渡长度在 200m 范围内均有显著影响，因此小流量下过渡长度推荐采用 200m。警告距离和过渡长度的研究推荐值和规范值对比如表 5.2.30 所示。

表 5.2.30　研究推荐值和规范值对比

指标	流量/(pcu/h)	研究推荐值/m	现行规范值/m
警告距离	$Q \leqslant 2000$	2000	2000
	$Q > 2000$	3000	
过渡长度	$Q \leqslant 2000$	150	190
	$Q > 2000$	200	

注：以上推荐值仅针对双向八车道，作业区单向封闭两车道。

综合来看，除小流量下警告距离推荐值和现行规范保持一致，大流量下的警告距离和大小流量下的过渡长度均在现行规范的基础上延长，延长后可降低作业区对正常交通流的干扰，提高通行效率和安全性。

5.3　基于机器学习的高速公路施工作业区实时事故风险评价模型

如果想更加精细化地分析施工作业区中交通流的事故问题，就需要充分分析施工区数据、事故数据、交通流数据，从而建立相应的事故预测模型，进行风险评价，减少施工作业区事故的发生。

本节模型建立的目的是，根据施工区交通流状态判断事故是否发生，即将施工区交通流分为正常通行状态和高危风险状态，这是典型的分类问题。近年来，随着机器学习方法的不断兴起与发展，机器学习方法在数据挖掘领域已经得到广泛的应用，尤其是在分类识别方面表现突出。目前应用较为广泛的机器学习方法主要有神经网络、SVM、Logistic 回归等。

在非线性模型方面，神经网络有很强的非线性拟合能力，可映射任意复杂的非线性关系，而且学习规则简单，便于计算机实现，具有很强的鲁棒性、记忆能力、非线性映射能力，以及强大的自学习能力。相对其他非线性方法，神经网络算法更加成熟，模型结构和参数调整更加自由，因此能够达到较高的精度。其中 CNN 是较流行的神经网络模型，其人工神经元可以响应一部分覆盖范围内的周围单元，在图像处理任务中表现优异，研究的数据结构与图像数据结构类似，因此可采用 CNN 的模型方法。

在广义线性模型方面，虽然模型面临着无法准确分辨非线性特征的弊端，但是由于非线性模型结构的复杂性，一方面其构建速度较慢，另一方面往往只能确定样本分类，因此无法确定分类概率问题。Logistic 回归模型能够分辨出事件发生与不发生的对数比率，即事件发生概率，更加清晰地描述样本对应的状态。此外，Logistic 回归模型能够较清晰地描述模型中变量的权重和敏感性，便于提取影响交通安全关键特征，采取合适的措施控制风险。

综上考虑，在模型方面，可以采用二元 Logistic 回归和 CNN 两种机器学习方法进行风险研判分析。

5.3.1　配对病例对照与白化处理

1. 数据简介与处理工作

为了建立高速公路施工区交通流状态事故风险实时分析模型，需要获取历史交通流状态数据、历史交通事故记录数据、历史施工区设置记录数据等。模型侧重于事故风险预测的研究，需要高质量的原始数据，因此需要选择可靠、全面的数据平台。本节模型建立过程采用的数据平台是美国加利福尼亚州交通信息管理系统(caltrans performance measurement system，记为 PeMS)。

PeMS 平台是一款基于网页的软件工具，收集了加利福尼亚州高速公路的超过 39000 个交通传感器的流量数据，以及其他合作伙伴的交通数据。

相较于国内大多数高速公路，美国加州高速公路检测器覆盖密度较高，能够提供更为精细的交通流数据，并提供施工区记录和交通事故记录的数据库。因此，采用 PeMS 作为数据平台，符合建模数据的标准。

接下来进行数据的清洗与筛选工作。通过对原始数据进行清洗，剔除原始数据中冗余的信息和错误记录，筛选研究范围内的有效数据，以便下一步的数据匹配和模型建立。数据初步清洗使用 SQL(structured query language，结构化查询语言)语句在 MySQL 数据库中进行，之后使用计算机语言(Python、Matlab 等)对数据进一步地整理和清洗。

对数据进行清洗和筛选后，即可通过数据特征字段对施工区数据进行连接匹配。数据连接方式示意图如图 5.3.1 所示。首先，连接施工区数据和事故数据，基于事故发生的时间和位置，根据施工区影响的范围筛选施工区事故；对筛选的施工区事故数据再次进行清洗，与检测器特征数据结合进行提取，以获取用于描述每条事故数据所在位置交通流状态的线圈编号；与传感器数据连接，读出对应编号线圈的交通流数据，并对数据进行整合，得到施工区事故流量、占有率、速度数据，从而形成交通流参数的时空矩阵。

根据研究确定交通流数据研究范围，按时间、空间两个维度，将提取的流量、占有率、速度三个主要参数排布为 6×6 的时空矩阵。该矩阵呈现事故发生前，施工区交通流各个参数的时空分布情况，不仅包含各个时间点、位置点的数值大小，也包含各个交通流关键参数在时空中的变化情况。

以上所述的数据处理工作为接下来模型的建立提供基础的数据支持，为后续的统计分析工作打下基础。

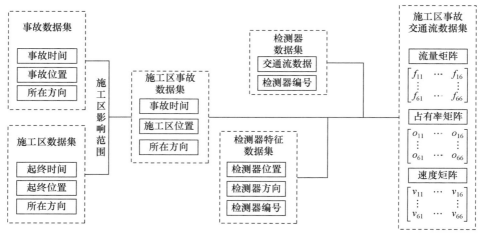

图 5.3.1　数据连接方式示意图

2. 病例对照法

病例对照法(case control study)是流行病分析研究中非常重要的研究方法之一，是一种回顾观察研究法。它一般以现在确诊的患有某特定疾病的病人作为病例，以未患该病但具有可比性的个体作为对照，通过询问实验室检查或复查病史，搜集既往各种可能的危险因素的暴露史，测量并比较病例组与对照组中各因素的暴露比例，从统计学角度研究该因素对患病与否的影响情况。如果病例组对研究因素有暴露历史者的比例明显高于对照组，则可以推断此暴露因素与患病有关系[1]。病例对照研究法是从结果推断原因的，是一种结果上的统计，不能直接得出因果关系，但是由于其方法简便，可以在短时间内不探讨机理、病理的情况下为研究病因提供线索，因此该方法在实践中非常具有优势。

这种研究方法不仅在医学研究中应用广泛，其研究思路也能拓展应用于其他领域[2]。例如，在风险研究中，可将风险案例和无风险案例看作病例组和对照组，研究不同暴露因素对风险结果的影响。

因此，在施工区交通安全应用上，如果把施工区事故定义为施工区交通流环境导致的一种症结，那么该部分风险因素便为症结所处的危险交通流状态。这与本节的研究目的类似，即构建能够应用的施工区事故风险预测模型，从历史数据中挖掘施工区内何种交通流紊乱情况会增加事故发生风险，因此可以将事故样例看作病例组，选取具有可比性的非事故样例作为对照组，进行对照研究。

3. 对照组数据提取

在病例对照研究中，对照组的选取非常重要。为了得到较为清晰的结论，除了所要研究的因素，其他控制条件均需要进行控制，以免干扰对结果的判断，即要选择具有可比性的对照组。在医学研究中，研究疾病时，要求病例组及其对照组应具有可比性。病例和对照人口最好来自同一地区，以确保样本具有相近的生活条件，对非研究因素有相同的暴露情况。在风险评价模型中，研究事故与非事故之间的差异，着重研究施工区交通流特征对事故是否发生的影响。施工区交通环境是研究对象的关键特征，应控制非事故样本也处在高速公路施工区环境、施工作业类型、封道数目等施工环境大致相等，以便研究施工区特有的交通流特征。

此外，道路线形条件也是影响事故发生风险的重要因素，应该尽量控制研究事故样本与非事故样本处在同一路段、具有相似道路线形条件，避免道路线形条件好或不好而影响对某一个样例具备的交通流特征误判。

基于以上的要求，分析对照组提取采用事故和非事故样例——对照的提取法，确保除了交通流状况外事故与非事故样本的其余条件均具有可比性。每一条事故提取一个施工区无事故交通流数据和非施工区无事故交通流数据作为对照组。

为了保证施工区无事故对照组的施工环境与事故状态一致，提取相同施工区间内，距事故时间半个施工周期内，相同位置的交通流数据作为施工区无事故对照组。由于模型建立过程中选取的施工区是施工期为 1~24h 的短期施工作业，因此事故影响时间大多小于 30min，选取的对照组不会受之前事故对交通流量造成的影响。

此外，为了对比施工区与非施工区的事故交通流特征，还需要提取事故发生之前一周与事故样例处于同一空间区域、同一时间段的无交通事故影响的交通流数据作为非施工区无事故对照组。我们参照相关研究[1,3]，提取大致相等数量的非施工区事故对照组。

对照组数据特征分类表如表 5.3.1 所示。数据的提取同样通过控制查询字段，从数据库中实现快速查询提取。

表 5.3.1　对照组数据特征分类表

数据规模		道路环境	
		施工区	非施工区
安全状态	有事故/条	991	987
	无事故/条	991	978

4. 数据白化预处理

由于单条数据中，不同类型的变量数值分布范围相差较大，为防止模型中某些变量仅由其在数值上数量级较大或者较小产生一定的优势作用[4]，并加快机器学习模型梯度下降求解速度，提高模型精度，可以选择在变量输入模型之前对变量进行白化预处理。数据白化预处理的常用方式有简单缩放、逐样本均值消减(也称为移除直流分量)、特征标准化(使数据集中所有特征都具有零均值和单位方差)、矩阵白化等。

简单缩放方式通过对数据每一个维度的值进行重新调节(这些维度可能是相互独立的)，使最终的数据向量落在[0, 1]或[-1, 1]区间内(根据数据情况而定)。计算方式为

$$y = \frac{x - x_{\min}}{x_{\max} - x_{\min}} \tag{5.3.1}$$

这种白化方法比较适用于数值比较集中的情况。但是，如果 max 和 min 不稳定，很容易使归一化结果不稳定，使后续使用效果也不稳定，实际使用中可以用经验常量值来替代 max 和 min。当有新数据加入时，可能导致 max 和 min 的变化需要重新定义。

标准差标准化方法是使经过处理的数据符合标准正态分布，即均值为 0，标准差为 1。其转化函数为

$$y = \frac{x - \mu}{\sigma} \tag{5.3.2}$$

其中，μ 为所有样本数据的均值；σ 为所有样本数据的标准差。

在分类算法和聚类算法中，需要使用距离来度量相似性或者使用 PCA 进行降维时，此方法的表现更好。

由于二元 Logistic 回归模型是线性回归模型，数据可通过原数据简单缩放进行预处理，也可不进行白化处理。后述章节会对两种方法的建模效果进行对比，而 CNN 模型为非线性模型，采用标准差标准化方法对原数据进行白化处理。

5.3.2　二元 Logistic 回归模型

1. 模型简介

Logistic 回归模型是一种广义的线性回归模型，常用于机器学习、数据挖掘、疾病诊断、经济预测等领域。其因变量为分类变量，当因变量只有两种类型时，又把这种回归模型称为二元 Logistic 回归模型。二元 Logistic 回归常用于事故预测领域。通过构建二元 Logistic 模型，可以得出判断事故是否发生的概率。事故风险概率可以分别通过下式计算得到，即

$$P(y_i = 1|x_i) = p_i = \frac{e^{\beta_0 + \sum \beta_k x_{ki}}}{1 + e^{\alpha + \sum \beta_k x_{ki}}} \tag{5.3.3}$$

$$P(y_i = 0|x_i) = 1 - p_i = \frac{1}{1 + e^{\beta_0 + \sum \beta_k x_{ki}}} \tag{5.3.4}$$

其中，x_{ki} 为自变量；β_0 为截距常数项；β_k 为变量系数。

β_k 可以通过下式进行似然估计，即

$$\ln L(\beta, x_i) = \sum_{i=1}^{n} \left(\beta_0 + \beta_1 x_{1i} + \cdots + \beta_k x_{ki} - \ln(1 + e^{\beta_0 + \sum \beta_k x_{ki}}) \right) \tag{5.3.5}$$

为了便于理解，往往采用发生比率对事件发生的概率进行描述[5]，即

$$G(x) = \frac{p_i}{1 - p_i} = e^{\beta_0 + \sum \beta_k x_{ki}} \tag{5.3.6}$$

求对数便可变换为线性模型，从而直观地了解每个变量对结果的贡献度，即

$$\ln(G(x)) = \beta_0 + \sum \beta_k x_{ki} \tag{5.3.7}$$

为了实现高速公路施工区管理的应用目的，即希望建立的事故风险模型能通过影响范围内的直接交通流特征(如某一时刻或某一位置，流量的均值或标准差)对事故进行预测。非线性模型虽然往往具有更好的预测精度，但是解释性较差，而二元 Logistic 回归模型在解释性上有较大的优势。

2. 模型变量选取

根据相关研究，5min 的交通流数据存在较强的线性相关性，无法直接应用于线性模型[6]，并且二元 Logistic 回归模型对事故风险预测模型变量的解释性较强，便于提取施工区事故交通流特征。以往的研究多采用断面检测器数据的统计参数、分车道数据的变异系数、不同时间节点之间数据的统计参数等，如速度、流量平均值、车道间速度的变异系数等。

因此，流量数据在时间维度上以 5min 间距，空间维度上以 500~800m 的检

测器间距为维度，并且基于上述研究范围综合确定相应的变量集。

采用传感器时空数据的均值和变异系数作为模型变量，而不是原始交通流数据的原因如下。

(1) 便于筛选施工区事故交通流交通特征。由于交通流分布具有一定的时空相关性，如采用原始交通流数据，往往会忽略某一位置交通流状态与相邻时空状态的联系。例如，施工区路段车速变异系数与事故风险存在明显的相关性，仅观察单个时空位置交通流数据难以发现这种差异[7]。

(2) 便于采取对应交通控制手段。目前施工区交通控制手段往往通过静态交通设施(如限速标志、警告标志等)和交通警察引导实现。其空间变换的灵活性较差，无法进行快速的动态交通引导，因此某时空位置的交通流特征对交通控制手段的指导效果更好。

(3) 便于施工区事故风险预测实践。当基于事故风险模型进行事故风险预测实践时，较可行的方式是在施工区对应位置设置交通检测器。如采用原始交通流数据进行预测，需要传感器间进行及时的数据通信和共享，技术难度较大。采用交通流时空特征，在输入检测器时空参数后即可进行独立的事故风险预测，技术上较容易实现。

3. 模型预测结果

选择施工区事故数据和施工区非事故数据作为病例组与对照组，为把选取的变量作为模型输入，检验模型的事故风险预测效果。分界值为 0.500；0 为发生事故，1 为无事故。逻辑回归模型的预测分类表如表 5.3.2 所示。

表 5.3.2　预测分类表

观测值			预测值		
			标记		正确率/%
			发生事故/起	无事故/起	
步骤 1	标记	发生事故	1092	890	55.1
		无事故	573	1405	71.0
	总体百分比		—	—	63.1
步骤 6	标记	发生事故	1248	734	63.0
		无事故	677	1301	65.8
	总体百分比		—	—	64.4

最终事故风险概率预测模型为

$$P = \frac{a}{1+a} \tag{5.3.8}$$

$$a = \exp^{(1.5-0.051\text{VcvT6}-0.002\text{FmeanT4}-13.629\text{cvL4}-1.465\text{meanL6})}$$

其中，VcvT6 为事故发生前 10～15min，各检测器速度变异系数；FmeanT4 为事故发生前 20～25min，各检测器流量平均值；cvL4 为上游预估区第 4 个检测器在各时间段占有率变异系数；meanL6 为施工区第 2 个检测器各时间段速度平均值。

由此可知，变量显著性都较好，说明提取的交通流特征变量与事故风险预测结果显著相关。

在特征向量变量中，事故发生 10min 时车速变异系数的敏感性较高。这与以往研究中事故附近速度变异系数显著影响事故发生的结论相符。

由相对危险度的计算公式可知，每个变量的 Odds Ratio(Exp(B)) 描述该变量对结果的贡献程度。软件计算提供 Exp(B)，并计算其 95% 的置信区间。一般认为 Exp(B)95% 的置信区间上限大于 1，是保护因素，小于 1 则为危险因素，等于 1 则不起作用。从方程中的变量描述表中可以看出，OmeanL6、OcvL4、VcvT6 为较危险因素。

由预测精度表可以看到，在切割值为 0.5 的情况下，事故风险的预测准确率能够达到 63% 以上，而非事故 34% 左右的误报率，整体的预测准确率在 64.4%。通过调节切割值，可以适当牺牲事故预报准确率，降低非事故误报率。与以往类似研究相比，在采用线圈数据和二元 Logistics 方法建模的情况下，其预测准确率在 69%，误报率接近 50%[8]。

4. 白化预处理结果对比

在二元 Logistic 回归模型建模过程中，采取不同的白化方法对原始数据进行处理，期望取得更好的建模效果。采用不同方法后，模型预测精度对比如表 5.3.3 所示。

表 5.3.3　模型预测精度对比

白化方法	预测准确率/%	误报率/%	综合精度/%
简单缩放	58.3	55.8	56.1
特征标准化	58.7	56.9	56.6
不处理	63.0	34.4	64.4

可以发现，对模型数据进行白化预处理后，预测精度反而有较大的下降。结

合不同预处理方法的原理，我们认为造成预测精度下降的原因可能有以下两点。

(1) 对线性变量进行非线性方式的白化预处理后，会导致变量维度的不均匀收缩，使模型得到不等价的最优解。

(2) 对变量进行线性方式的白化预处理，会抛弃路段线形、道路通行能力、路段限速等交通环境因素，而这些因素可能对施工区安全风险有重要影响。不进行数据的标准化，可能在原始数据中部分保存这些信息。

由于当前 PeMS 数据平台缺乏道路设施的路段线形、路段限速、施工区限速等交通环境因素数据库，交通流原始数据不进行白化预处理是更优的原始数据处理方式。

5.3.3 卷积神经网络模型

1. 方法简介

如图 5.3.2 所示，神经网络由大量的神经元(neuron)模型相互连接而成。每个神经元模型接受线性组合的输入后，通过非线性激活函数进行非线性变换后输出。每两个神经元模型之间的连接代表加权值，称为权重。不同的权重和激活函数会导致神经网络不同的输出。

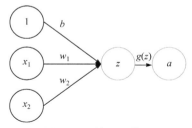

图 5.3.2　神经元模型

图中，x_1、x_2 表示输入向量；w_1、w_2 表示权重，每个输入都被赋予单独权重；b 表示偏置 bias；$g(z)$ 表示激活函数；a 表示输出。

将单个神经元模型组织在一起，便形成神经网络。每层神经元与下层神经元全连接，神经元之间不存在同层连接也不存在跨层连接，这样的神经网络通常称为多层前馈神经网络，其中输入层神经元接受外界信号输入，隐层与输出层神经元对信号进行加工，最终结果由输出层神经元输出。根据神经元输出结果与实际结果的偏差，采用逆误差传播(error backpropagation，BP)算法更新连接权重和阈值。

CNN 是一类特殊的人工神经网络，其最主要的特点是卷积运算操作(convolution operators)。其在图像分类、图像检索、计算机视觉等图像相关任务上表现优异[5]。

　　相比其他神经网络模型，CNN 通过设置卷积层和池化层的方式，从输入数据联系中提取局部特征进行学习和识别，可达到更好的识别效果，减少训练模型需要调整的数据量。

　　LeNet-5 是一种典型的 CNN 的结构[9]，其模型如图 5.3.3 所示。

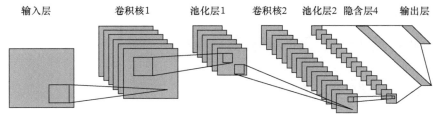

输入层　　　　卷积核1　　　池化层1　　　卷积核2　池化层2　隐含层4　　输出层

图 5.3.3　LeNet-5 CNN 模型

　　CNN 的优势在于可以通过卷积运算提取数据的局部特征，对输入数据进行降维和简化，减少每层神经元的数量，控制模型规模，并且其卷积层和池化层内的每组神经元采用相同的连接权，从而大幅减少需要训练的参数数目。

　　由于模型选取的原始数据为 3×6×6，共计 108 个变量的交通流状态时空矩阵，因此变量较多，采用普通前馈神经网络训练效果较差。其数据结构与数据结构为 RGB 通道×水平像素×垂直像素的图像数据相似，使用 CNN 可以较好地控制模型规模。此外，由于研究的目的是通过建模提取高速公路施工区事故的关键交通流特征，事故风险预测和安全管理与 CNN 的学习模式基本一致，因此采用 CNN 作为模型研究方法。

　　2. 模型网络结构

　　CNN 模型的网络结构参考基础的 LeNet-5 网络结构，其设计共有 7 层，不包含输入，每层都包含可训练参数；卷积层有多个 FeatureMap，每个 FeatureMap 通过一种卷积滤波器提取输入的一种特征，每个 FeatureMap 有多个神经元。CNN 模型如图 5.3.4 所示。

　　由于模型数据为 5min 内传感器数据的均值，等价于对 30s 的传感器原始数据进行均值化的提取特征，因此 C1(卷积层)卷积核大小设置为 1×1，不需要再次提取特征。根据二元逻辑回归模型结果，假设组成施工区高风险交通流的时空范围为 2×2，因此 C2(卷积层)、S3(采样层)卷积核与滤波核大小设置为 2×2。然后，对采样后数据进行线性拉伸与逐级降维，并以 2 维向量表示输出结果。

3. 模型算法

在建立 CNN 模型后，需要设置模型算法，如神经元模型激活函数、优化器算法、学习率等。它们的选取直接影响最后的模型预测结果。建立的 CNN 模型参数参考当前深度学习主流的模型参数，可以实现较好的预测效果。在深度学习中，神经元激活函数常使用修正线性单元(rectified linear unit，ReLU)作为神经元的激活函数[10]。ReLU 函数图像如图 5.3.5 所示。

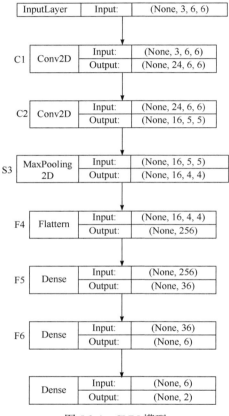

图 5.3.4　CNN 模型

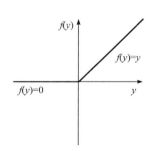

图 5.3.5　ReLU 函数图像

相比其他激活函数，ReLU 有以下优势：对线性函数而言，ReLU 的表达能力更强，尤其体现在深度网络中；对非线性函数而言，由于 ReLU 非负区间的梯度为常数，因此不存在梯度消失问题，使模型的收敛速度维持在一个稳定状态，即

$$\text{ReLU}(x) = \begin{cases} x, & x > 0 \\ 0, & x \leqslant 0 \end{cases} \tag{5.3.9}$$

为了使用神经网络自动学习，需要设计模型的优化器算法，根据训练集结果偏差更新调整神经元的权重，选择合适的优化器算法能提高神经网络模型的学习速度、跳出局部最优解。我们选择自适应时刻估计(adaptive moment estimation，Adam)算法作为模型优化器算法[11]。Adam 算法能计算每个参数的自适应学习率。参数更新的公式为

$$\theta_{t+1} = \theta_t - \frac{\eta}{\sqrt{\hat{v}_t} + \epsilon} \hat{m}_t \qquad (5.3.10)$$

与其他优化器算法相比，Adam 算法收敛速度更快，学习效果更为有效，而且可以纠正其他优化技术中存在的问题，如学习率消失、收敛过慢、高方差的参数更新导致损失函数波动较大等问题。

4. 过拟合应对方法

在搭建完 CNN 模型后，将训练数据划分为训练集与测试集进行模型训练。随着模型训练次数的增加，训练集与测试集预测准确率对比图如图 5.3.6 所示。

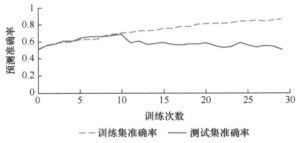

图 5.3.6 训练集与测试集预测准确率对比图

对比模型训练集与测试集预测准确率可以发现，随着训练次数的增加，训练集准确率不断上升，而测试集准确率在前期同步上升，之后却有随着训练次数增加而不断下降的趋势。此时，已经发生过拟合现象，模型数据训练过度会导致模型过于复杂，失去泛化性。这也是神经网络模型的通病。

为了解决模型过拟合问题，拟从神经网络结构与模型数据两个方面采取应对方法，抑制过拟合现象，提高模型泛化性。采用的方法是在神经网络模型中适当添加 Dropout 层与 BN(batoh normalization)层。

Dropout 算法(防止神经网络过拟合现象常用的算法之一)通过启发式调整神经网络结构抑制网络过拟合。Dropout 算法在 2012 年由 Srivastava 等[12]提出，并广泛应用于各种神经网络模型结构中。其实现方式是在误差向前传播时，让某个神经元的激活值以一定的概率停止工作。这样可以使模型泛化性更强，因为它不会太依赖某些局部的特征。使用 Dropout 算法的神经网络模型如图 5.3.7 所示。

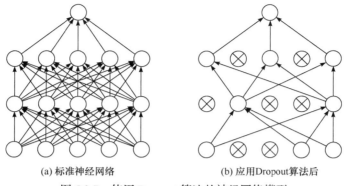

(a) 标准神经网络   (b) 应用Dropout算法后

图 5.3.7 使用 Dropout 算法的神经网络模型

BN(batch normalization)算法具有加速网络收敛速度，提升训练稳定性的效果[13]。BN 算法的实质是对模型中间层数据进行归一化处理。

在对原神经网络模型添加 Dropout 层与 BN 层后，再次输入模型数据对网络进行训练。改进后模型预测准确率如图 5.3.8 所示。

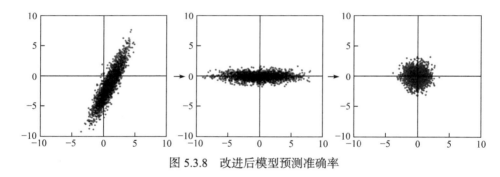

图 5.3.8 改进后模型预测准确率

从预测率变化趋势可以看到，在前 10 次训练中，训练集与测试集的准确率大致相当。这说明，在添加 Dropout 层与 BN 层后，模型的过拟合现象得到一定的抑制；在 10 次训练之后，两者准确率的差异逐渐增大，这表示神经网络模型的过拟合现象仍然无法避免。此外，对比图 5.3.6 和图 5.3.8 可以发现，在采取抑制模型过拟合算法后，模型的学习速度有所下降，需要增加学习次数或模型数据量才可达到相同的预测精度。

5. 预测结果

基于改进的 CNN 模型，在对模型参数调整后，随机选取 10 组不同的网络初始权重，将原始数据打乱后分成比例为 9：1 的训练集与测试集，输入模型进行训练，每组训练 20 次，选取训练后预测率结果最好的一次。CNN 预测准确率趋势如图 5.3.9 所示。

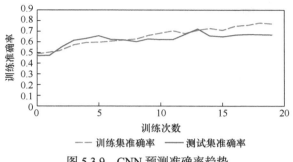

图 5.3.9　CNN 预测准确率趋势

　　由此可知，训练集准确率线性上升，这表示随着训练次数的增加，模型成功从训练集数据中学习了区分施工区路段危险交通流状态和一般交通流状态的特征。测试集准确率呈现倒 U 形曲线，在大约 15 次训练后准确率呈现较为明显的下降趋势，说明此时出现一定程度的过拟合。如果要在防止过拟合发生的同时保证精度，需要增加学习次数或者数据量。CNN 模型预测结果如表 5.3.4 所示。

表 5.3.4　CNN 模型预测结果

指标	训练次数						平均值
	10	11	12	13	14	15	
事故准确率/%	72.14	70.98	70.55	72.16	74.04	69.78	71.61
非事故准确率/%	67.58	66.68	68.13	69.54	68.68	67.88	68.08
整体准确率/%	69.86	68.83	69.34	70.85	71.36	68.83	69.85

6. 模型应用

　　为检验 CNN 模型的预测效果，将上述模型应用于美国加州的高速公路施工区路段，具体模型应用场景信息如表 5.3.5 所示。

表 5.3.5　模型应用场景信息表

施工路段所在地区	美国加州 D7 区洛杉矶市
施工路段所在公路	SR47-S
施工起始时间	2017 年 08 月 10 日 7:01 PM
施工结束时间	2017 年 08 月 12 日 6:01 AM
施工起终位置桩号	2.408/1.694
封闭车道/总车道数	1/2
施工类型	交通引导

在施工持续的 35h 内，施工监测路段共发生安全事故 5 起，将施工区时空影响范围内的交通流数据输入事故预测模型中。模型共发出安全事故风险预警 7 次，其中准确预测事故 4 起、误报 3 起、漏报事故 1 起。相关应用场景安全事故情况如表 5.3.6 所示。

表 5.3.6　相关应用场景安全事故情况

事故编号	事故位置	事故时间	事故原因	备注
1	3.24	08/10/2017 23:06:00	追尾	预报
2	2.7	08/11/2017 13:28:00	追尾	预报
3	2.06	08/11/2017 14:52:00	追尾	预报
4	4	08/12/2017 03:40:00	冲出道路	漏报
5	3.8	08/12/2017 05:52:00	追尾	预报
—	2.8	08/11/2017 08:30:00	—	误报
—	3.1	08/11/2017 09:20:00	—	误报
—	3.2	08/11/2017 09:25:00	—	误报

从模型应用场景的预测结果来看，建立的 CNN 事故风险预测模型准确率为 80%，误报率为 42%，具有一定的应用价值。结合事故原因的分析可发现，模型对追尾事故的预测准确率较高，而唯一的冲出道路事故发生漏报。这可能是追尾事故风险受交通流影响较大，而冲出道路等事故受其他因素影响较大，如疲劳驾驶等，难以从交通流数据中体现出来。

参 考 文 献

[1] 交通运输部科学研究院. 2016 高速公路运行大数据分析报告. 北京: 交通运输部科学研究院, 2017.

[2] 陈秀芹, 黄丽妹, 朱美英, 等. 上海市松江区助动车道路交通伤害危险因素的病例对照研究. 环境与职业医学, 2016, 33(4): 361-366.

[3] 付存勇, 王俊骅. 基于监控数据的高速公路实时事故风险模型. 交通信息与安全, 2017, 35(5): 11-17.

[4] 王建海. 几种提高分辨率处理方法的探析. 内蒙古石油化工, 2010, 36(2): 74-75.

[5] Krizhevsky A, Sutskever I, Hinton G E. Imagenet classification with deep convolutional neural networks. Communication of the ACM, 2017, 60(6): 84-90.

[6] Golob T F, Recker W W, Alvarez V M. Freeway safety as a function of traffic flow. Accident Analysis & Prevention, 2004, 36(6): 933-946.

[7] Weng J, Xue S, Yang Y, et al. In-depth analysis of drivers' merging behavior and rear-end crash risks in work zone merging areas. Accident Analysis & Prevention, 2015, 77: 51-61.

[8] Hou J, List G F, Guo X. New algorithms for computing the time-to-collision in freeway traffic simulation models. Computational Intelligence and Neuroscience, 2015, 20(14): 57-59.

[9] Han S, Pool J, Tran J, et al. Learning both weights and connections for efficient neural network. Aasri Procedia, 2014, 6: 89-94.

[10] Nair V, Hinton G E. Rectified linear units improve restricted boltzmann machines//IEEE International Conference on Acoustics, Speech and Signal Processing, New York, 2013: 8609-8613.

[11] Kingma D P, Ba J. Adam: a method for stochastic optimization. Surveys in Operations Research and Management Science, 2014, 19(1): 56-85.

[12] Srivastava N, Hinton G, Krizhevsky A, et al. Dropout: a simple way to prevent neural networks from overfitting. The Journal of Machine Learning Research, 2014, 15(1): 1929-1958.

[13] Ioffe S, Szegedy C. Batch normalization: accelerating deep network training by reducing internal covariate shift//International Conference on Machine Learning, Chicago: 2015: 448-456.

第6章　交通事件时空影响预测

高速公路作为承载快速运动和大流量交通流的道路载体，其安全和畅通一直是国家主干公路网交通管理中的两大重心问题。特别是，针对交通突发事件情况下的应急处置管理是非常态交通管理的核心，研究交通突发事件态势评估对于事件现场状况与未来走势的理解和时空预测、应急资源需求和调度、应急预案生成和决策优化等方面具有重要的理论支持和实际应用意义。

随着经济社会的发展，我国机动车保有量不断增加，高速公路经常超负荷运转，同时交通安全问题较为严峻。各国的研究与实践证明，高速公路运行管理的关键是应对偶发性拥堵的交通事件管理，是实现高速公路承载大流量运输、快速便捷交通出行，以及提供安全保障的关键。为了缓解较严重事件的不良影响，交通紧急管理措施亟待完善，交通事件时空影响预测是交通应急管理措施制定与实施的重要依据。

6.1　事件态势感知

交通突发事件的准确感知是事件应急管理中的首要环节，是交通事件态势预测、理解及响应的前提和基础。本节主要对以下内容进行讲解。首先，构建高速公路网络双层拓扑结构，为交通突发事件的态势评估搭建一个路网态势感知的逻辑结构和物理结构。其次，从交通突发事件态势要素获取的需求入手，阐述交通事件直接检测和间接检测的基本原理，提出基于交通传感器的事件态势要素综合检测方法。再次，在调研国内外交通事件自动检测算法的基础上，提出一种基于顺序最小优化(sequential minimal optimal，SMO)SVM 的事件自动检测模型。本节的研究工作将为之后的态势时空预测、理解和响应的研究提供理论支撑和技术保障。

6.1.1　面向事件态势感知的双层路网拓扑结构

先进的交通事件管理是面向路网层面的管理，合理的路网拓扑结构设计和应用是借助可视化 GIS 地图展示来描述交通事件时空态势的基础。在以往的路网拓扑研究中，立交和出入口通常被视为一个节点来处理，不包含具体的匝道信息。通俗地讲，这样的拓扑结构只能提供"可以走"的信息，无法描述"如何走"的信息，因此不能很好地反映事件状态下交通拥堵辐射蔓延的真实情况，无法满足交通事件时空态势分析的需求。为此，在包含方向信息的节点上展示立交匝道的详细拓扑信息，构建高速公路网"路段/节点"和"匝道/出入口"的双层路网拓扑结构。

1. 高速公路复杂路网基本建模要素分析

高速公路网络中如果增加一条直达线，不但费用昂贵，而且强烈地受到地面上各种因素的制约，所以不可能大量增加而出现集散节点，从而形成随机网络。因此，高速公路网络属于复杂网络中的一种，可以应用图论方法建立高速公路网络的数学模型，按几何特征的不同，建模的基本要素有节点要素和边要素两大类。边要素对应几何网络中的边特征，是两个接合要素之间的线形实体，具有非平面特性。节点要素对应几何网络特征中的接合特征，是网络中有固定坐标的点位，也是路线的起终点和路面的汇合点。同时，高速公路拓扑网络的建立应保证相互连接的网络特征的类型和数量的正确性，应满足连通性原则。

(1) 节点要素。

高速公路的起点、终点，匝道与主线连接点，服务区，以及收费站是高速公路交通流发生改变的特征实体点。在建模过程中，这些点将作为高速公路网络的基本建模要素，并抽象成几何网络的接合特征。按点位置的不同，可将接合特征分成以下几类，即主线起点、终点，连接匝道起点、终点，互通立交主线入口、出口位置点，高速公路服务区入口、出口位置点，主线收费站入口、出口位置点，匝道收费站入口、出口位置点。

(2) 边要素。

高速公路交通流的流向具有方向性。建模时应充分考虑车道的交通流特性，因此采用图论中的有向图表示，将同一道路上两个相邻结点之间同向且随时互通的所有车道综合成一个与道路中心线平行的综合车道段，并将此综合车道段作为建模的基本要素。在建模过程中，根据车道段在高速公路网的位置，可将边要素大致分为主线基本车道段、立交连接匝道段、出入口收费站连接段、服务区连接匝道段。

(3) 拓扑网络连通性原则。

连通性原则的满足有助于建立不同类型特征之间的拓扑关系。在高速公路交通网络中，根据有无连接匝道、匝道类型，以及交通流组织方式的不同，可将立交分为完全互通立交、部分互通立交、环形立交、分离立交等几种形式。以喇叭形立交路网的连接为例，其连接规则如图 6.1.1 所示。

如图 6.1.1 所示，此喇叭形立交的路网连接规则为主线上行至匝道出口收费站的路径为节点 1-5-7；主线下行至匝道出口收费站为节点 3-5-7；匝道入口收费站至主线上行路径为节点 8-6-2；匝道入口至主线下行路径为节点 8-6-4。上述连通规则对于各种类型的立交均适用，具有一致性，因此可按不同类型立交的拓扑连接规则检验网络的连通性，以保证正确的连接关系。

图 6.1.1　喇叭形立交路网连接规则

2. 基本建模要素的逻辑表达

(1) 高速公路起终点。

在高速公路拓扑网络模型中，将高速公路主线上行、下行的起始位置，终止位置，以及连接匝道的起始位置、终止位置抽象成高速公路起点、终点的节点要素。高速公路主线基本路段的逻辑表达如图 6.1.2 所示。

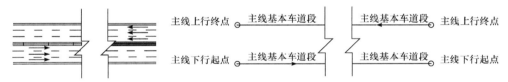

图 6.1.2　高速公路主线基本路段的逻辑表达

(2) 立交连接匝道与主线的连接点。

在高速公路拓扑网络模型中，将立交连接匝道与主线连接点抽象成高速公路主线出入口匝道位置节点要素。节点要素具有转向属性的特征。高速公路主线立交入口匝道位置点的逻辑表达如图 6.1.3 所示。

图 6.1.3　高速公路主线立交入口匝道位置点的逻辑表达

(3) 服务区位置点。

高速公路交通流在服务区会产生分流与合流现象。在高速公路拓扑网络模型中，将服务区抽象为服务区入口、出口位置点接合要素，并将进出服务区的匝道与主线连接处抽象成服务区高速公路主线出口、入口位置点接合要素。高速公路服务区主要位置点逻辑表达如图 6.1.4 所示。

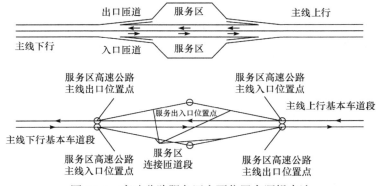

图 6.1.4　高速公路服务区主要位置点逻辑表达

(4) 高速公路收费站位置点。

在高速公路拓扑网络模型中，将主线、匝道收费站抽象成高速公路主线、匝道出口、入口收费站位置点接合要素。高速公路收费站位置点的逻辑表达如图 6.1.5 所示。

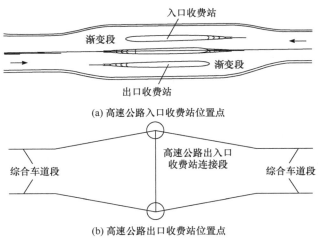

(a) 高速公路入口收费站位置点

(b) 高速公路出口收费站位置点

图 6.1.5　高速公路收费站位置点的逻辑表达

3. 高速公路网络双层拓扑结构设计

在分析路网基本建模要素及其逻辑表达后，根据是否包含立交匝道信息的不同，将高速公路网络拓扑结构层次分为"路段/节点"拓扑结构层和"匝道/出入口"拓扑结构层。

1) 路网"路段/节点"层的拓扑结构

将"路段/节点"构造成一个双向链表结构，由路段(route，记为 R)+节点(node，记为N)构成，某区域高速公路网"路段/节点"拓扑结构如图 6.1.6 所示。路段信息包含上下行两个方向，每一条路段的两端分别指向一个节点。每个节点根据路段的行驶方向分为前节点 node(p)和后节点 node(n)。它们可以表示一个高接高的枢纽立交，也可以表示为一个进出高速公路的普通立交。连接节点的路段则根据交通流的方向分为驶入路段 route(i)和驶出路段 route(o)两种类型。

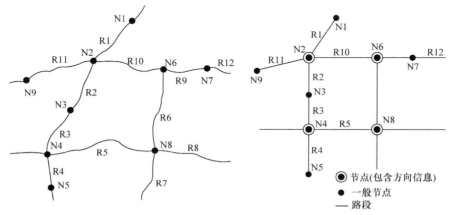

图 6.1.6　某区域高速公路网"路段/节点"拓扑结构

节点的方向信息是提供转向的重要资料，在连接部端点的节点属性中需要标明左直右的方向信息。方向信息作为节点的一个属性，并不是每个节点都需要定义该属性。对于闭合高速公路环线，沿线设计几个关键节点作为方向节点。对于不闭合的高速公路，采用起终点作为方向节点。节点采用多指针双向链表结构。这种拓扑链表结构的表达方式具备许多优势，可以适应路网扩展和路线改建等情况。以江苏省高速公路网为例，其"路段/节点"拓扑层结构如图 6.1.7 所示。其中带圆圈的节点包含方向信息。

对节点而言，与连接它们的路段存在直行、左转，还是右转的问题，需要根据是否有对接匝道的具体情况来标注通行状态信息。节点的左、直、右通行状态属性标志如表 6.1.1 所示。

表 6.1.1　表示左、直、右通行状态的属性标志

标志	左转	直行	右转	标志	左转	直行	右转
000	×	×	×	100	√	×	×
001	×	×	√	101	√	×	√

续表

标志	左转	直行	右转	标志	左转	直行	右转
010	×	√	×	110	√	√	×
011	×	√	√	111	√	√	√

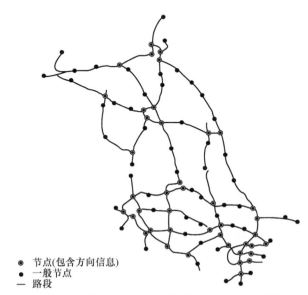

◉　节点(包含方向信息)
●　一般节点
—　路段

图 6.1.7　江苏省高速公路"路段/节点"拓扑层结构

2) 路网"匝道/出入口"层的拓扑结构

路网"匝道/出入口"层的拓扑结构也是一个双向链表结构，实际上就是把包含方向信息的一个节点展开，通常包含一个立交或者出入口，一个节点可能由若干个"匝道(ramp)/出入口(exit/enter)"组成，每一个出入口由 4 个匝道相连，每一个匝道必定包含 2 个出入口。对于驶入和驶出出入口处的路段分别有两种情况，为此设计节点与路段的双向链表结构。对于每个匝道，有起始和终点两个指针。每个出入口含有 4 个指针，分别指向前两个匝道和后两个匝道。如图 6.1.8 所示，一个节点包含许多匝道和出入口，或者说一个立交的所有拓扑信息，可封装成一个节点。

在分流点(exit)和合流点(enter)处，路段拓扑结构会发生变化。对于分流点，进入的路段只有一个，驶出的路段有两个；对于合流点，进入的路段有两个，驶出的路段只有一个。分流点和合流点处的匝道构成如图 6.1.9 所示。同时，在匝道属性信息中需要设置一个匝道状态属性标志，可设该值分别等于 0~5，对应畅通、拥堵、关闭、限速、建设和尚未开通等几个状态。

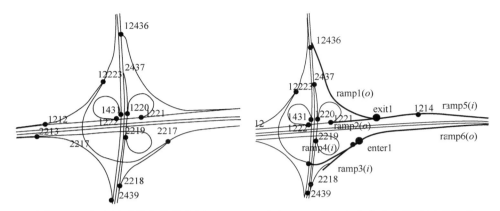

图 6.1.8　包含匝道信息的节点展开　　　图 6.1.9　分流点和合流点处的匝道构成

3) 双层拓扑的数据结构设计

针对"路段/节点"图层，双向链表结构分为指针域和数据域两个空间。数据域存放所需的各种属性数据，指针域对路段设置两个指针，分别指向与其相连的两个节点。对节点来说，可以设计 4 个指针，分别指向与之相关的 4 条路段，根据不同的情况，部分指针可能为空。对应图 6.1.6 的拓扑关系，"路段/节点"数据结构指针设置如图 6.1.10 所示。

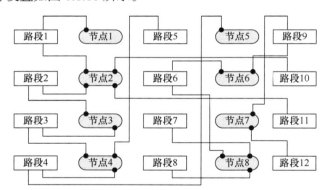

图 6.1.10　"路段/节点"数据结构指针设置

针对"匝道/出入口"图层，同样使用双向链表结构，分为指针域和数据域两个空间。节点指针域设置两个指针，分别指向与其相连的两个出入口，对于出入口来说，设计 4 个指针，分别指向与之相关的 4 条匝道，根据不同的情况，部分指针可能为空。对于一般匝道处的合流点或者向主线驶入的入口同样处理，合流点和分流点的指针拓扑结构如图 6.1.11 所示。

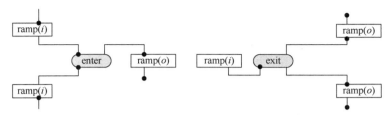

图 6.1.11 合流点和分流点的指针拓扑结构

6.1.2 基于交通传感器的事件态势感知技术

态势评估的基础是态势要素的信息获取,本节在 6.1.1 节路网结构信息的基础上,通过布设在路网上的各式各样的交通传感器采集事发路段的监测信息、交通流特征信息、道路环境信息等,获取交通事件条件下人-车-路-环境的综合态势信息,为态势评估和应急响应提供充足的信息来源和数据支撑。在当今物联网技术盛行并广泛应用的形势下,构建交通路网及其传感器"物物相连"的互联网,进行信息交换和通信,可以实现对交通事件的智能化识别、定位、跟踪、监控、管理。

1. 交通事件自动监测的研究现状

道路交通事件的准确检测对道路交通安全状态的监控和事件态势感知具有重要的意义。大量事故资料和研究表明,交通事件的发生将直接或间接影响交通参数的变化,其中上下游占有率、流量和平均车速变化趋势最明显。事件发生时,短时间内上游的交通流会出现拥挤,平均车速会变得缓慢,导致占有率上升;下游的交通流会进行疏散,使占有率下降。因此,交通流量、占有率、平均车速这三个交通参数通常用来作为特征变量,大多数交通突发事件自动检测方法均涉及确定这些交通流参数的变化。

道路交通事件检测系统通常使用安装在道路上的传感器来采集数据,主要包括线圈、超声波、微波和视频等。在发生交通事故的时候,事件检测模型根据车辆检测器检测到的数据,如车速、流量、车头时距及占有率等,可计算出车辆受阻的程度,判断是否发生交通事故。目前典型的自动事件检测(automatic incident detection,AID)算法主要有:比较算法、统计预测算法、交通流理论模型算法、时间序列算法、滤波算法、人工智能算法、图像处理算法等。

(1) 比较算法。

比较算法是将实时检测的交通参数与预设的阈值进行对比,如果超过预定的阈值就启动事件报警,主要包括决策树算法、多用途事件检测算法和模式识别算法。多用途事件检测算法是将加州算法的主要因素结合到一个单一的结构中,把道路分成若干区间，分别计算各个区间的平均速度，在此区域的平均速度低于某个值时就认为发生了拥挤，否则交通流为正常。例如，主动控制(master)算法[1]，是英国道路交通研究实验室(The Transport and Road Research Laboratory，TRRL)在1979年开发的模式识别算法，使用跟踪和测量相邻检测器之间的特殊模式交通的行程时间方法来估计车辆速度，同时与预定的阈值进行比较，如果低于阈值，就触发事件报警系统[2]。

(2) 统计预测算法。

统计预测算法主要包括正态标准差算法和贝叶斯算法两类。正态偏差算法利用时刻 t 前 n 个采样周期的流量或占有率等交通参数值的算术平均值来预测时刻 t 的交通参数值，然后用标准正态偏差来检验交通参数相对于其以前平均值的改变程度，如果它超过相应阈值，则认为发生交通事件[3]。贝叶斯算法通过应用贝叶斯统计理论计算路段容量减少的频率来计算由下游车道阻塞引起的事件报警概率。它通过计算事件引起的占有率的变化次数与总的占有率变化次数的比值，得出发生概率，进而实现对拥挤的自动判别[4]。

(3) 交通流理论模型算法。

交通流理论模型算法运用交通流理论来描述和预测交通事件情形下的交通流行为，通过检测值和模型预测值的对比判别来判断是否处于事发状态，主要包括McMaster算法、动态模型算法和低流量事故检测算法三类。McMaster算法是交通模型算法的代表，是1975年由加拿大McMaster大学的研究人员基于突变理论开发的。该算法建立的前提是当交通从拥挤的状态向非拥挤的状态变化时，流量和占有率均变化平稳，但是速度却变化突然[5]。动态模型算法基于宏观交通流理论来检测交通事件，采用多元变量模型和通用的可能性概率模型来检验流量和密度的关系，从而判别是否有事件发生[6]。低流量事故检测算法根据车辆进入上游地点的运行速度和时刻，预测车辆到达下游的时刻，并与下游检测的时刻进行对比，从而判断是否有事件发生[7]。

(4) 时间序列算法。

时间序列算法利用时间序列模型预测正常交通状态下的交通流参数，与检测得到的交通流参数进行对比来判断是否有事件发生，主要有差分整合移动平均自回归模型(autoregressive integrated moving average model，记为ARIMA)和高占有率算法。ARIMA使用单个检测器提供的占有率作为输入数据，建立一个三阶ARIMA，短期预测占有率及其置信水平，通过计算时刻 t 前3个时间间隔内交通参数的预测值和观测值之间的误差平均值预测交通参数在时刻 t 的值。通过分析、平滑处理原始数据，与预定的阈值比较，进行事件判定[8]。高占有率算法是连续检测一定周期的车道占有率的变化，如果连续几个间隔10s的检测值都超过阈值，就触发报警[9]。

(5) 滤波算法。

滤波算法通过对原始数据的分析或平滑，把随机波动、交通脉冲和压缩波等短期的交通干扰去除，将处理过的数据与预定的阈值进行比较，判定事件的发生，主要有低通滤波算法和指数平滑算法。低通滤波算法的基础是低通滤波处理原始数据，基于此判断是否存在拥挤，以及拥挤是否由事件引起[10]。指数平滑算法通过对交通参数进行指数平滑来检测交通事件[11]，通过比较交通参数预测值与实际值来构造一个跟踪信号，如果该跟踪信号超过阈值，可触发交通事件报警。一般采用双指数平滑的方法预测交通参数，以减小随机干扰的影响。

(6) 人工智能算法。

随着近代高等数学理论的发展和人工智能新技术的不断涌现，一系列人工智能算法在交通事件检测算法领域的应用相继出现。该类算法通过设定模糊边界对不精确数据或不完整数据进行近似推理，从而得到突发交通事件可能发生的概率。SVM 技术被应用到交通事件检测算法中，并与多层反馈神经网络测试[12]结果进行比较。2004 年，基于浮动车的高速公路交通事件检测算法被提出，该算法是利用平均行程时间和相邻两时段平均行程时间差的双变量进行分析的。

(7) 图像处理算法。

基于图像处理的检测算法通过视频摄像机等视频监控设备采集视频图像，然后对视频图像进行处理分析，提取交通流基本参数。图像处理的核心部分是运动目标检测与跟踪和交通流参数实时信息的计算与保存，从而获取车辆行驶轨迹、速度和加速度等微观交通流参数，然后采用上述事件检测算法来判别是否有事件发生[13]。基于图像处理算法的交通事件视频检测方法具有的优越性和高性价比已经得到业界的公认，并代表未来交通事件检测的发展方向。

综合(1)~(7)可知，交通事件检测是态势感知的主要手段，在智能化的交通事件管理系统中，交通事件的自动检测成为系统的核心技术之一。通过分析国内外交通事件自动检测研究的现状可知，目前道路交通事件自动检测算法的研究较为系统和完善，应用也较为广泛。无论是直接检测技术还是间接检测技术，无论是传统数理统计方法还是人工智能方法，都是在对交通流参数之间的关系和变化规律进行理论推导、假设和简化建模的基础上来判断交通流的异常情况。事实上，交通流具有多维性、高阶性、随机性、时变性、非线性等特征，交通事件的判别是一个复杂多变的过程，完全依靠理论推导无法涵盖事件状态下交通流的全部特性。随着视频检测技术的不断发展，辅助于检测器的间接检测方法，同时借助人机交互的事件确认手段，将大大提高交通事件检测的效率和精度。

对于交通事件自动检测，其准确率和误报率是一把双刃剑，制约交通事件自动检测的精度和准度的两大约束为检测器的检测性能和异常数据的处理技术。随着交通传感器的普及与推广，从单一检测器的算法改进和提高毕竟有限，因此应该从路网的范围综合考虑各种交通传感器的功能和优势,研究交通突发事件条件下的集交通流、道路环境,以及事件特征等为一体的综合信息检测方法和协同检测问题。建立一个可移植性和适应性强的算法对于推广检测系统有很大的实际意义。

2. 交通突发事件态势要素综合检测技术

交通突发事件态势要素是描述交通事件状态与趋势所需要的动静态事件综合信息的基本因素和属性特征。事件态势要素作为态势感知的来源和依据,主要包括事件条件下的交通流信息、道路环境信息,以及交通事件信息等。如何借助布设在路网上的各类交通事件传感器,自动获取这三大类态势要素将成为准确感知交通事件的前提。

1) 事件态势要素获取的需求分析

交通传感器的类型、功能、数据源等问题决定了如何获取交通事件条件下的各种事件态势要素。交通流传感器主要包括地埋型交通检测器和非地埋型交通检测器两大类。地埋型传感器主要以感应线圈检测器和磁感流量检测器为代表。非地埋型传感器主要以微波雷达检测器和视频图像处理器为代表。道路环境传感器主要包括路面传感器和各种气象传感器,如温湿度传感器、风速风向仪、降水量检测仪等。交通事件传感器主要包括对交通违法行为的监测和交通事件检测的两大类设备。前者主要包括违法取证设备和卡口监控设备,后者主要包括基于交通流参数的事件间接检测设备和基于图像处理技术的事件直接检测设备。面向交通流、道路环境和事件信息这三大类交通传感器,交通突发事件态势要素获取需求如表 6.1.2 所示。

表 6.1.2 交通突发事件态势要素获取需求

态势要素	检测内容	交通传感器种类
交通流	交通流量、平均车速、占有率、车头时距、车辆类型、大车比例等	微波雷达、地感线圈、红外线、超声波、视频图像处理器等
道路环境	路面摩擦系数、路面温度、能见度、温湿度、降水量、风速风向等	路面传感器、能见度仪、风速风向仪、温湿度传感器等
事件特征	交通违法行为、停车、逆行、散落物、交通事故、火灾等交通事件	违法取证设备、卡口监控设备-事件检测设备等

2) 现有交通事件自动检测方法

道路交通事件检测方法可以分为自动检测和非自动检测两大类。非自动检测主要包括电话报警、路面巡逻、路政或清障部门报警、闭路电视监控等。一般来说，其运行成本较高，且受时间和天气影响较大，检测时间较长，检测效率较低。为了满足先进交通事件管理的需要，各国学者和工程专家积极研究和开发运行低成本、全天候、高效率、高准度的自动事件检测技术。

自动事件检测方法主要包括间接检测和直接检测两大类。目前，绝大多数自动事件检测算法都属于间接检测方法，通过识别交通流传感器检测到的交通流参数的非正常变化来间接判断交通事件的存在。大量事故资料和研究结论表明，在交通事故发生前后一段时间内的交通流参数会发生比较明显的变化。基于这种上下游交通流特征的变化，结合大量历史统计资料的分析，就能确定一段时间内发生各种交通事件的概率，从而进行交通事件态势评估和预测。基于区域高速公路网上交通流参数(交通流量、平均车速、车流密度等)的交通事件检测是目前突发事件下交通安全态势分析和紧急情况处置的主要手段。交通事件间接检测方法示意图如图 6.1.12 所示。

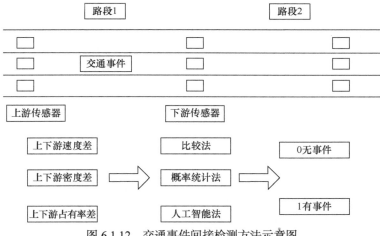

图 6.1.12　交通事件间接检测方法示意图

相比之下，以视频检测技术为代表的交通事件直接检测方法经过十几年的发展已经相当成熟。其优越性和高性价比已得到业界的公认，代表未来交通事件检测的发展方向。同时，相应的自动事件检测算法可以直接判断交通事件的发生和消散，与仅依据交通流参数的非正常变化来间接判断交通事件发生的间接技术不同。

首先，根据输入的实时高清视频和用户设定的场景数据进行背景的刷新处理，从复杂的交通视频中提取高质量的实时场景背景。其次，将背景差与帧差方法相结合来提取和识别场景中的运动目标，并对各个运动目标进行跟踪。再次，通过对运动目标轨迹和状态的分析检测出有问题的目标，生成交通事件数据。同时，亦可以通过对运动目标触发视频虚拟线圈，以及车道被运动目标覆盖的统计计算得出各种交通流数据。交通事件直接检测方法示意图如图 6.1.13 所示。

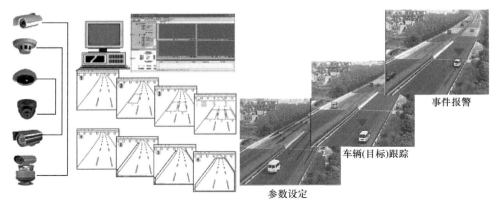

图 6.1.13　交通事件直接检测方法示意图

总的来说，直接检测技术无论在检测速度、精度等方面均应优于间接检测技术，但是直接检测需要布设密集的视频传感器(摄像机)，资金投入比较大，同时也会受到天气、光线、障碍物等方面的影响，而间接法则相对经济方便，是目前应用最多的方法。当然，间接法检测精度很大程度上依赖传感器(微波、雷达等)的布设密度和间距。

3) 事件态势要素综合检测方法

根据实际调研分析，目前我国高速公路多数监控系统并没有实现各种传感器的集成利用和对事件的综合检测，主要存在以下问题。

① 交通流传感器采集到的交通流数据往往只是在制作流量统计报表时才加以利用，很多采集的数据被尘封到数据库中，利用率很低。

② 事件传感器很少与路段上下游交通流传感器配合，因此很难获取一定范围内事件条件下的交通流信息。

③ 事件检测使用的摄像头因图像处理技术需求往往需要定焦画面，对于视频监控来说，巡视事件现场及周边情况时又需要变换焦距，从而影响事件检测的正常运行。很多监控摄像头预置位信息无法自动恢复，事件检测的适应性和灵活性不够。

④ 少数高速公路沿线配有道路环境传感器，特别是缺少路面气象传感器，为数不多的气象采集信息利用率也非常低。

⑤ 很多情况下，交通流、事件检测及道路环境的信息采集分属于三套系统而独自运行，对交通事件信息没有进行汇总和综合分析。造成的结果是，信息资源没有共享，事件态势综合信息获取不全面，误报和漏报现象严重，很多时候还需要人工阅读摄像机来确认事件，耗时、耗力，并产生延误响应，影响处置时机。

对于事件直接检测来说，通过视频信息可以直接获得有关事件情况，视频传感器没有覆盖的区域也可以利用获取的交通流参数进行间接检测。对于间接检测来说，通过上下游交通参数的变化，基于合适的算法(如比较法、概率统计法、人工智能算法等)和判断阈值，判定两个传感器之间有无交通事件发生。目前在高速公路网交通监控系统中，这两种技术应该能够协同工作，取长补短，共同构造一个高效、经济、高精度的交通事件检测系统。下面以远程交通微波检测器 (remote traffic microwave sensor，RTMS)、高速公路自动气象站、视频事件检测器为例，给出交通突发事件态势要素的综合检测方法。

(1) RTMS。

RTMS 已经广泛应用于高速公路的交通信息采集，可采集交通流量、车速、占有率等交通流信息。RTMS 在扇形区域内发射连续的低功率调制微波，在高速公路上留下一个条状投影区域。RTMS 及其布设示意图如图 6.1.14 所示。微波检测器通过分析目标返回的回波，测算目标交通信息，并通过数据线向控制中心发送数据。假定一个固定的车长，RTMS 通过感应投影区域内车辆的到达与经过来计算车速。

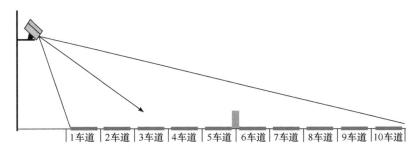

图 6.1.14　RTMS 及其布设示意图

(2) 高速公路自动气象站。

自动气象站是自动化的多种气象传感器的集合体，可实时检测能见度、风速、风向、降水量、温度、湿度等多种气象参数。如图 6.1.15 所示，自动气象站可根据不同的需要自行添加传感器，对于高速公路的自动气象站来说，最重要的部分是能见度仪和路面传感器。

图 6.1.15　高速公路自动气象站

(3) 视频事件检测器。

视频事件检测器主要应用于出入口、桥隧、交织段等高速公路特殊节点。除了可以提供交通流数据，还有自动检测意外事件的功能，如撞车、停车、烟雾、行人、遗散物逆行、突然变速等。快速和准确的检测可以大大减少事故引起的伤亡，也可以大大提高有关部门应对和处理事故的能力，真正做到提高智能管理的成效。同时，基于视频交通流检测技术，视频事件监测器还可以提供交通流量参数数据。交通事件视频检测系统框架结构及其事件检测案例如图 6.1.16 所示。

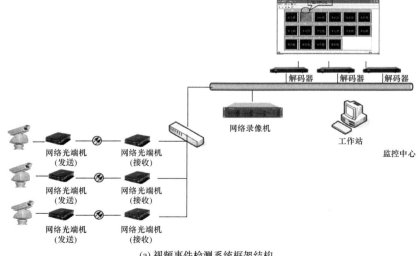

(a) 视频事件检测系统框架结构

(b) 停车事件和交通事故检测案例

图 6.1.16　交通事件视频检测系统框架结构及其事件检测案例

3. 基于序贯最小优化的 SVM 交通事件检测模型

与以往的交通流参数检测算法相比，基于 SVM 的交通事件检测算法在检测率、误检率和平均检测时间三个指标方面都有很大的提高[14]。但是，传统的 SVM 训练算法无法处理规模不断扩大的训练集，不但影响训练时间和效率，而且降低事件检测的性能。因此，采用具有较强收敛性的序贯最小优化(sequential minimal optimization，SMO)算法来解决 SVM 中带约束的二次规划问题[15,16]，加快样本训练时间，为提高交通事件检测的整体性能提供一种可以参考的方法。下面，首先介绍 SVM 的数学模型，然后阐述 SMO 算法的核心内容和技术路线，建立基于 SMO 的 SVM 道路交通事件检测模型。

1) SVM 的数学模型

SVM 理论最早是由 Vapnik 提出的，是在统计学习理论基础上发展起来的一种新的机器学习方法[17]。SVM 是以样本间的距离作为划分依据的模式识别方法，具有很好的泛化能力，与其他学习算法相比，能很好地解决小样本、非线性、高维数、局部极小点等实际问题。

对二类分类问题，设样本集为 $(x_i, y_i)(i = 1, 2, \cdots, n, \ x \in \mathbf{R}^d)$，$y \in \{-1, 1\}$ 为类别标号，SVM 的原理是用分类超平面将空间中两类样本点正确分离，得到两类样本到分类超平面 $wx + b = 0$ 的最小距离，其数学形式为

$$\min \ R(w, \xi) = \frac{1}{2}w^2 + C\sum_{i=1}^{n}\xi_i \tag{6.1.1}$$

$$\text{s.t.} \ \ y_i((wx_i) + b) - 1 + \xi_i \geqslant 0, \quad \xi_i \geqslant 0, \quad i = 1, 2, \cdots, n$$

按照最优化理论中凸二次规划的解法，此优化问题可以转化为对偶优化问题，即

$$\max \ W(\alpha) = \sum_{i=1}^{n} \alpha_i - \frac{1}{2} \sum_{i,j=1}^{n} \alpha_i \alpha_j y_i y_j (x_i \cdot x_j) \tag{6.1.2}$$

$$\text{s.t.} \ \sum_{i=1}^{n} y_i \alpha_i = 0, \quad 0 \leqslant \alpha_i \leqslant C, \quad i = 1, 2, \cdots, n$$

这是一个典型的二次规划问题，求解可得最优分类函数，即

$$f(x) = \text{sgn}\left(\sum_{\text{SV}} \alpha_i y_i (x_i \cdot x) + b \right) \tag{6.1.3}$$

其中，SV 表示支持向量。

本节使用以下核函数。

(1) p 阶多项式核函数 $K(x,y) = [(x \cdot y) + 1]^p$。

(2) Sigmoid 核函数 $K(x,y) = \tanh(v(x \cdot y) + c)$。

(3) 高斯 RBF 核函数 $K(x,y) = \exp\left(-\dfrac{x - y^2}{\sigma^2} \right)$。

2) 序贯最小优化训练算法

SMO 算法是应用于二类分类问题的 SVM 训练算法。目前有三种主流的训练算法，即 Chunking 算法[18]、Osuna 算法[19]和 SMO 算法。从训练速度、精度和节省内存等方面考虑，SMO 算法的训练速度较快、精度较高、比较节省内存，适合交通事件的检测需求。

SMO 算法包括两个步骤：一是选择两个待优化的 Lagrange 乘子；二是用解析的方法求解只有两个乘子的优化问题。

求解 Lagrange 乘子的优化算法是 SVM 的核心部分，若采用经典的二次规划方法，一般无法解决实际问题。SMO 能快速地解决 SVM 的 QP 问题，在保证收敛的条件下，SMO 将整个 SVM 的 QP 问题分解为一系列子问题。在每一步选择两个拉格朗日乘子进行联合优化，计算乘子的最优值，并更新相应的 α 向量。

SMO 在每次迭代时，从训练集中启发式地选择最可能违反 KKT(Karush-Kuhn-Tucker)条件的两点进行优化，并通过监视满足 KKT 条件的允许偏差来判断算法是否可以终止。如果偏差小于某个值，则可以停止计算。SMO 算浧技术路线如图 6.1.17 所示。

SVM 的训练本质是经典的二次规划问题，传统的优化方法无法处理规模不断扩大的训练集。因此，开发适应大量样本的训练方法成为 SVM 研究领域中的一项重要内容。SMO 算法通过求解一系列规模较小的子问题逐步逼近最优解，可以解决矩阵存储的难题。

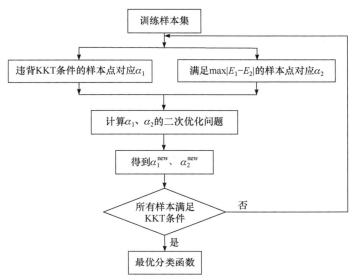

图 6.1.17　SMO 算法技术路线图

3) 基于 SMO-SVM 交通事件检测建模与分析

当道路上发生交通事件的时候，交通流参数，如占有率、流率和速度都会发生不同程度的变化。有学者研究了高速公路意外事件下的车辆行为模型，并提出在相同条件下，采用占有率和流率的组合可得到最佳的检测效果，因此采用交通流参数中的占有率和流率这两个特征作为模型的输入参数[20]。按照事件对交通状态的影响，可将此类间接检测归结为二分类问题。

对事件检测模型的性能评价主要包括训练性能和检测性能两部分。目前大多数学者重在模型检测性能方面的研究，很多先进的智能识别算法虽然对检测性能有很大的改进，但是对事件检测前期的样本训练效率研究的较少，使很多模型在样本训练时耗费很多的时间，占用很多资源。

(1) 模型训练性能分析。

目前大多数的学习训练都需要人为干预，即被动式学习训练，需要对仿真得到的训练样本进行预处理。直接利用二次规划算法解决 SVM 问题并不适用，尤其当样本数增大时，普通的二次规划算法无法满足事件检测的需要。

在构建的交通事件检测模型中，SMO 训练算法是模型的核心。选取 500 个样本在 Chunking 算法和 SMO 算法的条件下采用不同的核函数进行训练，以训练时间和错误率两个指标评价模型的训练性能。采用 Chunking 算法与 SMO 算法训练的结果如表 6.1.3 和表 6.1.4 所示。

表 6.1.3　采用 Chunking 算法训练的结果

训练集	RBF		Ploynomial		Sigmoidal	
	训练时间/s	错误率/%	训练时间/s	错误率/%	训练时间/s	锴误率/%
100	0.26	0.00	0.15	1.00	0.16	1.00
200	0.73	0.50	4.25	1.50	4.26	1.50
500	2.25	0.80	32.65	2.20	35.78	1.80

表 6.1.4　采用 SMO 算法训练的结果

训练集	RBF		Ploynomial		Sigmoidal	
	训练时间/s	错误率/%	训练时间/s	错误率/%	训练时间/s	锴误率/%
100	0.03	0.00	0.20	1.00	0.25	1.00
200	0.06	0.00	0.92	1.00	1.17	1.00
500	0.28	0.40	5.02	1.20	7.20	1.00

　　由以上训练结果可知，Chunking 算法和 SMO 算法在处理相对较大训练集的情况下，表现出比较好的效果，训练时间短、错误率小；SMO 算法比传统 Chunking 算法的训练速度快 5～10 倍，训练错误率相对较小。对 SMO 算法中的三种核函数来说，采用高斯 RBF 核函数，样本的训练性能和事件检测性能都明显优于另两种核函数。

　　(2) 模型检测性能分析。

　　采用 SMO 算法和高斯 RBF 核函数对上述含 200 个样本 SMO-RBF 训练决策边界如图 6.1.18 所示。

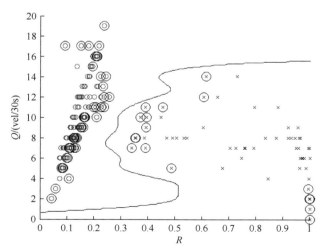

图 6.1.18　200 个样本 SMO-RBF 训练决策边界

用测试集(含 100 个事件)进行模型检测性能的分析。对检测性能的分析通常按照事件检测率(detection rate，DR)、误报率(false alarm rate，FAR)、误分率(member of wrongly classified input patterns，MCR)和事件平均检测时间(mean time to detection，MTTD)进行评价。在 SMO 算法的条件下，事件检测性能评价表如表 6.1.5 所示。由此可知，不同卷积核函数具有大体相当的检测性能，但是采用高斯 RBF 核函数的事件检测性优于另外两种核函数。

表 6.1.5　采用 SMO 算法的事件检测性能评价表

核函数	事件检测率/%	误报率/%	误分率/%	事件平均检测时间/s
RBF	97.00	1.03	4.00	141
Ploynomial	95.00	3.15	8.00	158
Sigmoidal	96.00	2.08	6.00	150

基于 SMO 算法的道路交通事件检测模型具有较好的综合性能。SMO 算法可以缩短 SVM 分类器的训练时间，而且不牺牲泛化精度，能保证良好的训练性能和检测性能。同时，在 SMO 算法的条件下，高斯 RBF 核函数对样本的训练性能和事件检测性能都明显优于另外两种核函数。

6.2　事件时间影响预测

交通突发事件的持续时间是评估事件对路网的影响范围和造成的交通延误的主要依据。本节主要解决以下几个问题。第一是在分析传统事件持续时间分段定义的基础上，考虑事件处理过程及其对道路交通的影响，提出事件到场时间和清除时间的新定义，并建立交通事件持续时间四个阶段的预测模型。第二是为了满足对事件结束概率的评估需求，提出能够接受不同时间分布和缺失数据的交通事件持续时间加速消散模型。其中，交通事件持续时间四阶段预测模型和总体持续时间预测模型可以为交通事件影响范围和交通延误的预测建模提供关键的输入参数。

6.2.1　交通事件持续时间四阶段定义及其预测方法

交通突发事件是指没有任何计划、偶然发生的事件。它影响交通流的正常运行，如车辆碰撞、刮擦、抛锚、炸胎、车辆着火、散落物、行人穿越等，是道路交通拥堵阻塞的主要原因之一。交通事件持续时间通常是指交通事件从发生到消除，事件地点中所有事件痕迹的时间。在这个定义中，持续时间包括接警时间(reporting time)、响应时间(response time)和清除时间(clearance time)，其中响应时间又分为派遣时间(dispatching time)和到场时间(travel time)，如图 6.2.1 所示。

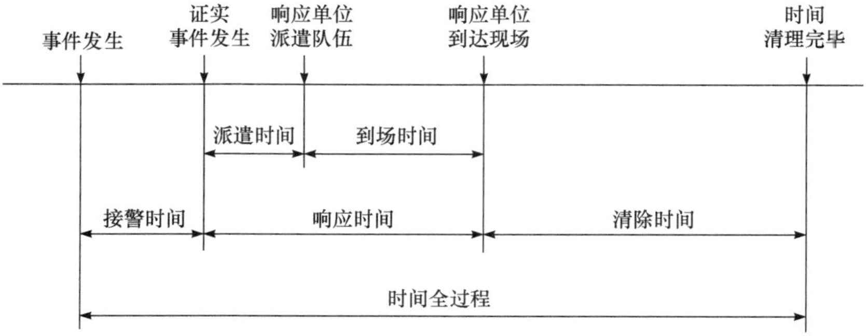

图 6.2.1　交通事件持续时间阶段划分

接警时间是指从事故发生至相关部门(如交警、路政、急救、拖车等)接到报警的时间。通常情况下，接到报警的方式主要由电话接警(当事人、过路驾驶人、巡警等)、事件检测器报警等。由于技术和成本问题，目前我国除部分城市道路外，大多数公路很少安装有足够密度的事件监测设备，因此接警方式大多数为电话接警。另外，接警时间在现有的事件管理系统中只是以一个接警时间点的方式来记录，无法获取事故发生的真实时间点。

响应时间是指相关部门接到报警至到达现场的时间。其中，派遣时间是指出发前的准备时间。这段时间在很大程度上与该部门自身因素，如接警制度、人员配置、资源调度等相关，属资源组织管理的问题。到场时间是指救援、执法和管理车辆从出发至到达现场的时间，是响应时间的重要组成部分，与事发时的交通状况等因素密切相关。

清除时间是指救援力量和执法人员到达现场后救治伤员、封闭车道和移除障碍物所花费的时间。通常在事件管理系统中还会记录一组额外的时间数据，叫作靠边时间。它是指交警等部门到场后将障碍物转移至道路两边，尽可能多地清理出行车道供车辆行驶。这段时间属于事件清除时间中的一部分，其长短对于路网交通流的影响也是举足轻重的。阻塞内侧车道和阻塞外侧车道对于道路的通行能力来说具有不同的意义。

以上所述的是交通事件持续时间的定义，是传统意义上的三阶段划分方法。本节从事件的发生、发现、应急响应、现场清理、交通恢复等阶段考虑，提出事件持续时间的四阶段划分方法，包括事件检测时间(mean time to detection，MTTD)、事件响应时间、事件现场清理时间和交通恢复时间，如图 6.2.2 所示。接下来，就交通事件持续时间的四个阶段的定义及其预测方法展开研究。

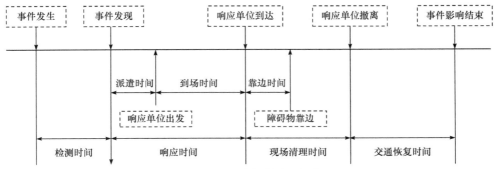

图 6.2.2　交通事件持续时间分段

1. MTTD 的定义及其预测方法

1) MTTD 的定义

传统定义中的接警时间无法准确描述事件发生至接到事件报警这个时间段的概念，并且易与接警时间点的概念混淆。考虑这个情况，定义 MTTD 为从事件发生至接到事件报警的时间段。

当事发地周围有视频监控设备，或是来自当事人、目击者的反馈信息，可以确定事件真实的发生时间，从而推算出这个阶段的持续时间。如果没有此类信息来源，如何用理论分析的方法来科学合理地预测出 MTTD 呢？当事件发生时，事发地的交通流状态会产生急剧的变化，根据交通流波动理论可知，交通突发事件会对事发地上游产生一道冲击波，对事发地下游产生一道扩展波，统称为事件波。当事件波传递到最近的交通流检测器时，交通流参数会发生突变，据此可以推算出 MTTD。

2) 基于事件波的检测时间预测模型

假设正常情况下，路段通行能力为 C_0，到达流量为 Q_0，由于发生交通突发事件，道路通行能力降为 C'。定义事件状态下高速公路路段通行能力折减系数为 λ，λ 的取值可参照美国《公路通行能力手册 HCM2000》给出的数值，则事件情况下的路段通行能力 $C' = \lambda C_0$。由线性交通流的 Greenshield 模型可知，$C_0 = K_j V_f / 4$。事件发生前路段交通状态为 $P_0(K_0, V_0, Q_0)$，事件发生后上游处的交通状态为 $P_1(K_1, V_1, Q_1)$，下游处的交通状态为 $P_2(K_2, V_2, Q_2)$。基于线性交通流的突发事件事发点处交通流量、密度、速度的关系如图 6.2.3 所示。

事发点的交通量 $Q_1 = Q_2 = \lambda C_0 = \lambda K_j V_f / 4$。由线性交通流模型给出的流量-密度-速度的基本关系式为 $Q = KV = KV_f(1 - K/K_j)$，令 $\beta = K/K_j$，则

$$Q = \beta(1 - \beta)K_j V_f = 4\beta(1 - \beta)Q_C \tag{6.2.1}$$

解关于 β 的一元二次方程，可得

$$\beta_1 = K_1/K_j = (1 + \sqrt{1 - Q/Q_C})/2 = (1 + \sqrt{1 - \lambda})/2 \qquad (6.2.2)$$

$$\beta_2 = K_1/K_j = (1 - \sqrt{1 - Q/Q_C})/2 = (1 - \sqrt{1 - \lambda})/2 \qquad (6.2.3)$$

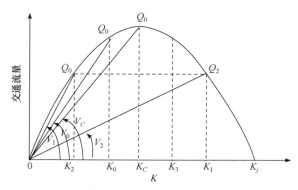

图 6.2.3　突发事件事发点处交通流量、密度、速度的关系

根据经典波速公式 $W = (Q_1 - Q_2)/(K_1 - K_2)$，事件发生后，向上游传播的集结波波速 W_1 和向下游传播的消散波波速 W_2 分别为 $W_1 = (Q_0 - Q_1)/(K_0 - K_1)$ 和 $W_2 = (Q_2 - Q_0)/(K_2 - K_0)$。进一步，可得

$$W_1 = V_f(1 - \beta_0 - \beta_1) = -V_f(\sqrt{1 - \lambda} + 2\beta_0 - 1)/2 \qquad (6.2.4)$$

$$W_2 = V_f(1 - \beta_0 - \beta_2) = -V_f(\sqrt{1 - \lambda} - 2\beta_0 + 1)/2 \qquad (6.2.5)$$

其中，$\beta_0 = K_0/K_j$。

设事件发生点与上游检测器的距离为 L_1，与下游检测器的距离为 L_2，若采用双截面检测法来检测事件，MTTD 的计算公式为

$$\mathrm{MTTD} = \min(L_1/W_1, L_2/W_2) + T(A) + T_e \qquad (6.2.6)$$

其中，$T(A)$ 为检测算法的反应时间，即当事件产生的集散波到达事件检测器至被检测出的时间；T_e 为其他影响因素产生的延误时间。

由此可知，MTTD 与事发点距离上下游检测器的距离、事件波的传播速度、检测算法的反应时间等因素相关。

2. 响应时间的定义及预测方法

1）响应时间的新定义

响应时间包含派遣时间和到场时间。传统意义上的派遣时间是指交警接到报警后调度人员、分配任务的时间。它与交警工作机制有关，且时间较短，不作为本章考虑的范围。传统的到场时间是指交警从出发至赶到现场的时间。目前，国

内外大部分关于事件持续时间的研究是基于这样的划分方式进行的。然而，根据对出警记录的分析，我们认为这种响应时间的定义有两点不足之处。

(1) 交警到场时间与交通事件持续时间相关性不显著。

(2) 警车到场后不会立即改变突发事件对道路通行能力的影响。

为了后续研究的需要，将到场时间定义为最先参与清除过程的第一辆车的到场时间。高速公路交通事件清障和救援车辆主要有救护车、吊车、拖车、修胎车、驳货车和消防车。吊车与驳货车通常一起使用。根据交警执勤记录，不同的事件所需的车辆类型不尽相同，但是它们参与清除工作的顺序基本固定。基于资源调度规则的车辆需求优先级顺序为消防车>救护车>吊车(驳货车)>拖车>修胎车。

清除阶段是一个多线程阶段，它的开始时间为第一个线程启动的时间，而结束时间则为持续时间最长的线程终止时间。因此，到场时间的新定义可用多线程图来表示。基于资源调度规则的到场时间定义如图 6.2.4 所示。当车辆着火时，灭火的优先级是最高的，而大多数事件仅涉及救护车-吊车-拖车这个线程。通过相关性分析可得，本章定义的到场时间与事件持续时间相关系数 $R=0.472$，对于事件持续时间的预测来说，新的到场时间定义更加合理。

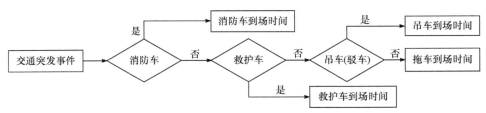

图 6.2.4　基于资源调度规则的到场时间定义

2) 数据描述及预处理

事件数据集包含 545 条事件数据，记录事件处理过程中的报警时间、交警到场时间、车辆靠边时间、现场撤除时间，以及事件特征和环境特征，包括事件发生的日期、时间、当时的天气、事件类型、占据车道数、需要的救援车辆、报警方式、伤亡人数、当事车辆种类等。通过查阅相关接出警记录可以补充一些必要的信息，例如各种救援车辆的到场时间、事发地点的桩号等。

数据与处理包括有效数据的筛选、相关因子的确定及因子水平的划分。数据预处理得到 400 条有效数据，随机选择 40 条数据作为检验数据，其余为训练数据。在描述事件特征的诸多参数中，部分参数是直接影响到场时间的因子，另一部分是间接影响到场时间的因子或与到场时间无关的因子。在排除间接因子后，可以利用散点图、盒状图、相关分析及方差分析来筛选直接因子。例如，事件发生的时间、救援车种与到场时间的盒状图如图 6.2.5 所示。

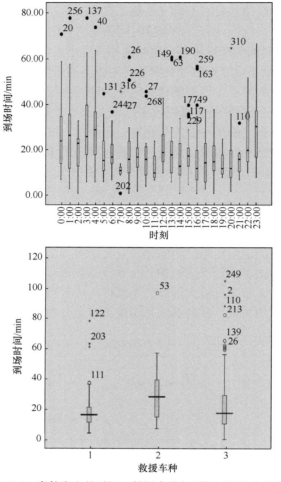

图 6.2.5　事件发生的时间、救援车种与到场时间的盒状图

可以看出，事件发生的时间、救援车种与到场时间存在联系，并且可以直观判断，夜间事件的到场时间大于白天事件的到场时间，涉及吊车的到场时间要大于救护车和拖车。通过直接影响因子分析，到场时间的因子主要有事发时间段和救援车辆种类。为了区分不同时段对到场时间的影响，将影响相近的时间段归类，得到的相关因子水平及其描述如表 6.2.1 所示。

表 6.2.1　相关因子水平及其描述

字段	因子水平	描述
时间段1	1	5:00~7:00、11:00~14:00、19:00~21:00(白天非高峰期)
时间段2	2	8:00~10:00、15:00~18:00(白天高峰期)

续表

字段	因子水平	描述
时间段 3	3	12:00～13:00(午间)
时间段 4	4	22:00～4:00(夜间)
救援车辆 1	1	救护车
救援车辆 2	2	吊车
救援车辆 3	3	拖车

3) 基于累积频率的到场时间预测模型

由于最终确定的相关因子只有两个，并且因子水平只有 7 类，因此采用到场时间的范围预测而非常见的值预测，否则只能求出有限多个预测值，无法满足后续研究和实际应用的需要。相应的预测方法应为概率方法或分类方法，而非参数回归方法。7 类因子水平下到场时间频率分布直方图示例如图 6.2.6 所示。

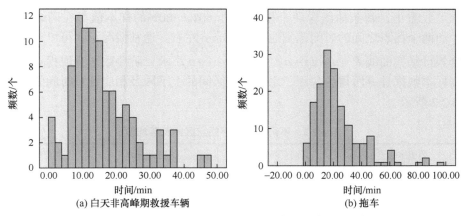

(a) 白天非高峰期救援车辆　　　　　(b) 拖车

图 6.2.6　不同因子水平到场时间频率分布直方图示例

直方图显示在所有因子水平下的到场时间频率都具有形如威布尔分布或对数正态分布的曲线形式，这与 Doohee 等[21]的结论相似。威布尔分布的累积分布函数为

$$F(t) = 1 - e^{-\frac{t^m}{a}}$$

(6.2.7)

其中，m 为形状参数；a 为尺度参数。

然而，尚未发现到场时间服从何种分布。考虑场过程并非连续单一的线程，而是由若干子过程构成的，每一个子过程的运作方式和影响因素不尽相同，因此不采用分布曲线拟合的方式进行预测，分布曲线仅作为参考。由分布函数可以看出，诸如威布尔分布或对数正态分布的累积分布曲线通常含有一个拐点。拐点一侧的自变量范围较小，但是累积频率较大。这一侧往往是样本值的常见覆盖范围，另一侧则相反。不同因子水平到场时间累积概率曲线如图 6.2.7 所示。

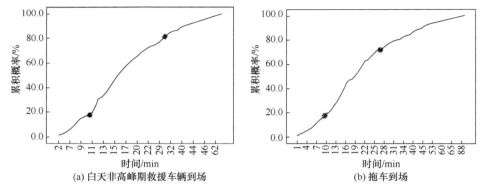

(a) 白天非高峰期救援车辆到场　　　　　　　(b) 拖车到场

图 6.2.7　不同因子水平到场时间累积概率曲线

可以看出，每条曲线含两个拐点，约 60%～80%的样本值都在两个拐点之间，而两个拐点之间的时间范围往往在 20min 左右。通常情况下，可以对多项式拟合累计频率曲线 $P = a + a_1 t + a_2 t^2 + a_3 t^3 + \cdots + a_n t^n$ 求二阶导数来获取拐点位置。根据样本数据计算所得的各因子水平下该区间的上下限及相应到场时间的均值如表 6.2.2 所示。

表 6.2.2　不同因子水平拐点区间及其均值

因子水平	区间下限/min	区间上限/min	均值/min
白天非高峰期	7	30	15.59
白天高峰期	8	25	18.00
午间	14	43	25.41
夜间	19	37	28.18
救护车	8	27	20.13
吊车	32	52	38.45
拖车	13	33	23.21

由此可知，吊车到场时间主要分布在 32～52min。如果事件发生在白天非高峰期，则可以认为其到场时间累积频率曲线上限拐点左侧部分是由吊车贡献的，而相应的下限拐点左侧部分则大多数由救护车贡献。基于此，将时间段因子水平与救援车辆因子水平拐点上下限进行组合，可以得到不同救援车辆的到场时间预

测区间列联表如表 6.2.3 所示。

表 6.2.3　到场时间预测区间列联表　　　　　　（单位：min）

救援车辆	时间段			
	一	二	三	四
救护车	7～27	8～27	8～27	8～27
吊车	30～52	25～52	32～52	32～52
拖车	10～30	10～25	14～28	19～28

　　如图 6.2.8 所示，将剩余 40 条数据组成的样本检验组对比实际值与预测值，检验数据有 80%以上的样本都落在预测区间，说明该模型能够有效地预测事件到场时间。

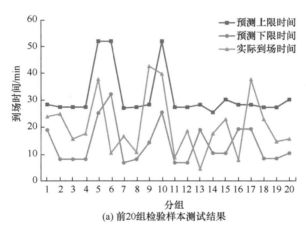

(a) 前20组检验样本测试结果

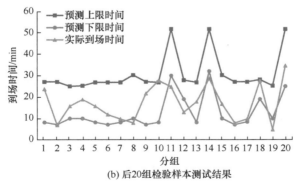

(b) 后20组检验样本测试结果

图 6.2.8　模型预测值与实际值的对比

3. 现场清理时间的定义及其预测方法

1) 现场清理时间的新定义

传统交通事件清除时间的定义是指事件发生后交警到场至交警撤除的这段时间。事实上，这段时间可能包含若干个阶段，如警察等待救援车辆的时间，清除工作开始至涉事车辆靠边的时间和靠边后警察进行后续调查询问工作等时间。清除阶段是一个多线程阶段，它的开始时间为第一个线程启动的时间，而结束时间为持续时间最长的线程终止时间。第一个线程的启动时间与救援车辆到场时间密切相关。根据到场时间的新定义，基于救援车辆的清除时间新定义为交通事件发生后，从第一次序救援车辆到场至当事车辆靠边或被清除的时间。这个定义考虑真正实施现场清理工作的时间节点问题，更加紧密地同交通事件影响范围的研究相结合。

2) TSK(Takagi-Sugeuo-Kang)型模糊逻辑推理系统

模糊逻辑推理系统(fuzzy inference system，FIS)是由模糊集合和推理规则构成的数据挖掘方法。其中，模糊集可以表征输入量和输出量的不确定性，而推理规则是模糊集间集合运算的组合。这些运算可以模拟类似 IF-THEN 等的经典逻辑。目前，模糊逻辑推理在交通事件持续时间预测领域的应用并不多，并且主要是对事件持续时间的整体性预测。研究结果表明，在较少数据的情况下，模糊逻辑能够取得比其他方法更精确的预测结果。

事实上，模糊逻辑推理能够以通俗的语言来解释和描述预测过程中的数学参数和运算。例如，将事件涉及的车辆数和受伤人数分别作为一个输入参数。根据经验可以判断，如果涉及的车辆数 x_1 和受伤人数 x_2 很多，则清除时间 y 通常会很长。然而，当采用诸如 $y=ax_1+bx_2+c$ 的回归模型来预测持续时间时，并不能认为 $x_1=4$ 和 $x_2=5$ 就一定是属于"很多"这个相对的范畴，且预测结果 y_1 也不一定属于"很长"的范畴。因此，在对模型进行解释时，只能认为当 $x_1=4$、$x_2=5$ 时，$y=y_1$。这样的解释与日常的经验毫无关系。在模糊逻辑中，可以认为 $x_1=4$ 和 $x_2=5$ 有 P_1 的概率属于"很多"这个模糊集，预测结果 y_1 有 P_2 的概率属于"很长"这个模糊集。这样使日常经验与数据挖掘相结合，就可以达到事半功倍的效果。

在 TSK 型模糊逻辑这类模型中，每个规则的输出变量不再是模糊集，而是清晰输出，最终的输出是每个规则输出的加权平均值，即

$$y = \frac{\sum_{i=1}^{u} y^i w_i}{\sum_{i=1}^{u} w_i} \tag{6.2.8}$$

其中，w_i 为第 i 个规则的权重，即

$$w_i = \prod_{j=1}^{u} u_{F_i^j} \tag{6.2.9}$$

y^i 为第 i 个规则的输出，即

$$y^i = a_0^i + a_1^i x_1 + a_2^i x_2 + \cdots + a_r^i x_r \tag{6.2.10}$$

式中，$u_{F_i^j}$ 为第 i 个规则下第 j 个输入参数模糊集的隶属函数。

传统的 Mamdani 型模糊逻辑系统虽然能够很好地模拟人脑的推理思维，但是其输入模糊集-输出模糊集的运算方式，以及输出模糊集的清晰化过程却并不适合计算机运算，因此 Mamdani 系统输入变量的隶属函数往往需要手动输入。这对于大型模型来说是很不利的。TSK 型模糊逻辑用线性函数取代输出值的隶属度概念，使它在形式上更加紧凑和易于计算。更重要的是，TSK 型模糊逻辑可以与人工神经网络等自适应算法相结合，得到输入变量的隶属度函数和模糊规则，非常适合数据挖掘和计算机运算，因此选择采用基于人工神经网络的 TSK 型模糊逻辑系统清除时间预测。

3) 建模数据预处理

数据预处理应根据人工神经网络-TSK 模糊逻辑建模的特点进行自适应神经模糊系统(adaptive network-based fuzzy inference system，ANFIS)方法进行建模。该方法包括设定初始模糊逻辑模型结构和参数，以及模型自适应训练和检验两个过程。通常使用 ANFIS 方法建模时并不希望用所有的数据进行训练，因为该方法的计算量将以高于训练数据增长的比例而增长，使用大量训练数据将极大地增加计算工作量。更重要的是，由于神经网络学习并不总是朝着最优化的方向进行收敛，大量数据中往往含有较多噪声，因此建立的模型精度通常都不尽如人意。同时，输入参数的增加往往会导致模糊规则呈倍数增加。这将极大地增加计算工作量。因此，数据预处理主要包括去噪和降维。

去噪的方法是对比同样特征事件的清除时间数据，找出其中离群较远的点，并查阅详细的执勤记录。如果不能发现它与类似事件特征上的差别，则将其作为噪声点，暂时不参与建模过程。降维即减少输入参数的个数。首先，观察各影响因子与清除时间的箱形图，初步确定交通事件清除时间的显著影响因子，包括受伤人数、死亡人数、受困人数、当事车辆总数、当事客货车总数、救援车辆类型及救援车辆数量等。研究发现，清除时间和事件类型的关系并不显著。这说明，事件类型仅仅是影响救援车辆类型的一个因子。它与事件其他特征共同决定救援车辆的种类和数量。如果将每个因子按不同水平划分为低、中、高三个模糊集，就会产生 37 个 IF-THEN 规则。这远远超过样本数据的总量，因此降维是很有必要的。

将显著影响因子归纳为表征事件不同特征的三类，即当事人员因子、当事车

辆因子和救援车辆因子。每一类因子的总体水平都可以用一个表征复杂程度的参数代替。例如，当事人员复杂度 P 的定义为

$$P = w_1 x_1 + w_2 x_2 + \cdots + w_i x_i \tag{6.2.11}$$

其中，x_i 为涉及当事人员的影响因子，如受伤人数，死亡人数、受困人数；w_i 为权重，即

$$\frac{w_i}{w_j} = \frac{\sum_{k=1}^{m} T_c^i}{\sum_{k=1}^{n} T_c^j} \times \frac{n}{m} \tag{6.2.12}$$

式(6.2.12)代表各影响因子权重的比值，等于仅含该影响因子的样本清除时间平均值的比值。设当事人员复杂度为 P，当事车辆复杂度为 V，救援车辆复杂度为 E，最终确定的影响因子权重列表如表 6.2.4 所示。

表 6.2.4　影响因子权重列表

影响因子	隶属复杂度	权重
受伤人数	P	1
死亡人数	P	2
受困人数	P	3
当事货车或大客车数	V	3
其他当事车辆数	V	1
需要驳货车	E	2
需要吊车	E	3
需要消防车	E	5
需要其他救援车辆	E	1

通过数据预处理过程，最终筛选 200 条有效数据，同时将影响因子合并成三类，这样可以极大地减少模糊规则的数量，进而减少模糊模型的计算工作量。

4) 基于 ANFIS 的清除时间预测模型

建立 TSK 模型时，最重要的是初始 FIS 结构的确立。因为人工神经网络训练不会改变模型的结构，只会改变参数的值，所以初始模型结构即最终模型结构。令 P、V、E 为模型三个语言变量的论域，根据样本数据可得三个论域取值的范围分别为[0，6]、[0，9]、[1，10]。采用三个模糊集表征因子水平由低到高的变化，同时设定三个模糊集间的算法为和取，则可以确立模型的整体结构。

可以看出，三个输入变量通过模糊化和逻辑推理后，可以得到输出变量的 3^3 个模糊集。最终通过这些模糊集的加权线性叠加，将输出变量清晰化，使之综合为一个输出值。模糊集是由模糊变量和隶属函数决定的。在 ANFIS 方法中，隶属函数的参数是通过人工神经网络训练得到的，因此只需手动选择隶属函数的类型。常见的隶属函数形式有三角隶属函数、梯形隶属函数和高斯隶属函数。这里选择更为平滑的高斯隶属函数，其表达式为

$$\mu(x) = \text{gaussian}(x, c, \sigma) = e^{-\left(\frac{x-c}{\sigma}\right)^2} \tag{6.2.13}$$

其中，c 为隶属函数的中心；σ 决定隶属函数的宽度。

ANFIS 方法的重要步骤是采用自适应算法拟合隶属函数的参数值，将样本数据按清除时间由小到大进行排序，按各行选取法选取训练数据，其余作为检验数据，取最大训练次数为 50 次，即可用训练数据对初始 FIS 进行训练。通过多次试算，最终可以得到一个相对精确的清除时间预测模型。模型训练误差收敛过程如图 6.2.9 所示。

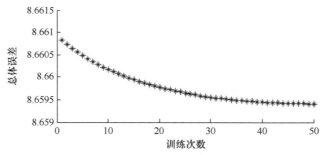

图 6.2.9　模型训练误差收敛过程

可以看出，尽管误差收敛过程非常缓慢，但是随着训练次数的增加，总体误差呈减小的趋势。这说明，训练数据中输入变量和输出变量之间确实存在一个模糊关系，可以通过输入值大致地推断输出值。表 6.2.5 列出了预测模型中输入变量隶属函数的参数值。

表 6.2.5　输入变量隶属函数的参数值

输入变量	语言值	c	Σ
	低	−0.05792	1.165
P	中	3.013	1.179
	高	5.994	1.285

输入变量	语言值	c	Σ
	低	−0.1726	1.713
V	中	4.432	1.885
	高	8.85	2.2
	低	0.9639	1.798
E	中	5.53	1.857
	高	9.937	1.993

　　每条规则的输出函数形如式(6.2.10)，函数参数值如表 6.2.6 所示。由此可得，当交通事件的当事人员、当事车辆和救援车辆特征已知时，即可用 TSK 模糊逻辑推理模型预测事件的清除时间。ANFIS 建立的模糊系统模型预测结果能否很好地模拟这些数据是检验此模型的最好方法。对预测模型进行检验，可以得到样本值和预测值的散点图如图 6.2.10 所示。

表 6.2.6　输出函数参数值

编号	参数值	编号	参数值
1	[−31.39 38.9 9.268 −20.18]	15	[98.75 62.29 −22.67 19.02]
2	[244.6 −190.5 44.01 49.9]	16	[47.17 −35.85 −22.6 −10.28]
3	[8.05 16.52 11.47 6.575]	17	[35.8 14.74 1.969 −0.877]
4	[−47.44 46.57 42.16 −129.2]	18	[7.432 4.848 −0.7516 1.469]
5	[191.4 36.43 −20.37 62.08]	19	[−57.54 3.676 14.76 0.0525]
6	[107.6 302.7 −101.8 98.15]	20	[−35.13 31.37 35.92 14.32]
7	[−32.95 −120.9 −276.1 −24.72]	21	[−6.504 −1.893 −8.75 −1.231]
8	[−2.297 −168.3 −25.15 −29.51]	22	[−57.89 19.75 33.54 6.674]
9	[7.432 22.88 −4.942 7.303]	23	[−25.75 53.73 76.96 25.04]
10	[−31.02 179.8 −20.44 −9.596]	24	[5.875 9.479 20.28 2.617]
11	[57.18 39.49 −49.22 −10.12]	25	[3.82 15.83 6.168 2.36]
12	[−6.845 −2.814 −23.43 −2.183]	26	[2.737 11.62 6.941 2.375]
13	[1.891 120.8 −150.4 −84.16]	27	[0.5884 0.7833 1.682 0.2224]
14	[175.3 −20.93 −112.7 −38.17]		

　　可以看出，当样本值随事件当事人员、当事车辆和救援车辆特征参数的变化，预测值能够很好地模拟这种变化趋势，并且在清除时间不太短时可以取得较

好的预测效果。然而，在清除时间低于 20min 时，预测效果并不理想。样本值越低，则误差越大。经研究分析，其主要原因有两点。

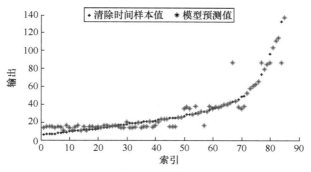

图 6.2.10　清除时间样本值-预测值散点图

(1) 清除时间本身是一个具有较强随机性的变量。它唯一的确定性限制规则是所有参与清除的人员都试图尽快地结束清除工作。清除过程的任意环节都包含随机误差，甚至事件记录人员对于事件处理起始和结束点的理解也是误差来源之一。当事件清除时间较长时，随机误差与样本值的比值尚未达到产生严重偏差的地步，但是清除时间较短时。这个误差值往往是无法忽视的，甚至会超过样本值本身。此时，对清除时间的预测不再具有实际意义。当然，短时间事件对于路网交通的影响通常也较小。

(2) 在事件记录和计算建模过程中，部分事件特征信息丢失。为了简化模型，降低计算工作量，选取的只是对清除时间具有显著影响的变量因子，而其他非显著因子则被忽略。对于短时间事件来说，每一个因子的影响都可能被放大，这也是造成误差偏大的重要原因。

4. 交通恢复时间的定义及其预测方法

1) 交通恢复时间的定义

《道路通行能力手册》提出事件持续时间还应包括事件影响消散时间。其定义为从事件处理完毕到事件对路网影响完全消散的时间。影响完全消散指路网中的交通流恢复正常状态，但是这一界限通常很不明显。因为在不同时段、不同路段、不同车辆组成，以及不同外界环境下，交通流的正常状态也是不同的。对于该部分的研究，往往因难以得到有效的数据支持而停留在理论方法的层面。

2) 基于确定性排队理论的交通恢复时间预测模型

根据确定性排队理论，在得知前几个阶段的持续时间后，可以推算出交通恢复时间。事件上游车辆到达离去曲线图如图 6.2.11 所示。当事件发生后，可以认为前两个时间段内的交通状况不发生变化，即在 MTTD 和事件响应到场事件段内，事件上游车辆到达和离去的流率不变，因此可以合并为一个时间段 T_1 来考虑。此处，简化过程，直接给出交通恢复时间结束时刻的计算式，即

$$t_3 = \frac{(C_0 - C_1)T_1 + (C_0 - C_2)T_2}{C_0 - Q} + t_0 \tag{6.2.14}$$

此时，交通恢复时间 T_3 的预测式为

$$
\begin{aligned}
T_3 &= t_3 - t_0 - T_1 - T_2 \\
&= \frac{(Q - C_1)T_1 + (Q - C_2)T_2}{C_0 - Q}
\end{aligned}
\tag{6.2.15}
$$

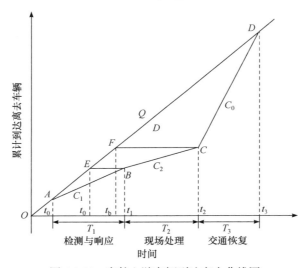

图 6.2.11 事件上游车辆到达离去曲线图

另一种预测 T_3 的方法是，采用交通流波动理论计算事件清理结束后产生的消散波追赶之前事件集结波的时间，作为事件恢复时间的预测值。

6.2.2 事件持续时间分布拟合及其加速消散模型

对于交通事件持续时间，不但要关心事件持续时间的分布及其回归模型，而且要关心事件已经持续了一段时间，在后续的一个较短的时间段内结束的概率是多少。基于这种事件管理的需求，构建基于对数 Logistic 分布的交通事件持续时间加速消散模型，能够解决上述两种需求问题，其中对交通事件持续时间的预测引用的是统计学中的生存分析理论。

1. 交通事件持续时间分布拟合

1) 事件持续时间数据总体描述

事件持续时间数据来源为华东地区某高速公路监控中心接处警系统记录的

1198 条交通事件信息。系统中记录的交通事件开始时间是接到报警的时间，结束时间是事件清理结束时间，没有记录交通事件实际发生时刻和事件清除完成至道路恢复正常交通状况的时间，因此本节研究的交通事件持续时间实质上只包含事件响应时间和事件清理时间两个主要阶段。用于分布拟合的交通事件持续时间样本总体描述如表 6.2.7 所示。

表 6.2.7　交通事件持续时间样本总体描述

样本统计项	统计值	百分位/%	对应的持续时间值/min
样本数	1198	最小值	2
范围	490	5	14
平均值	66.77	10	20
方差	3752.4	25	33
标准差	61.26	50	49
变异系数	0.92	75	75
标准误	1.77	90	136
偏度	3.06	95	177.15
峰度	13.12	最大值	492

2) 事件持续时间分布拟合

事件持续时间属于连续型随机变量，需要进行分组后计算每组中事件出现的频数，从而形成对应的频数分布直方图，用横轴表示数据分组，纵轴表示频率。事件持续时间的分布可以通过概率密度函数进行描述，记作 $f(t)$。采用正态分布、对数正态分布、威布尔分布和对数 Logistic 分布、交通事件持续时间分布拟合，如图 6.2.12 所示。

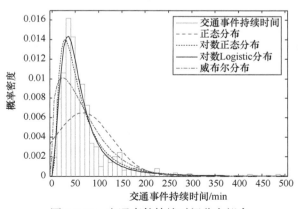

图 6.2.12　交通事件持续时间分布拟合

3) 分布拟合度检验

交通事件持续时间分布的估计参数如表 6.2.8 所示。只有 Log-Logistic 分布通过了两种检验，因此事件持续时间服从对数 Logistic 分布。

表 6.2.8　交通事件持续时间分布的估计参数

分布类型	位置	尺度	K-S 检验		A-D 检验	
			统计值	P 值	统计值	P 值
对数-Logistic	2.36	49.76	0.03	0.24	1.04	0.25
对数正态	0.77	3.91	0.05	0.005	3.54	0
正态	61.25	66.77	0.20	0	88.75	0
威布尔	1.63	70.81	0.09	0	24.55	0.01

2. 事件持续时间加速消散模型

1) 模型构建的理论基础

如果观测时间足够长，每一起交通事件的持续时间 t_i 都能被精确地观测到。假设对于第 i 起交通事件，与其持续事件 t_i 相关的解释性变量 $x_i = (x_{i1}, \cdots, x_{ip})'$。接下来，需要量化生存时间 t_i 和解释性变量 x_i 之间的关系。交通事件持续时间是一个非负随机变量，因此需要对因变量 t_i 作对数变换，构造广义线性模型，即 $\ln t_i = x_i'\beta + w_i$，其中 w_i 是服从某种分布的残差项，亦可以理解为没有协变量影响的对数生存时间。该模型可以变形为

$$\ln t_i = x_i'\beta + \ln t_{i0} \Rightarrow t_i = t_{i0} \exp(x_i'\beta) \tag{6.2.16}$$

这说明，如果没有协变量的影响，该个体的实际生存时间应该为 $t_{.0}$。但是，由于交通管控措施、救援清障措施等突发事件综合管理的介入，交通事件的持续时间会产生一个加速消散的过程(accelerate failure process，AFP)，其生存时间被加速为 $t_{i0} \exp(x_i'\beta)$。因此，称此模型为交通事件的加速消散模型。

2) 解释性变量总体描述

首先，对文字的记录信息进行数字化处理。该记录信息包含各类事件的以下条目，即周天、天气、报警时间、报警类型、到达现场时间、事件类型、占用车道数、涉及车辆数、大车数、受伤人数、死亡人数、最先到达现场的车辆、救援车辆数，以及事件持续时间。经数字化后的交通事件数据字段及变量说明如表 6.2.9 所示，其中类型 C 表示连续型变量(共 7 项)，D 表示离散型变量(共 7 项)。然后，将数字化后的 1198 条事件信息组成的总体样本(完整数据样本)随机抽取 900 条(约占总数 75%)事件信息组成建模样本组，剩余的 298 条事件信息组

成模型检验样本组。同时，事件记录信息中另有部分样本缺失事件持续时间，但是交警到场时间、事发车辆靠边时间可以作为补充信息。即使这种右截断数据无法告诉事件确切的结束时间，也能够说明事件至少存在的时间。为了验证加速消散模型可以接受缺失数据，将建模样本分成两组。第一组是完整数据建模样本，第二组是完整数据样本和缺失数据样本共同组成的建模样本。在第二组建模样本数据中，增加一个能够区分完整数据和右截断数据的事件状态字段，1 表示结束，即完整数据，0 表示未结束，即右截断的缺失数据。完整数据建模样本用来构建加速消散模型和传统多元线性回归模型，含缺失数据样本，用来构建可接受缺失数据的加速消散模型。

表 6.2.9　交通事件持续时间加速消散模型参数表

解释性变量	含缺失数据加速消散模型			完整数据加速消散模型			传统多元线性回归模型		
	系数	标准差	P 值	系数	标准差	P 值	系数	标准差	P 值
截距	3.06	0.09	0.00	3.08	0.09	0.00	−2.10	7.96	0.79
报警时间段(白天高峰)	0.06	0.04	0.19	0.05	0.04	0.22	5.69	3.91	0.15
报警时间段(夜间)	0.25	0.05	0.00	0.25	0.05	0.00	18.11	4.38	0.00
到场时间段(16～30min)	0.13	0.07	0.05	0.13	0.07	0.06	1.28	6.33	0.84
到场时间段(>30min)	0.84	0.20	0.00	0.78	0.20	0.00	41.33	20.10	0.04
事件类型(翻车)	0.26	0.06	0.00	0.21	0.07	0.00	17.61	5.95	0.00
事件类型(撞中间护栏)	0.23	0.07	0.00	0.06	0.08	0.40	11.83	6.70	0.08
事件类型(抛锚)	−0.26	0.07	0.00	−0.39	0.08	0.00	−12.34	6.89	0.07
事件类型(刮擦)	0.17	0.11	0.14	0.16	0.12	0.16	15.46	9.65	0.11
事件类型(炸胎)	−0.01	0.12	0.56	−0.03	0.13	0.80	37.64	9.06	0.00
事件类型(撞边护栏)	−0.05	0.12	0.48	−0.06	0.12	0.60	4.74	11.05	0.67
事件类型(散落物)	−0.11	0.10	0.27	−0.17	0.11	0.13	5.41	8.93	0.54
事件类型(着火)	0.53	0.18	0.00	0.54	0.18	0.00	80.65	14.23	0.00
占用车道数	0.16	0.03	0.00	0.15	0.03	0.00	14.82	2.81	0.00
大车总数	0.25	0.03	0.00	0.22	0.03	0.00	18.77	2.91	0.00
涉及车辆总数	0.09	0.03	0.00	0.06	0.03	0.04	3.57	2.52	0.16
死亡人数	0.37	0.11	0.00	0.35	0.11	0.00	53.55	9.33	0.00
救援车辆数	0.16	0.02	0.00	0.18	0.02	0.00	11.36	1.56	0.00

3) 加速消散模型的构建

假定事件持续时间 T 的连续概率密度函数为 $f(t)$ ，其分布函数 $F(t) =$

$\int_0^t f(s)\mathrm{d}s = \Pr(T \leqslant t)$，则生存函数为 $S(t) = 1 - F(t) = \Pr(T \geqslant t)$。当一起交通事件已经持续了 t，在后续时间 Δt 结束的概率表示条件概率 $\Pr(t \leqslant T \leqslant t + \Delta t \mid T \geqslant t)$。此条件概率可以刻画风险率，即

$$
\begin{aligned}
\lambda(t) &= \lim_{\Delta t \to 0} \frac{\Pr(t \leqslant T \leqslant t + \Delta t \mid T \geqslant t)}{\Delta t} \\
&= \lim_{\Delta t \to 0} \frac{F(t + \Delta t) - F(t)}{\Delta t} \\
&= -\frac{f(t)}{S(t)}
\end{aligned}
\tag{6.2.17}
$$

令 $\sigma = 1/p$，$\delta_i = 1$ 代表事件状态为结束，$\delta_i = 0$ 代表事件状态为截断数据。同时，令

$$
w_i = p\ln(\lambda_i t_i) = \frac{\ln t_i - x_i'\beta}{\sigma}
\tag{6.2.18}
$$

记 w_i 的密度函数和生存函数为 $f(w_i)$ 和 $S(w_i)$，则 $\ln t_i$ 的密度函数和生存函数为

$$
f(w_i) = \frac{\mathrm{e}^{w_i}}{(1 + \mathrm{e}^{w_i})^2}, \quad S(w_i) = \frac{1}{1 + \mathrm{e}^{w_i}}
\tag{6.2.19}
$$

基于样本的对数似然函数为

$$
\ln L(\beta, \sigma \mid \text{sample}) = \sum_{i=1}^n [\delta \ln f(\ln t_i \mid x_i, \beta, \sigma) + (1 - \delta_i)\ln S(\ln t_i \mid x_i, \beta, \sigma)]
\tag{6.2.20}
$$

通过极大化该似然函数旧的极大似然估计并进行似然比检验。

在加速消散模型构建的过程中，解释性变量的选取也是一个关键问题。高速公路交通事件的影响因素很多。如果在回归方程中忽略对因变量具有显著影响的某些自变量，那么预测方程与实际情况会有很大的偏离，但是变量选择过多，使用就会不方便。因此，适当的选择变量建立一个最优的回归方程就十分重要。常用的方法包括子集回归法、前进法、后退法、逐步回归法等。本次采用逐步回归函数进行变量选择，并使 AIC 值最小时的变量组合为最佳，最优选择变量为报警时间段、交警到达现场时间、事件类型、占用车道数、大车总数、涉及车辆总数、死亡人数、救援车辆数等 8 个变量。交通事件持续时间加速消散模型参数表如表 6.2.9 所示。需要解释的是，模型截距项的含义是指报警时间为白天非高峰时段，到场时间在一刻钟以内，事件类型是发生追尾的交通事件持续时间预测的基准参照系数，其他类型的交通事件预测是在此截距的基础上计算得到的。

可以看出，传统的多元线性模型截距项没有通过显著性检验，而加速消散模型的截距项则通过了显著性检验。考虑截距项是基准参照系数，加速消散模型总体上优于线性模型。加速消散模型可以针对不同的分布构建相应的极大似然函数，产生新的生存函数，接受不同的拟合分布，同时当加速消散模型接受包含缺失数据的部分信息后，模型参数的整体显著水平有了一定的提高，在模型的推广应用方面具有很好的可移植性和鲁棒性。这也是传统线性模型无法实现的。

由加速消散模型可以发现，交通事件持续时间的主要影响因素分别是报警时间在夜间、到场时间大于半小时、占用车道数、大车总数、死亡人数及救援车辆数。这些因素的增加会导致事件持续时间的延长。在事件类型中，持续时间相对较长的是追尾(对应截距项的系数)、翻车、撞中间护栏、着火。相比之下，车辆抛锚、炸胎、散落物等单纯的清障事件(系数为负值)要比交通事故的持续时间短一些。

3. 模型效果检验与分析

为了检验模型的效果，现在用 298 条事件信息组成模型检验样本组对三种模型的预测效果进行检验和对比分析。以事件类型为例，事件实际持续时间与预测持续时间的对比如图 6.2.13 所示。可以看出，加速消散模型对追尾、翻车、撞中间护栏、炸胎、着火的事件持续时间预测效果最好，平均预测误差在 2～9min，而车辆撞边护栏和炸胎的预测精度相对较低。当加速消散模型融入缺失数据的部分信息后，该模型的预测精度也有了进一步的提高。在三种模型中，含缺失数据样本的加速消散模型总体预测精度最高。

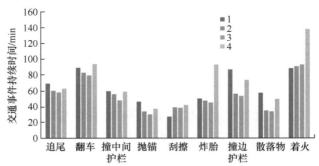

图 6.2.13　事件实际持续时间与预测持续时间的对比

从左往右 4 个柱状分别表示：1. 事件实际持续时间；　2. 含缺失数据加速消散模型的预测持续时间；3. 完整数据加速消散模型的预测持续时间；　4. 传统多元线性回归模型的预测持续时间

另外，加速消散模型可以计算出持续时间的累积结束概率。例如，已知一个事件持续了 t min，可以预测出其在下一个较短的时间间隔 Δt min 后结束的概率是多少。根据事件的累积风险函数可以算出全部事件类型任意时刻对应的累积风险概率值，如图 6.2.14 所示。图中，累积结束概率曲线上"+"代表缺失数据对累计结束概率的贡献点。以半小时的时间间隔为例，计算不同事件类型的平均持续时间累积结束概率，如表 6.2.10 所示。

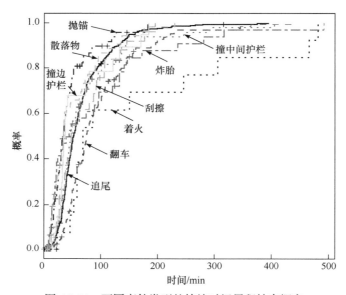

图 6.2.14　不同事件类型的持续时间累积结束概率

表 6.2.10　不同事件类型的平均持续时间累积结束概率

时间/min	追尾	翻车	撞中间护栏	抛锚	刮擦	炸胎	撞边护栏	散落物	着火
30	0.14	0.06	0.18	0.45	0.27	0.44	0.26	0.43	0.08
60	0.6	0.37	0.63	0.81	0.62	0.58	0.68	0.68	0.38
90	0.79	0.61	0.77	0.9	0.72	0.64	0.79	0.83	0.62
120	0.89	0.75	0.83	0.96	0.88	0.72	0.84	0.9	0.69

综上所述，6.2 节就华东地区某高速公路三年的交通事件持续时间的随机分布进行了多种拟合分析和分布检验，发现事件持续时间服从对数 Logistic 分布。此分布特征适用于我国东部平原区的高速公路交通事件持续时间的总体分布拟合。在此基础之上，构建基于对数 Logistic 分布的交通事件持续时间加速消散模型。模型的检验效果表明，能够接受缺失数据的加速消散模型可以很好地预测交通事件持续时间，满足事件管理对于事件持续时间预测的需要。今后，需要对模型在不同事件特征情况下的分布分别拟合，引入不同持续时间段记录的缺失数据进行验算，以便对模型的可移植性和鲁棒性进行更好地证明和检验。

6.3　事件空间影响预测

　　交通突发事件对交通的直接影响是造成道路拥堵和交通延误。本节主要解决预测交通事件空间影响范围的问题，同时着重提出突发事件中交通事故空间影响预测的方法。普遍的交通事件以事件检测及到场时间和清理时间作为输入参数，基于交通流波动理论，在传统封闭道路集散波模型的基础上，构建考虑出入口匝道及其衔接道路影响的高速公路网络交通事件辐射范围的预测模型，解决交通突发事件造成的空间上的交通拥堵辐射范围的预测问题。针对交通事故，探讨表征交通事故空间影响特征指标的制定，然后建立一个基于双向 LSTM 方法的交通事故空间影响实时预测模型，解决高速公路交通事件空间影响范围和程度的预测问题。

6.3.1　交通突发事件辐射范围预测建模与分析

　　一般而言，高速公路交通事件影响范围预测主要包含三个关键主题，即瓶颈路段的通行能力计算、交通流变化沿路段的传播，以及不同主线流量下的汇入汇出点通行能力计算。本节模型根据事件持续时间各阶段产生的集散波传播参数的不同，描述在各列集散波相互作用下，事件造成的偶发性交通拥堵对路网范围交通流辐射影响的六种情况，并推导每种情况下影响长度的计算公式。然后，利用 AIMSUN 交通仿真技术，检验辐射预测模型在路网初始流量不高时预测的有效性，并进行预测误差的致因分析。

　　1. 传统车流集散波传播模型分析

　　本章研究的高速公路交通突发事件属狭义的交通事件范畴，是指偶然发生的交通事件，影响交通流的正常运行，如车辆碰撞、刮擦、抛锚、炸胎、车辆着火、散落物、行人穿越等，主要包括交通事故和清障类事件。交通事件发生后，对上游交通流特征及路段通行能力的分析有助于了解事件对路段交通流的阶段性影响过程及其程度。对事件条件下传统车流集散波传播模型的分析，有助于对车流波动理论和线性交通流理论的理解，并为考虑出入口匝道及衔接道路的路网事件辐射范围预测模型的建立提供理论基础。

　　1) 事件上游交通流特征及通行能力变化分析

　　《道路通行能力手册》将交通事件持续时间分为 4 个阶段，即事件检测及确认时间、事件响应时间、事件清理时间、交通恢复时间。本节将事件检测及确认时间和事件响应时间合并为一个时间段来考虑，即检测与响应时间段 T_1。

　　交通事件上游累积流量变化图和事件下路段通行能力随时间变化图如图 6.3.1
和图 6.3.2 所示。图 6.3.1 中的 OD 段代表正常交通流随时间变化的累计曲线，
OD 的斜率代表该路段平均流量 Q_0。通常情况下，流量小于道路的通行能力，
即流量在数值上等于高服务水平下的道路通行能力。此时，交通流属于高速低
密流。

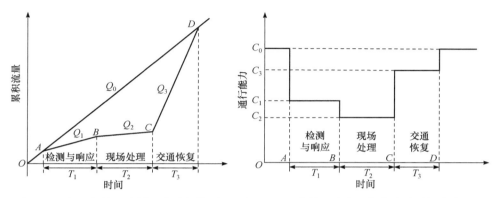

图 6.3.1　交通事件上游累积流量变化图　　图 6.3.2　事件下路段通行能力随时间变化图

　　图 6.3.1 中的 AB 段代表从事件发生到警察到达现场的时间段 T_1 内的累积通
行能力。A 时刻事件发生并占据若干车道，事发点可通行的车道数减少，导致断
面通行能力减小，形成事件瓶颈路段。此时，交通流处于低速高密流，瓶颈路段
平均流量为 Q_1。对应图 6.3.2 中的 AB 段，由于事件的发生，事发点的通行能力
由自由流的 C_0 降低到 C_1，事发点上游形成车辆排队并不断延伸，交通处于严重
拥挤状态。

　　图 6.3.1 中的 BC 段代表事件现场处置时间段 T_2 内的累积通行能力。如果 BC
呈一条水平直线，则代表该时间段内道路通行能力为零(即 $Q_2 = 0$)，车流密度等
于阻塞密度 K_j。对于重大事件，特别是特大交通事故，往往采取封闭路段的方
式由交警现场指挥各部门实施紧急救援和现场清理。对于一般事件而言，通常需
要清障部门将事发车辆或障碍物等转移至路侧硬路肩(即靠边时间)，至此可认为
事件现场清理工作已经结束。如果需要吊车或医疗部门的帮助，通常需要临时封
闭交通一段时间。图 6.3.2 中的 BC 段通行能力由 C_1 变为 C_2，通常认为 C_2 小于
C_1，但是 C_2 并不一定比 C_1 小，视事件的严重程度和现场处置的具体情况而定。
总之，事发点上游交通仍处于拥挤严重，甚至是拥堵或封闭状态。

　　图 6.3.1 中的 CD 段为交通恢复时间段 T_3。随着异常事件的排除，累积的交
通流以接近道路最大通行能力的流量驶向事发点下游，直至整个路段的车流密度
达到正常流的密度，即图中交汇点 D。图 6.3.2 反映的是事发点上下游组成的路

段通行能力的总体描述，CD 段反映的是事件清除后，通行能力增至拥挤状态下的通行能力 C_3。当到达时间点 D 时，事发路段通行能力完全恢复到正常水平。

2) 事件条件下的集散波模型

集散波产生的原因是前后路段车流密度的差异，而这种差异通常源自道路通行能力的变化。因此，在交通事件持续过程中，每一次通行能力的变化都会引发一道以事发断面为起点向上游传播的集散波。其中，$Q_0 - Q_1$（A 点为波源）、Q_2（B 点为波源）为集结波，$Q_2 - Q_3$（C 点为波源）为消散波。

事件发生地 A 点产生一道集结波，前后流量由 Q_0 变化为 Q_1。设该集结波在任意时刻 t 传播距离 $L_{01}(t)$，传播速度为 $W_{01}(t)$，则有 $L_{01}(0) = 0$、$W_{01}(t) = \mathrm{d}L_{01}(t)/\mathrm{d}t$，同理可得 $L_{12}(t)$、$W_{12}(t)$、$L_{23}(t)$、$W_{23}(t)$。

事件发生时，A 点处产生的集结波 W_{01} 向上游传播，经过检测与响应时间即 T_1 后，B 点处产生新的集结波 W_{12}，并继续向上游传播，在时刻 T_1' 到达 W_{01} 所在的位置 L_1，此时有

$$\int_0^{T_1'} W_{01}\mathrm{d}t = \int_0^{T_1'-T_1} W_{12}\mathrm{d}t = L_1 \tag{6.3.1}$$

其中，L_1 为 T_1' 时刻交通事件上游的排队长度。

此时两列集结波合并，并以 $W_{02}(t)$ 的速度向上游传播。T_2 时刻，经现场处理时间段后，消散波 W_{23} 产生并向上游传播，在时刻 T_2' 时到达集结波 W_{02} 所在位置。此时，L_2 为 T_2' 时刻交通事件上游的排队长度，也就是交通事件导致的最大排队长度，即

$$\int_0^{T_2'} W_{23}\mathrm{d}t = \int_0^{T_2'-T_2} W_{02}\mathrm{d}t = L_2 \tag{6.3.2}$$

该模型描述的是，事件条件下集散波传播的一般模式，当传播速度的表达式和交通事件各阶段持续时间能够获得时，即可求出上游路段任意时刻的排队长度。

3) 均匀波速下的集散波传播模型

经典车流波理论中的集散波波速公式 $W_{12} = (Q_1 - Q_2)/(K_1 - K_2)$，其中 Q_1 和 K_1、Q_2 和 K_2 分别为传播面两侧的交通流流量和密度，即交通流经历集散波前后的状态参数。考虑传统线性交通流模型(Greenshield 模型)的交通流量与密度之间的关系，其线性流量-密度模型如图 6.3.3 所示。

当车流密度小于 K_m 时属于高速低密流，反之为高密低速流。Q_0 属于低密高速的畅流状态，而 Q_1、Q_2、Q_3 属于高密低速的拥挤状态，并且有 $Q_0 > Q_1 > Q_2$。图 6.3.3 中各点的两两连线代表在交通事件持续过程中不同时刻驶入影响范围车辆状态的变化，直线斜率的绝对值就是相应集散波的传播速度。可以看出，在上述假设下有 $W_{01} < W_{12}$、$W_{01} < W_{23}$、$W_{02} < W_{23}$。这也解释了车辆排队过程中后续

的集散波总能在某一时刻追赶上前面集散波的事实。集散波匀速传播示意图如图 6.3.4 所示。A 点即事故发生时的地点，纵坐标为正表示该地点处在事故点下游，反之为上游。实线代表集散波的传播面，实线斜率的绝对值代表各列集散波的波速。虚线代表不同时刻车流进入集散波范围后行驶状态的变化。$T_1 \sim T_3$ 对应图 6.3.1 中的各个时间段，G 点的纵坐标代表最大排队长度。如图 6.3.4 所示，只要知道各列波的波速和事件各阶段的持续时间，即可通过解三角形算出任意时刻的事件排队长度。进一步，由集散波波速公式可知，只需测出各阶段的交通流参数并预测各阶段持续时间，就可计算出事件影响导致的车辆排队长度。

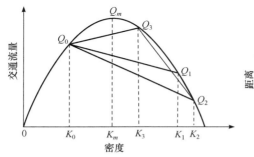

图 6.3.3　Greenshield 线性流量-密度模型　　图 6.3.4　集散波匀速传播示意图

　　然而，该模型描述的是一种理想状态，可以认为在集散波传播区域的整个道路是均匀且密闭的，即最大通行能力始终不变。在日渐密集的区域高速公路网络环境下，这样的模型不能如实地描述交通事件的辐射范围。

2. 路网事件辐射范围预测模型的建立

　　在高密低速流状态下，远离集散波传播波面的路段车流密度是均匀的，并且各车道的密度总是趋于一致的。这是基于跟驰理论中刺激-反应模式提出来的。当事件阻塞产生的集散波传播至入口匝道时，由于通行能力的变化和强制汇入行为的发生，主线和匝道上会分别引发新的集散波，取代原有集散波向上游传播。同样，当集散波传播至出口匝道时，也会在主线上引发新的集散波，并向上游传播。通过出入口匝道流量的影响，事件产生的多道集散波在路网范围内辐射和蔓延，因此利用交通流波动理论，构建考虑出入口匝道和衔接道路的路网事件辐射范围模型来模拟和预测集散波在路网中的传播方式及其对路网交通拥堵和车辆排队的估计。

1) 考虑入口匝道的主线集散波辐射模型

　　当高速公路发生交通事件后，事发车辆或其他障碍物占据一定的车道，使主线通行能力低于初始流量。此时，事件发生断面处将产生第一道集结波，并以

W_{01} 的波速向上游传播。现场处置工作开始后，交警封闭部分车道，导致事件断面处通行能力变化，产生的新的集结波仍向上游传播，波速为 W_{12}。假设封闭车道直到事件处理完毕后才重新开放，即救援清障阶段不再产生新的集散波。现场清理工作完成后，事件断面恢复最大通行能力，产生向上游传播的消散波，波速为 W_{23}。当消散波完全覆盖前两个阶段产生的集结波时，路段通行能力恢复正常，此时事件对路网的影响基本消失。从事件现场清理完毕至事件影响基本消失的时间即交通恢复时间，而消散波波面与最后一道集结波波面重合的地点至事件发生地点的距离即主线上事件的最大影响长度。若事件导致车流堵塞，则该长度为最大排队长度。

在考虑区域路网的情况下，事件还可能存在最大匝道影响长度和衔接道路影响长度等。三者共同组成事件对区域高速公路网事件辐射范围。例如，由于汇入车流的影响，主线在汇入点上游和下游的流量是不同的。集散波在传至汇入匝道时，两者交通状态的变化也不一样，因此在主线上产生新的集散波 W'_{ij}。同样，由于匝道汇入流量的变化，匝道上也会产生集散波。考虑入口匝道的影响，事件在主线上最大影响长度的计算可以分为 6 种情况。

(1) W_{12} 在入口匝道下游追上 W_{01}，并形成新的集结波 W_{02}。W_{23} 在入口匝道下游追上 W_{02}，即最大影响长度与入口匝道无关。此时有

$$W_{02}T_{02} + W_{12}T_{12} = W_{23}T_{23} = L_{\mathrm{m}} \tag{6.3.3}$$

$$T_{12} + T_{02} = T_{23} + T_2 \tag{6.3.4}$$

其中，L_{m} 为交通事件的主线最大影响长度；T_{ij} $(i, j=1,2)$ 为集散波 W_{ij} 的传播时间；T_i 为交通事件第 i 阶段的持续时间，第一阶段为事件检测及响应时间，第二阶段为事件清理时间；T_{12} 为

$$W_{01}(T_1 + T_{12}) = W_{12}T_{12} \tag{6.3.5}$$

最终可得，集散波在主线上传播的最大长度 L_{m}，即

$$L_m = W_{23}(W_{02}T_2 + W_{12}T_{12} - W_{02}T_{12})/(W_{23} - W_{02}) \tag{6.3.6}$$

当且仅当 $L_{\mathrm{m}} < L$ 时成立，L 为事件发生断面至上游最近的入口匝道的距离。

(2) W_{12} 在入口匝道下游追上 W_{01}，形成集结波 W_{02}。W_{02} 传到入口匝道后由于流量变化，形成的集结波 W'_{02} 沿主线向上游传播。同样，W_{23} 经入口匝道转化为 W'_{23}，最终追上 W'_{02}。此时有

$$W'_{23}T'_{23} = W'_{02}T'_{02} = L_{\mathrm{m}} - L \tag{6.3.7}$$

$$T_{12} + T_{02} + T'_{02} = T_{23} + T'_{23} + T_2 \tag{6.3.8}$$

其中

$$T_{02} = (L - W_{12}T_{12}) / W_{02} \tag{6.3.9}$$

$$T_{23} = L / W_{23} \tag{6.3.10}$$

最终可得，集散波在主线上传播的最大长度，即

$$L_{\mathrm{m}} = L + W'_{23}T'_{23} \tag{6.3.11}$$

其中

$$T'_{23} = W'_{02}(T_{23} + T_2 - T_{12} - T_{02}) / (W'_{23} - W'_{02}) > 0 \tag{6.3.12}$$

(3) W_{12} 传至入口匝道后，形成 W'_{12} 并追上 W'_{01}，形成集结波 W'_{02}。同样，W_{23} 经入口匝道转化为 W'_{23}，最终追上 W'_{02}。此时有

$$W'_{12}T'_{12} + W'_{02}T'_{02} = W'_{23}T'_{23} = L_{\mathrm{m}} - L \tag{6.3.13}$$

$$T_{12} + T'_{12} + T'_{02} = T_{23} + T'_{23} + T_2 \tag{6.3.14}$$

其中

$$W'_{12}T'_{12} = W'_{01}T'_{01} \tag{6.3.15}$$

$$T'_{12} + T_{12} + T_1 = T'_{01} + T_{01} \tag{6.3.16}$$

可得

$$T'_{12} = W'_{01}(T_{01} - T_1 - T_{12}) / (W'_{12} - W'_{01}) > 0 \tag{6.3.17}$$

集散波在主线上传播的最大长度 L_{m} 可由式(6.3.11)计算，其中 T'_{23} 为

$$T'_{23} = [W'_{12}T'_{12} + W'_{02}(T_{23} + T_2 - T_{12} - T'_{12})] / (W'_{23} - W'_{02}) > 0 \tag{5.3.18}$$

(4) W_{23} 在入口匝道下游追上 W_{12}，并形成新的集结波 W_{13}。W_{13} 在入口匝道下游追上 W_{01}。同样，这种情况下的最大影响长度与入口匝道无关。此时有

$$W_{01}(T_{23} + T_{13} + T_1 + T_2) = W_{23}T_{23} + W_{13}T_{13} = L_{\mathrm{m}} \tag{6.3.19}$$

其中

$$W_{12}(T_{23} + T_2) = W_{23}T_{23} \tag{6.3.20}$$

最终可得，集散波在主线上传播的最大长度，即

$$L_{\mathrm{m}} = W_{23}T_{23} + W_{13}T_{13} \tag{6.3.21}$$

当且仅当 $L_{\mathrm{m}} < L$ 时成立。各参数的值为

$$T_{23} = W_{12}T_2 / (W_{23} - W_{12}) \tag{6.3.22}$$

$$T_{13} = [W_{01}(T_{23} + T_2 + T_1) - W_{23}T_{23}] / (W_{13} - W_{01}) > 0 \tag{6.3.23}$$

(5) W_{23} 在入口匝道下游追上 W_{12}，并形成新的集结波 W_{13}。该集结波传播至

入口匝道后转化为 W'_{13}，并追上由 W_{01} 经入口匝道转化而成的集散波 W'_{01}，此时有

$$W'_{13}T'_{13} = W'_{01}T'_{01} = L_m - L \tag{6.3.24}$$

$$T'_{13} + T_{13} + T_{23} + T_1 + T_2 = T'_{01} + T_{01} \tag{6.3.25}$$

其中，T_{13} 为

$$L = W_{23}T_{23} + W_{13}T_{13} \tag{6.3.26}$$

最终可得，集散波在主线上传播的最大长度，即

$$L_m = L + W'_{13}T'_{13} \tag{6.3.27}$$

其中

$$T'_{13} = W'_{01}(T_{13} + T_{23} + T_1 + T_2 - T_{01})/(W'_{13} - W'_{01}) > 0 \tag{6.3.28}$$

(6) W_{23} 传至入口匝道后，形成 W'_{23} 并追上 W'_{12}，形成集结波 W'_{13}，最终追上由 W_{01} 经入口匝道形成的 W'_{01}。此时有

$$W'_{02}T'_{02} = W'_{23}T'_{23} + W'_{13}T'_{13} = L_m - L \tag{6.3.29}$$

$$T_{01} + T'_{01} = T'_{13} + T_{23} + T'_{23} + T_1 + T_2 \tag{6.3.30}$$

其中，W'_{23} 可由式(6.3.31)和式(6.3.32)联立求解，即

$$W'_{23}T'_{23} = W'_{12}T'_{12} \tag{6.3.31}$$

$$T'_{12} + T_{12} = T'_{23} + T_{23} + T_2 \tag{6.3.32}$$

可得

$$T'_{23} = W'_{12}(T_{23} - T_{12} + T_2)/(W'_{23} - W'_{12}) > 0 \tag{6.3.33}$$

最终可得，集散波在主线上传播的最大长度，即

$$L_m = L + W'_{13}T'_{13} + W'_{23}T'_{23} \tag{6.3.34}$$

其中

$$T'_{13} = [W'_{23}T'_{23} + W'_{01}(T'_{23} + T_{23} + T_1 + T_2 - T_{01})]/(W'_{13} - W'_{01}) > 0 \tag{6.3.35}$$

2) 考虑匝道衔接道路的集散波辐射模型

在上述 6 种情况中，情况(1)和情况(4)事件产生的集散波不会传播到汇入(汇出)匝道，也就是说，事件只会对该路段产生影响，而不会影响路网中的衔接道路和平行道路。由限制条件 $L_m < L$ 和式(6.3.23)可得，事件的到场时间和清除时间应分别满足下面的条件。

情况(1)，即

$$T_2 < (W_{23} - W_{02})L/(W_{23}W_{02}) + (W_{02} - W_{12})W_{02}T_1/[W_{02}(W_{12} - W_{01})] \tag{6.3.36}$$

情况(4)，即

$$T_1 < (W_{13} - W_{01})L/(W_{13}W_{01}) + (W_{23} - W_{13})W_{23}T_2/[W_{13}(W_{23} - W_{12})] \quad (6.3.37)$$

$$T_1 > (W_{12} - W_{01})W_{23}T_2/[W_{01}(W_{23} - W_{12})] \quad (6.3.38)$$

在其他4种情况下，集散波会在匝道上传播，并最终影响到衔接道路。衔接道路上的转向交通流将直接受到匝道排队的影响，使之占据衔接道路的最外侧车道，降低衔接道路的通行能力。若剩余通行能力低于直行流量，则会使衔接道路上的直行交通流受到一定的影响。

匝道及其衔接道路集散波的传播又可分三种情况，其中当主线分别处在情况(2)和情况(5)时，匝道集散波的传播分别为情况(1)和情况(2)。在这两种情况下，仅有一道集结波通过匝道传播。当主线处在情况(3)和情况(6)时，将有两道集结波通过匝道传播。

(1) 主线集结波 W_{02} 通过汇入点，在匝道上形成集结波 w_{02} 并延匝道和衔接道路向上游传播。经时间 t_1 后，主线消散波 W_{23} 通过汇入点，在匝道上形成消散波 w_{23}，并追上 w_{02}，此时有

$$w_{02}t_{02} = w_{23}t_{23} = l_m + l \quad (6.3.39)$$

$$t_{02} = t_{23} + t_1 \quad (6.3.40)$$

其中，l_m 为集散波在衔接道路上传播的最大长度，即事件在衔接道路的影响长度；t_1 为主线上集结波和消散波传播至汇入点的间隔时间，即

$$t_1 = T_2 + L/W_{23} - L/W_{02} + W_{01}T_1(W_{12} - W_{02})/(W_{12} - W_{01})W_{02} \quad (6.3.41)$$

(2) 主线集结波 W_{01} 通过汇入点，在匝道上形成集结波 w_{01} 并延匝道和衔接道路向上游传播。经时间 t_1 后，主线消散波 W_{13} 通过汇入点，在匝道上形成消散波 w_{13}，并追上 w_{01}，此时有

$$W_{01}t_{01} = w_{13}t_{13} = l_m + 1 \quad (6.3.42)$$

$$t_{01} = t_{13} + t_1 \quad (6.3.43)$$

其中，t_1 为主线上集结波和消散波传播至汇入点的间隔时间，即

$$t_1 = T_1 + T_2 + L/W_{13} + W_{12}T_2(W_{13} - W_{23})/(W_{23} - W_{12})W_{13} \quad (6.3.44)$$

(3) 主线集散波 W_{01}、W_{12} 和 W_{23} 分别在 t_1、t_2 的间隔内通过汇入点，并在匝道上产生相应的集散波。此时，视每道集散波相对速度的不同可能出现两种情况，一种是 w_{12} 首先追上 w_{01}，另一种是 w_{23} 首先追上 w_{12}。对于前者，有

$$W_{23}t_{23} = w_{12}t_{12} + w_{02}t_{02} = l_m + 1 \quad (6.3.45)$$

$$T_{23} + t_2 = t_{12} + t_{02} \tag{6.3.46}$$

其中

$$t_{12} = w_{01}t/(w_{12} - w_{01}) \tag{6.3.47}$$

t_1 和 t_2 可由式(6.3.48)和式(6.3.49)求得

$$t_1 = T_1 + L/W_{01} - L/W_{12} \tag{6.3.48}$$

$$t_2 = T_2 + \frac{L}{w_{12}} - \frac{L}{w_{23}} \tag{6.3.49}$$

对于后者，有

$$W_{01}t_{01} = w_{23}t_{23} + w_{13}t_{13} = l_m + 1 \tag{6.3.50}$$

$$T_{01} = t_{23} + t_{13} + t_1 + t_2 \tag{6.3.51}$$

其中

$$t_{23} = w_{12}t_2/(w_{23} - w_{12}) \tag{6.3.52}$$

3) 考虑出口匝道的集散波传播模型

出口匝道对主线集散波传播的影响与入口匝道基本一致，即集散波在传至出口匝道时，由于汇出车流的影响，主线在汇出点上游和下游的交通状态变化不同，从而在主线上产生新的集散波 $W_{ij}' = (Q_i' - Q_j')/(K_i' - K_j')$。其中，$Q_i'$ 为第 i 种状态下，汇入点上游主线的流量为 $Q_i' = Q_i + q_i$，q_i 为第 i 种状态下，匝道的汇出流量。不同之处在于，在没有干预措施的情况下，主线车流中汇出车辆的比例是保持不变的。由于主线的拥堵并不影响出口匝道，出口匝道并没有达到饱和状态，因此汇出流量主要取决于主线上到达汇出点的流量，即 $q_i = aQ_i'$，a 为汇出车辆占主线车辆的比例。这样即可算出 $Q_i' = Q/(1 - a)$。此时可按六种情况进行讨论。值得注意的是，在没有干预措施的情况下，出口匝道只会对主线集散波的传播产生影响，并且影响程度小于入口匝道。采取主动分流措施后，将在分流点处产生向下游传播的干预波，并与集结波相遇，根据分流流量的不同形成新的消散或集结波，缓解事件对主线的影响。

4) 路网交通事件辐射范围的预测模型

综上所述，主线影响长度和衔接道路影响长度按照不同事件特征和不同交通流特征，可分别采用表 6.3.1 中的公式进行计算。

表 6.3.1　交通事件影响范围计算表

情况	主线影响长度 L_m	衔接道路影响长度 l_m
情况 1	$L_m = W_{02}T_{02} + W_{12}T_{12}$	无
情况 2	$L_m = L + W'_{23}T'_{23}$	$l_m = w_{02}t_{02} - l$
情况 3	$L_m = L + W'_{23}T'_{23}$	$l_m = w_{12}t_{12} + w_{02}t_{02} - l$ 或 $l_m = w_{23}t_{23} + w_{13}t_{13} - l$
情况 4	$L_m = W_{23}T_{23} + W_{13}T_{13}$	无
情况 5	$L_m = L + W'_{13}T'_{13}$	$l_m = w_{13}t_{13} - l$
情况 6	$L_m = L + W'_{23}T'_{23} + W'_{13}T'_{13}$	$l_m = w_{12}t_{12} + w_{02}t_{02} - l$ 或 $l_m = w_{23}t_{23} + w_{13}t_{13} - l$

　　模型的输入参数主要有两类，一类是交通事件各阶段的持续时间，可以在得知交通事件基本特征时加以预测或取经验值，另一类是各列集散波的波速，集散波波速公式是根据交通流量守恒方程推导出来的，适用于各种交通条件，只要确定集散波传播前后两个交通状态的流量和密度参数，即可确定集散波波速。由于交通流 3 个参数之间的内在联系，通常只要获取流量密度两者之一，即可计算另一个参数。常见的模型有 Greenshield 模型、Greenberg 模型和 Underwood 模型，分别适用于正常流量、密度较大和密度较小的交通状况。采用仿真的方法获取两个参数，代入理论模型计算事件的影响范围，并与仿真得到的影响范围进行对比来检验理论模型的有效性和适用性。

3. 模型的仿真检验

　　利用 AIMSUN 交通仿真技术，将模型预测的理论值和由仿真数据计算出的观测值对比，检验该模型在路网初始流量不高时的预测有效性，并进行预测误差的致因分析。

　　1) 模型参数的获取

　　首先，在得知交通事件基本特征后，预测交通事件各阶段的持续时间。然后，根据交通流三参数模型标定集散波传播前后两个交通流状态的流量和密度参数。最后，根据集散波波速公式求得各列集散波的波速。常见的交通流三参数关系模型如下。

　　(1) Greenshield 模型，即

$$q = u_f k - \frac{u_f k^2}{k_j} \tag{6.3.53}$$

其中，u_f 为自由流速度；k_j 为阻塞密度。

该模型形式简单，适用于正常状况下的交通流。

(2) Greenberg 模型，即

$$q = u_m k \ln \frac{k_j}{k} \tag{6.3.54}$$

其中，u_m 为最佳速度，即流量最大时的速度。

该模型适用于交通密度较大时的交通状况描述。

(3) Underwood 模型

$$q = u_f k \exp\left(-\frac{k}{k_m}\right) \tag{6.3.55}$$

该模型适用于交通密度较小时的交通状况描述。

上述模型都是根据实际数据拟合的模型，其中各个参数，如最佳速度 V_m、阻塞密度 k_j 等，都是由道路特性和交通流组成决定的，亦可以用实际数据标定。例如，按照公路设施提供服务程度的不同，我国将服务水平划分为四级。各级服务水平的交通流状况描述如下。

根据表 6.3.2 和 Greenshield 模型，即可粗略地推断我国高速公路单车道流速和密度的关系，即

$$V = \begin{cases} 109, & K \in [0, 6.2] \\ 118.98 - 1.61K, & K \in [6.2, K_j] \end{cases} \tag{6.3.56}$$

$$Q = \begin{cases} 109K, & K \in [0, 6.2] \\ 118.98K - 1.61K^2, & K \in [6.2, K_j] \end{cases} \tag{6.3.57}$$

表 6.3.2 高速公路服务水平分级表

服务水平等级	密度/(pcu/km/ln)	计算行车速度					
		120km/h			100km/h		
		速度/(km/h)	V/C	最大交通量/(pcu/h/ln)	速度/(km/h)	V/C	最大交通量/(pcu/h/ln)
一	≤7	≥109	0.34	750	≥92	0.30	650
二	≤18	≥90	0.74	1600	≥79	0.64	1400
三	≤25	≥78	0.88	1950	≥71	0.82	1800
四	≤42 >42	≥53 <53	1.00	2200	≥52 <52	1.00	2200

交通事件下，事件断面至上游第一个出入口匝道之间路段的流量主要由事件

断面通行能力决定，而汇入汇出点上游路段的流量主要由下游流量和匝道汇入汇出率决定。由此可得，事件断面通行能力和匝道汇入汇出率是决定交通事件集散波模型的关键参数。

美国道路通行能力手册《HCM》和我国的《公路通行能力手册》中规定了道路通行能力的一般算法。相关思路都是在理想通行能力的基础上，考虑道路环境和交通流的组成对通行能力的影响，按服务水平分级确定的通行能力为

$$SF_i = MSF_i \times f_{HV} \times f_p \times f_N \times N \tag{6.3.58}$$

其中，SF_i 为实际道路条件下，i 级服务水平对应的单方向 N 条车道的服务交通量；MSF_i 为理想条件下，i 级服务水平对应的单车道最大服务交通量；四级服务水平对应的服务交通量就是理想通行能力；f_p 为驾驶人总体特性影响对流率的修正系数，取值为 0.85～1；f_N 为车道数对流率的修正系数；N 为高速公路单向车道数；f_{HV} 为交通组成影响对流率的修正系数，即

$$f_{HV} = \frac{1}{1 + \sum P_i(E_i - 1)} \tag{6.3.59}$$

其中，P_i 为车型 i 的交通量占总交通量的百分比；E_i 为车型 i 的车辆折算系数，包括中型车、大型车和拖挂车。

在突发交通事件造成局部车道临时关闭的情况下，事发车道的通行能力骤降为零，直至交通事件排除后才恢复。期间，事发车道车辆会变换车道至相邻车道，在一定范围内的车流处于紊流状态，车辆之间的相互影响比较大，此时可通行车道的通行能力比其正常通行能力要小一些。

近年来，国外有不少学者对这一差异进行了深入的探讨。然而，目前尚未发现较为严谨的有关紊流状态下通行能力的理论计算模型。因此，事件断面通行能力最有效的获取方法仍然是实际数据的采集和拟合。

同样，对于另外一个关键参数，即匝道汇入率，目前的研究也往往集中在稳定流状态下，采用可接受间隙的理论进行。根据长期观察，在饱和流率下，车辆换道所需的前(后)间距较小，有时不足 20m，明显小于自由流下的前(后)间距。当前间隙不足时，有换道意图的车辆会先减速拉大间隙，当后间隙不足时，有换道意图的车辆会先向目标车道后车发出换道请求，后车再选择是否减速让行。在强制流率下，车辆换道所需的前后距更小。因此，汇入率也应通过实际数据的采集和拟合来获取。本节研究重点事件状态下集散波的传播，采用仿真获取两个参数，代入理论模型计算事件的影响范围，并与仿真得到的影响范围进行对比，检验理论模型的有效性和适用性。

2) 仿真实验设计方案

(1) 场景设置。根据我国高速公路的实际情况和堵塞行车道数，进行以下 6

种情况的仿真，即单向两车道关闭一车道(简称二封一)、单向三车道关闭一车道(简称三封一)、单向三车道关闭二车道(简称三封二)、单向四车道关闭一车道(简称四封一)、单向四车道关闭两车道(简称四封二)、单向四车道关闭三车道(简称四封三)。取路网中某高速公路入口匝道上游主线 25km、下游主线 5km、入口匝道全部路段，以及入口匝道衔接的高速公路上游 20km 路段，组成简单的路网模型，事件发生的地点为入口匝道下游主线 5km 处。取路网中某高速公路出口匝道上游主线 25km 和下游主线 5km 路段，作为含有出口匝道的路网模型。所有车道宽度均为 3.5m，取仿真时间 120min，包括预热 45min，使路网交通流趋于稳定。事件发生时间为仿真开始 45min 时，事件检测及响应时间为 15min，现场处理时间为 15min；仿真开始 75min 时为现场处理结束时间。现场处置阶段封闭车道数为事发时阻塞车道数加 1。沿主线和匝道铺设交通流状态检测器，检测交通流密度和流量。具体铺设地点以事件断面为起点(包括事件断面)，向上游每隔 1km 铺设一个检测器，匝道的起终点也分别布设检测器，检测采样间隔为 3min。

(2) 输出参数。一组输入参数(交通流和车辆参数、事件场景参数)对应一组输出参数。仿真模型输出参数表包括各个检测器每个周期采集到的交通流密度和交通流量。

3) 模型检验结果与误差分析

根据检测器采集的流量和密度计算集散波的传播速度和传播长度，同时观察流量和密度的变化趋势，找出波界面，以实际传播长度作为检测值。事件辐射范围仿真中的排队状况渲染图如图 6.3.5 所示。以输入交通量 1600pcu/h/ln 为例，模型理论值与仿真值的对比结果如表 6.3.3 所示。

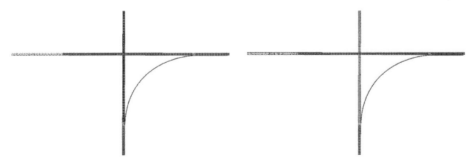

图 6.3.5　事件辐射范围仿真中的排队状况渲染图

模型检验发现，主线初始流量增大时，理论值和仿真值的误差逐渐增大。当主线流量增至最大值，即四级服务水平下的流量时，影响长度的理论值和仿真值的绝对值很大，误差也会变得很高，但是对于堵塞长度的预测结果仍然在一个较为理想的范围内。经过对流量和密度数据的分析，可以判定误差来源主要有以下几个方面。

表 6.3.3　模型理论值与仿真值的对比结果

匝道类型	入口匝道						出口匝道	
	到场阶段二封一		到场阶段三封一		到场阶段三封二		到场阶段三封二	
	清除阶段二封二		清除阶段三封二		清除阶段三封三		清除阶段三封二	
	通行能力折减 55%～100%		通行能力折减 35%～70%		通行能力折减 70%～100%		通行能力折减 70%～100%	
参数	理论值	仿真值	理论值	仿真值	理论值	仿真值	理论值	仿真值
W_{01}/(km/h)	10.5	10	6.8	8.9	10.4	10	5.5	5.7
W_{12}/(km/h)	16.8	16	16.2	13.3	12.4	11.3	13.2	10.6
W_{23}/(km/h)	30.8	26.7	23.4	26.7	22.4	20	20.7	20
W_{02}/(km/h)	—	—	11.1	10	—	—	—	—
W_{13}/(km/h)							8.7	6.7
W'_{01}/(km/h)	12.3	11.1			9.8	10		
W'_{12}/(km/h)	10.8	12						
W'_{23}/(km/h)	42.7	40						
W'_{02}/(km/h)	—	—	10.2	12				
W'_{13}/(km/h)	26.9	26.7	23.4	20	15.9	15		
主线影响长度/km	24.6	28	7	6	12.5	12	3.8	4
主线排队长度/km	7	9			5	6	3.6	3
衔接道路影响长度/km	2.9	4	0	0	1.6	3	—	—

(1) 交通流的动力学效应产生的延迟作用。由于车流的启动和制动作用，以及跟驰模型中的刺激-反应模式，交通流从一种状态转变到另一种状态的过程并不是瞬间完成的。同样，在汇入点处，匝道和主线驶入车流的重分配也是在一个时间段内完成的。在这个过程中，集散波的波速并不能瞬间达到理想波速。例如，在对事件清理阶段的观察中可以看到，在一个观测周期(3min)内，流量往往只能从零变化到最大通行能力的一半或三分之一，而消散波的波峰，即流量达到最大通行能力的时刻往往会延迟一到两个周期才能到来，从而导致影响长度的理论值和仿真值产生系统误差。

(2) 汇入点上游交通状态的动态稳定导致集散波波速的浮动。在理论模型中，汇入点上游主线流量、匝道汇入流量与汇入点下游主线流量呈线性叠加关系，即前者相加的数值等于后者，集散波的波速也是根据这样的关系来算的。实际上，汇入点上游的交通量处于动态稳定的状态。在大部分时间内，靠近汇入点处的路段，匝道汇入车流的存在使流量较低，距离汇入点较远的上游流量与汇入点下游主线流量相近。根据流量守恒方程，近端的上游车流密度会逐渐增大。这种状态会持续到匝道车流出现较大的间隙。此时，近端积累的车辆以较快的速度流出，密度减小。由于交通状态的持续变化，这种动态的稳定对集散波的波速也会产生影响。

本节在传统密闭道路集散波模型的基础上，提出考虑出入口匝道及其衔接道路构成的路网事件辐射范围预测模型。该模型根据事件各阶段集散波传播参数的不同，分情况讨论常见的路网事件辐射过程和范围。通过仿真软件的检验，验证该模型预测的有效性，并分析预测误差的来源，指出当初始流量过小时，任意地点波阵面的形成时间难以忽略，模型将产生较大的动态误差。在初始流量趋于饱和的状态下，交通流将受到许多难以预料的干扰作用，模型的预测误差也将增大。其中提出的集散波模型可与交通事件各阶段持续时间的预测模型相结合，以持续时间预测的输出结果作为影响范围预测的输入参数，从而构成交通事件时空态势评估模型。

6.3.2　基于双向 LSTM 的交通事故空间影响实时预测模型

交通事故最直接的影响是事故地点上游的交通流突变。在大多数交通事故发生后，由于道路通行能力受到影响，事故上游驾驶车辆的通行速度会显著降低，造成通行时间的延误。预测交通流沿路段向事故上游的蔓延范围和程度，可以建立事件检测与事件响应管理之间的联系，对交通应急管理对策的制定和实施具有实际意义。本节首先探讨表征交通事故空间影响特征指标的制定，然后建立一个基于双向 LSTM 方法的交通事故空间影响实时预测模型，解决高速公路交通事故空间影响范围和程度的预测问题。

1. 交通事故空间影响特征指标

1) 交通事故空间影响范围

以往研究中常用来表征交通事故空间影响的指标是最大排队长度。此处，最大排队长度的定义分为广义和狭义两种。狭义的最大排队长度仅限车辆完全停止后的排队长度。广义的最大排队长度为交通事故造成通行能力下降、交通流密度上升的路段长度，因此采用最大排队长度的广义定义。最大排队长度的计算方法主要有基于交通波理论的计算方法和基于速度变化对比的计算方法。

(1) 交通波理论计算。

交通波理论借鉴流体动力学的理念，将车流中两种不同密度的分界面在车流中向前或向后传播的现象称为车流的波动。在路段上发生交通事故后，事故发生点附近由于通行能力的下降出现瓶颈，交通流密度上升并向上游传播高密度的交通流状态。该过程可以视为交通集结波的传播。交通事故处理完毕后，通行能力恢复，交通流密度下降，并向上游传播低密度的交通流状态。该过程可以视为交通消散波的传播。由交通流状态 i 向交通流状态 j 传播的交通波波速计算公式为

$$W_{ij} = \frac{q_j - q_i}{k_j - k_i} \tag{6.3.60}$$

其中，q_i、q_j 分别为状态 i、j 的流量；k_i、k_j 分别为状态 i、j 的密度。

在交通事故持续时间内，由于事故地点通行能力随交通事故处理阶段可能发生变化，交通流密度状态随之发生变化，因此会向上游发送多次交通波。此处，给出最简单情况的计算公式，即交通事故后仅向上游传递两次集结波和一次消散波，并且第二列集结波首先追上第一列集结波，形成新的集结波之后向上游继续传播，然后被消散波追上并覆盖结束影响扩散，即

$$f(t_x) = \begin{cases} W_{01}^i t_x, & 0 \leqslant t_x \leqslant t_1 \\ W_{02}^i (t_x - t_1) + W_{01}^i t_1, & t_1 < t_x \leqslant t_2 \\ W_{03}^i (t_x - t_2) + W_{02}^i (t_2 - t_1) + W_{01}^i t_1, & t_2 < t_x \leqslant T_1 + T_2 + T_3 - t_2 \end{cases} \tag{6.3.61}$$

其中，W_{01}^i 为第一列集结波波速；W_{02}^i 为第二列集结波追上第一列集结波后的新集结波波速；W_{03}^i 为消散波追上新集结波时的波速；$f(t_x)$ 为交通事故影响范围预测函数。

虽然该模型给出了各个时刻交通波传播范围的计算公式，但是交通波理论的使用需要基于波阵面前后交通流状态(交通流量、交通流密度)各自均匀、稳定和交通流运行过程中流量守恒的假设。现实生活中的交通流状态瞬息万变，所以交通波仅适用于最大排队长度的估算，难以提供交通事故实时影响范围的预测，即交通波理论各个时刻排队长度计算的验证需要利用仿真模型来进行。

(2) 速度变化对比计算。

交通事故发生后，事故上游交通流最显著的变化是通行速度降低，因此可以将通行速度降低超过某一个阈值的时空范围定义为交通事故影响范围，最大影响空间长度即最大排队长度。然而，通行速度的降低受到诸多因素的影响，如天气、可见度和出行高峰时段等。事故空间影响范围确定的难点在于如何辨别事故上游速度的降低是事故产生的。以往研究多采用与历史平均速度对比的方式获取交通事故实际的影响范围，即获取被预测地点历史同周期(周期一般为周)速度的

均值，然后与交通事故发生后的速度进行对比。本节还提出一种将事故发生后速度与发生前速度进行对比的方法。下面对两种方法进行介绍和案例分析。

① 历史速度对比法。本章基于事故发生前 30min 到事故结束(交通完全恢复)后 30min 事故上游环形线圈检测器所检测到的历史和事故当天的交通流速度数据，运用历史速度水平表征方法对历史速度序列进行处理，然后与事故当天的速度进行比较。事故速度与历史平均速度对比如图 6.3.6 所示。图中，ZHWX34、ZHWX35、ZHWX36 为环形线圈检测器，编号越大表示离事故现场越近。比值越低，说明事故当天速度与历史速度水平相比越低，越有可能处于交通事故的影响范围内。

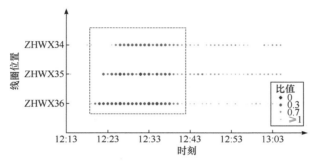

图 6.3.6　事故速度与历史平均速度对比

基于历史速度对比法，对事故影响空间范围的判定应该遵循以下原则。

第一，空间连续性。事故向上游的蔓延是连续性的，所以时空范围轮廓图应该没有间断。如果某地速度下降超过判断阈值，但是该地与事故地点之间已经出现非影响区域，那么判定该点不在交通事故影响的范围内。

第二，时间连续性。在某地速度序列中，如果某时间间隔内速度值不低于判定阈值，但是前后时间的速度值均低于阈值，那么也应判定该地该时处于事故影响范围内；反之，如果某时间间隔内的速度值低于判定阈值，而前后时间的速度值不低于阈值，那么判定该地不处于事故影响范围内。本次数据处理将该时间间隔设定为 3min。

基于以上规则，如将阈值定为 0.6，交通事故时空影响范围轮廓图如图 6.3.7 所示。

② 事故发生前后速度变化对比。另一种判定方法是对事故发生前后的速度进行对比。如果速度发生显著降低，则判定其处于事故影响范围内。如图 6.3.8 所示，在事故发生后，事故发生地点和事故上游两个线圈的速度发生显著性降低，在 5min 内降幅超过 50%；事故下游线圈几乎不受交通事故冲击波蔓延的影响，因此事故发生前后并没有明显的速度变化。由此可以判定，该事故上游两个检测器所在的路段均受到交通事故的影响。

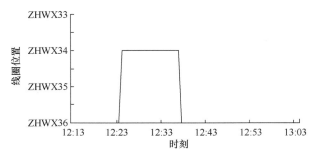

图 6.3.7　交通事故时空影响范围轮廓图

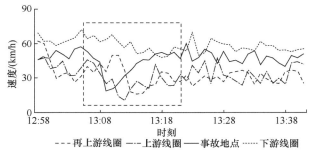

图 6.3.8　事故发生前后速度对比情况图(中午)

　　基于事故发生前后速度对比,对事故影响空间范围的判定同样应遵循空间连续和时间连续两个原则。事故发生前后速度对比情况图如图 6.3.9 所示。事故再上游线圈速度有明显下降,但是不处在交通事故持续时间内,所以不得判定为处于交通事故影响范围内(该地速度下降原因不明,经查询并没有事故发生,不涉及二次事故问题)。另外,判定事故空间影响范围应该确定速度降低幅度的阈值标准,当事故发生后速度低于该阈值时,判定其处于事故空间影响范围内。

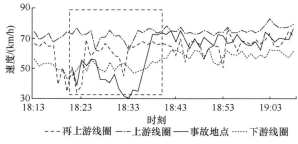

图 6.3.9　事故发生前后速度对比情况图(傍晚)

　　③ 方法比较。对比两种方法发现,使用历史速度对比法会忽略事故当天的偶然速度波动,存在对交通事故影响范围高估的风险。如图 6.3.10 所示,上游线圈速度与历史速度水平相比,在很长时间内处于较低状态。当判断阈值为 0.6

时，交通事故时空影响范围轮廓图如图 6.3.11 所示。

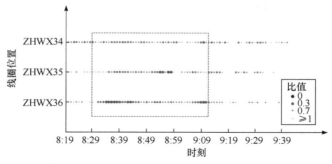

图 6.3.10　事故当天速度与历史平均速度对比

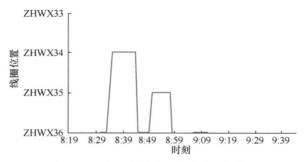

图 6.3.11　交通事故时空影响范围轮廓图

对比事故发生前后速度的发现，上游线圈(ZHWX34)在事故发生前后并没有显著变化。其事故发生前后速度对比情况如图 6.3.12 所示。可以看出，当天上游线圈位置速度一直较低，所以其与历史速度水平相比有折减，可能是当天其他特殊情况造成的，不应该认为该起事故对再上游线圈产生影响。

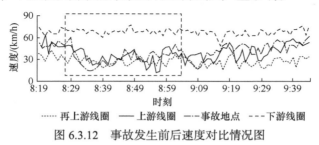

图 6.3.12　事故发生前后速度对比情况图

综上所述，交通事故发生前后速度的对比更能反映交通事故对上游的影响情况，对于描绘交通事故的空间影响范围和最大排队长度最为科学。

2) 交通事故空间影响程度

以往的研究多是对交通事故中对上游影响的最大排队长度展开研究，但是很少对交通波蔓延过程中的实时影响程度进行预测。车辆行驶速度是评价道路拥堵程度最直观的指标，可以将交通状态指数(traffic state index，TSI)定义为拥堵时速度相对正常通行的情况比例，即

$$\text{TSI}_i = \frac{v_f - v_i}{v_f} \times 100 \tag{6.3.62}$$

式中，v_i 为路段 i 的行程车速；v_f 为路段 i 的自由流车速。

拥堵指数区间 $0 \sim 100$(若 TSI<0，则取 0)，数值越趋向 100，代表交通越拥堵，即交通路况越差；数值越小，代表交通越畅通，即交通路况越好。《评价指标体系》将 TSI 分为 4 级，其中 1 级表示交通运行畅通，4 级表示交通运行严重拥堵。TSI 分级标准如表 6.3.4 所示。

表 6.3.4　TSI 分级标准

项目	0≤TSI<30	30≤TSI<50	50≤TSI<70	70≤TSI<100
TSI 分级	1 级	2 级	3 级	4 级
交通运行状态等级	畅通	比较畅通	拥堵	严重拥堵

TSI 的计算并未区分交通拥堵的成因，而是过于笼统地体现包括交通需求、道路属性、气象条件等多因素在内的路段交通常态拥堵情况。这里提出一个新的指标来表征交通事故对上游交通的影响程度，定义为 SRI，计算交通事故后速度的折减比例，即

$$\text{SRI}_i = \frac{v_i^t - v_i}{v_i} \times 100 \tag{6.3.63}$$

其中，v_i^t 为事故上游路段 i 在事故发生后 t 时刻内的行程车速；v_i 为路段 i 在事故发生前的行程车速；SRI_i 为路段 i 的 SRI，取值区间为 $0 \sim 100$(当 SRI<0，则取 0，说明交通事故后速度不但没有降低，反而更高)，SRI 值越大，代表速度降幅越大，交通事故造成的影响越严重，SRI 值越小，代表交通事故造成的影响越轻微，甚至没有影响，因此参照 TSI 的评级标准，对交通事故发生后的 SRI 进行分级，如表 6.3.5 所示。

表 6.3.5　SRI 分级

项目	0≤SRI<30	30≤SRI<50	50≤SRI<70	70≤SRI<100
SRI 分级	1 级	2 级	3 级	4 级
交通事故影响等级	几乎无影响	影响轻微	影响较严重	影响严重

这里将 SRI 阈值设置为 30，即当 SRI≥30 时，认为交通事故对上游交通产生影响。

2. 交通事故空间影响实时预测模型的建立

下面从四个方面展开介绍，首先介绍短时交通流预测并论述其与本章模型的关联，然后介绍双向 LSTM 模型，阐述交通事故空间影响实施预测模型架构，最后提供模型的预测结果分析。

1) 短时交通流预测

无论是预测交通事故空间影响的范围还是程度，最关键的预测内容在于交通事故发生后上游的速度变化情况。实际上，预测未来短时间内的速度属于短时交通流预测的研究范畴。短时交通流预测是智能交通系统的重要组成部分，通过向系统输入历史交通流数据，对某一区域、某一路段、某一车道未来一段时间内的交通流状态展开预测，包括交通流量、速度等，可以为智能交通系统交通信息服务板块与交通运输安全板块的决策提供依据。诸多类型的模型都在短期交通流预测中有所应用，包括线性模型，如时间序列模型、卡尔曼滤波模型；非线性模型，如非参数回归模型、SVM 模型等。但是，这些研究都是基于正常状态下的交通流，主要捕捉交通流的周期性特征。鲜有人研究突发交通事件状态下的交通流预测。有学者曾对暴风雪和芝加哥球赛期间的短时交通流进行预测，他们的模型取得了较好的预测效果。但是，恶劣天气与大型活动期间的交通流状态变化较交通事故更为平缓，所以预测难度相对较低。交通事故持续时间较短，交通流变化急促，预测难度大大提升。

为了更好地提供交通事故对上游影响范围及影响程度的预测，本节基于双向 LSTM 开发了一个实时预测模型。双向 LSTM 模型是在传统 LSTM 模型的基础上，增加一层与原有隐含层方向相反的隐含层，训练时间序列分别前向和后向输入模型，使模型不但可以用前面的信息预测后面的信息，而且可以反向操作，在更大程度上捕捉时间序列的相互关联性。双向 LSTM 模型结构如图 6.3.13 所示。

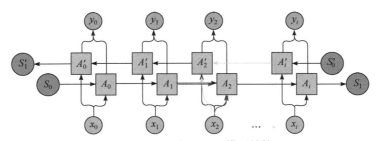

图 6.3.13 双向 LSTM 模型结构

2) 实时预测模型结构

构建交通事故空间影响特征指标，不仅描述交通事故空间影响范围，还刻画其影响程度，即 TSI 和 SRI，因此考虑结合短时交通流预测相关内容，利用双向

LSTM 对时序序列信息的良好捕捉性，建立实时预测交通事故空间影响的模型，通过输入预测地点及其上游、下游三地的交通流速度数据，预测交通事故上游事故后实时运行速度，进而计算交通事故空间影响范围和程度，实现对交通事故空间影响的实时预测，使交通事故应急管理更具时效性。

模型共有三部分组成，分别是数据预处理部分、双向 LSTM 部分和结果部分。交通事故空间影响实时预测模型流程如图 6.3.14 所示。

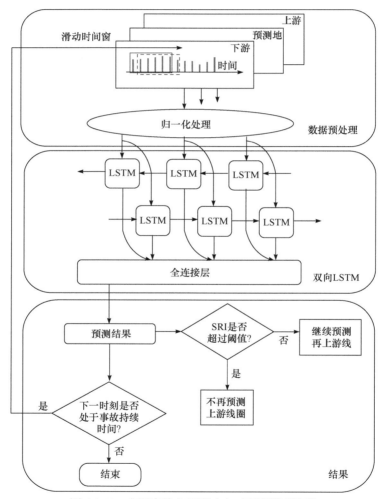

图 6.3.14　交通事故空间影响实时预测模型流程

(1) 数据预处理部分。以事故发生地点上游线圈位置作为预测地点，分别向模型输入预测地点及其上游、下游的交通流数据。同交通事故持续时间预测模型一样，交通流数据需要经过 min-max 标准化处理。

(2) 双向 LSTM 部分。经过归一化处理的交通流数据被输入双向 LSTM 部分，并通过全连接层进行降维处理，输出下一时刻预测地点的速度，根据速度计算交通评价指标 TSI 与 SRI。

(3) 结果部分。当 SRI 超过阈值后，即交通事故后预测地点速度下降幅度超过预定范围，首先判定预测地点很可能属于交通事故影响范围内，然后以预测地点上游为新的预测地点，输入它和上下游的交通流数据进行预测。如果 SRI 没有超过阈值，不再向上游继续蔓延。

无论 SRI 是否超过阈值，只要还处于交通事故持续时间内，就要不断滑动时间窗获取下一时刻的交通流数据进行预测。当连续三个时间间隔预测地点的 SRI 超过阈值后，即判定预测地点属于交通事故影响范围内。需要注意的是，这里暂不考虑交通事故持续时间结束后上游蔓延影响还未结束的情况。

3) 模型结果分析

(1) 模型评价指标。

为了评价模型的预测性能，这里选用几个常见的评价指标对模型预测性能进行衡量。其中，交通事故发生后交通速度的预测属于数值预测问题，其评价指标有 MAE、RMSE 和 MAPE；交通事故空间影响程度分级属于分类预测问题，由于影响程度分级根据交通事故发生后预测速度计算得到，其预测准确性还是依赖速度预测的准确性。计算影响程度等级指标只是为了更直观地展现对交通事故影响程度的预测结果，所以不再采取过于复杂的评价指标，仅选用预测准确率进行衡量。下面对这几个指标进行介绍。

① MAE。MAE(mean absolute error)即平均绝对误差，是模型预测值与真实值之间的绝对误差，其计算公式为

$$\text{MAE} = \frac{1}{n}\sum_{i=1}^{n}|\hat{y}_l - y_i| \tag{6.3.64}$$

其中，$\hat{y}_i$ 为预测值；y_i 为真实值；n 为测试集样本容量；MAE 的取值范围是 $[0, +\infty)$，取值越大，说明误差越大，模型预测性能越差。

② RMSE。RMSE(root mean square error)即均方根误差，是预测值与真实值偏差的平方与观测次数 n 比值的平方根，其计算公式为

$$\text{RMSE} = \sqrt{\frac{1}{n}\sum_{i=1}^{n}(\hat{y}_l - y_i)^2} \tag{6.3.65}$$

RMSE 对极值误差非常敏感，取值范围是 $[0, +\infty)$，其取值越大，说明误差越大，模型预测性能越差。

③ MAPE。MAPE(mean absolute percentage error)即平均绝对误差，其计算

公式为

$$\text{MAPE} = \frac{1}{n}\sum_{i=1}^{n}\frac{|\hat{y}_l - y_i|}{y_i} \tag{6.3.66}$$

由计算公式可知，MAPE 在绝对误差的基础上还添加了与真实值比较的过程，可以使 MAPE 消除原始数据数量级对误差的影响，更客观地刻画误差的幅度范围。

④ 准确率。准确率(Accuracy)是最简单直观的分类预测问题评价指标，其计算公式为

$$\text{Accuracy} = \frac{\text{预测正确的样本数}}{\text{总样本数}} \times 100\% \tag{6.3.67}$$

Accuracy 的取值范围是[0，100%]，取值越大，说明模型预测正确的样本数越多，预测性能越好。

(2) 预测结果与对比分析。

下面利用上海中环检测器数据进行模型训练与验证，分别对预测地点未来 1min 和未来 5min 平均速度进行预测，计算 TSI 和 SRI 指标，并对比速度预测的 MAE、MSE、MAPE，以及两个指标分级预测的准确率，即进行不同时间窗下的预测速度与实际速度的图像绘制，将残差点标明。在完成相应的图像绘制后，计算 MAE、RMSE、MAPE、准确率，以及两个指标分级预测的准确率。

在这个过程中，可以从图像直观地看出预测速度与实际速度之间的大小差异，确定模型预测效果的好坏。

接下来，对未来 1min 与 5min 影响情况预测进行简单说明。

① 未来 1min 影响情况预测。分别以时间窗 $T = 5\text{min}$ 和 $T = 10\text{min}$ 展开预测，结果如图 6.3.15 和图 6.3.16 所示。

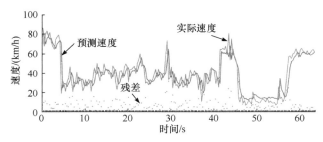

图 6.3.15　时间窗 $T = 5\text{min}$ 预测结果

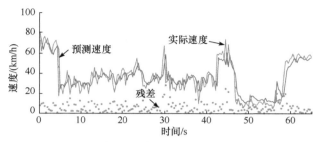

图 6.3.16　时间窗 $T = 10\text{min}$ 预测结果

预测评价指标如表 6.3.6 所示。

表 **6.3.6**　预测评价指标

时间窗	MAE	RMSE	MAPE	TSI 等级预测 准确率/%	SRI 等级预测 准确率/%
5min	7.11	9.87	0.27	70.00	72.11
10min	6.54	9.04	0.27	70.78	74.15

可以看出，对于未来 1min 速度的预测，两种时间窗长度的模型预测结果差距不大，时间窗 $T = 10\text{min}$ 时的结果稍优于时间窗 $T = 5\text{min}$ 时的结果。另外，由于 SRI 是与交通事故前速度的比较，TEI 是与自由流速度比较，因此 SRI 指标计算放大了预测误差的影响，因此预测准确率更低。

② 未来 5min 影响情况预测。分别以时间窗 $T = 10\text{min}$ 、$T = 20\text{min}$ 和 $T = 30\text{min}$ 展开预测，预测结果如图 6.3.17～图 6.3.19 所示。

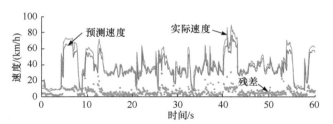

图 6.3.17　时间窗 $T = 10\text{min}$ 预测结果

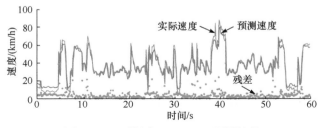

图 6.3.18　时间窗 $T = 20\text{min}$ 预测结果

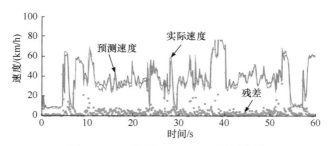

图 6.3.19　时间窗 $T = 30\text{min}$ 预测结果

预测评价指标如表 6.3.7 所示。

表 6.3.7　预测评价指标

时间窗	MAE	RMSE	MAPE	TSI 等级预测准确率/%	SRI 等级预测准确率/%
10min	9.74	12.71	0.41	38.65	75.12
20min	5.03	7.99	0.15	77.24	79.08
30min	3.12	7.66	0.07	86.73	80.61

可以看出，对于未来 5min 平均速度的预测，时间窗长度越长，预测精度越高，但是时间窗 $T = 20\text{min}$ 和时间窗 $T = 30\text{min}$ 时的差距已经不大。

参 考 文 献

[1] Masters P H, Lam J K, Wong K. Incident detection algorithms of COMPASS-an advanced traffic management system//Proceeding of Vehicle Navigation and Information Systems Conference, Troy, 1991: 295-310.

[2] Messmer M P. METANEA: A macroscopic simulation program for motorway networks.Traffic Engineering and Control, 1990, 31: 466-470.

[3] Dudek C L, Messer C J, Nuckles N B. Incident detection on urban freeways//TRB Transportation Research Record, Washington D. C., 1974: 12-24.

[4] Levin M, Krause G M. Incident detection: a bayesian approach. Transportation Research Record, 1978, 682: 52-58.

[5] Gall A I, Hall F L. Distinguishing between incident congestion and recurrent congestion: a proposed logic. Transportation Research Record, 2020, 1232: 1-8.

[6] Willsky A S, Chow E Y, Gershwin S B. Dynamic model-based techniques for the detection of incidents on freeways. IEEE Transaction on Automatic Control, 1980, 25(3): 347-360.

[7] Fambro D B, Ritch G. Automatic detection of freeway incidents during low volume conditions. Texas: Texas Transportation Institute, 1979.

[8] Ahmed S A, Cook A R. Analysis of freeway traffic time-series data by using Box-Jenkins technique.Transportation Research Record, 1979, 8: 1-9.

[9] Collins J F, Hopkins C M, Martin J A. Automatic incident detection-TRRL algorithms HIOCC and

PATREG. New York: Transport and Road Research Laboratory, 1979.

[10] Stephanedes Y J, Chassiakos A. Application of filtering techniques for incident detection. Journal of Transportation Engineering, 1993, 119(1): 13-26.

[11] Karl F P, Michael O. A new methodology for evaluating incident detection algorithms. Transportation Research Part C: Emerging Technologies, 2002, 10(3): 189-204.

[12] Chew R L, Ritchie S G. Automatic detection of lane-blocking freeway incidents using artificial neural networks. Transportation Research Part C, 1995, 3(6): 371-388.

[13] Michalopoulos P G, Jacobson R D, Anderson C A. Field implementation and testing of a machine vision based incident detection system//ASCE Pacific Rim Trans-Tech Conference Proceedings, Seattle, 1993: 69-76.

[14] Fang Y, Ruey L C. Incident detection using support vector machines. Transportation Research Part C, 2003, 11: 309-328.

[15] Wang G. A survey on training algorithms for support vector machine classifiers//The 4th International Conference on Networked Computing and Advanced Information Management, Gyeongju, 2008: 123-128.

[16] Wang X D, Wang J Q. A survey on support vector machines training and testing algorithms. Computer Engineering and Applications, 2004, 13: 75-79.

[17] Vapnik V. The Nature of Statistical Learning Theory. New York: Springer, 1999.

[18] Yang Z Q. The study on expressway network information system served for operating safety. Shanghai: Tongji University, 2008.

[19] Chu H, Yang X G, Li K P. Optimum method for detector layout density for expressway based travel time estimation. Journal of Highway and Transportation Research and Development, 2006, 23(5): 84-87.

[20] 陈斌. 高速公路意外事件影响下的车辆行为模型与事件检测研究. 成都: 西南交通大学, 2005.

[21] Doohee N, Fred M. An exploratory hazard-based analysis of highway incident duration. Transportation Research Part, 2000, A34: 85-102.

第 7 章 应急预案管理

本章从划分交通事故管理区域、制定交通事故管理措施，以及构建交通事故联动管理机制三个方面，初步提出系统的高速公路交通事故管理对策。然后，建立基于案例推理的交通事故应急措施决策方法，并基于数据挖掘技术对交通事故案例推理的核心模块——案例检索方法进行优化，系统地解决高速公路交通事故应急措施决策方法的关键问题。

研究高速公路交通事故影响预测及应急措施决策方法可以为高速公路交通事故应急管理人员准确把握高速公路交通事故影响态势，制定针对性的交通事故管理对策，实现科学、有效的交通事故应急决策提供可行方法，为高速公路交通事故影响态势评估及应急指挥决策的工程性应用提供重要的技术支持。

7.1 高速公路交通事故管理对策分析

在高速公路交通事故影响预测研究的基础上，从划分交通事故管理区域、制定交通事故管理措施和构建交通事故联动管理机制三个方面，提出高速公路交通事故管理对策。

7.1.1 交通事故管理对策框架设计及管理区域划分

1. 交通事故管理对策框架

在交通事故影响传播分析的基础上，首先划分交通事故管理区域为事故现场保护区、事故影响控制区、事故影响缓冲区；根据不同管理区域交通流特征及管理需求，制定有针对性的交通事故管理措施，包括交通事故现场保护及管理措施、事故状态下分车道限速控制措施、事故状态下交通流疏导控制措施、事故救援及工程维护措施。考虑管理部门交通事故应急资源调配能力、交通指挥权限，以及跨部门、跨区域联动组织能力的不同，构建交通事故联动管理响应机制和响应流程，为交通事故联动管理提供组织保障。高速公路交通事故管理对策框架如图 7.1.1 所示。

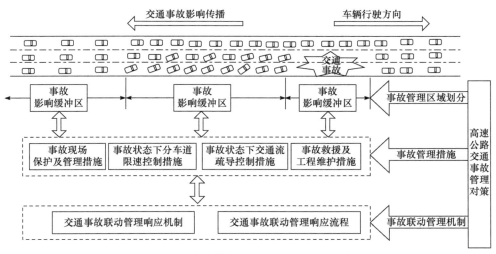

图 7.1.1 高速公路交通事故管理对策框架

2. 高速公路交通事故管理区域划分

交通事故发生后需要采取应急措施对事发位置上游行驶的车辆进行管理，防止发生二次事故，减少车辆因事故产生的延误时间，把事故损失降到最低。在采取交通事故管理措施时，对事发位置上游不同交通区域采取不同的策略和方法，以使管理方案发挥最大的效益。根据交通事故影响传播特点，可将交通事故管理区域划分为事故现场保护区、事故影响控制区和事故影响缓冲区，即基于交通事故影响范围内交通流状态和管理需求的不同，结合相关职能部门规定，将交通事故管理区域划分为事故现场保护区、事故影响控制区和事故影响缓冲区，初步确定不同交通事故管理对策实施范围。

1) 事故现场保护区

事故现场保护区是指为保护交通事故现场证据和人员安全，防止发生二次事故而划定的管理区域，包括事故现场警戒区和预警区。事故现场警戒区是在交通事故现场划定的禁止无关车辆和人员进入的区域。事故现场预警区是处于交通事故现场警戒区上游，对来车示警并限速行驶的区域。

事故现场警戒区是一个相对封闭的区域，其长度和宽度应视交通事故本身具体情况，以及相应的事故现场作业需求而定。如果事故车辆在路面留下的轮胎痕迹较长，散落物比较分散，事故车辆碰撞后间隔距离较大，人员伤亡较多，进行事故应急处置所需的人员、救援车、消防车、拖车、吊车等作业车辆较多时，事故现场警戒区的长度和宽度就应相应增大。根据相关研究、管理部门规定，以及《道路交通事故现场安全防护规范 第 1 部分：高速公路》，同时考虑事故现场交通流拥堵状态下车间距减小等因素，如果设置事故现场警戒区，常规决策与应急决策的区别如表 7.1.1 所示。

表 7.1.1　常规决策与应急决策的区别

项目	白天(能见度 ≥ 500m)			夜间、雨雪、雾霾等能见度不良天气条件(能见度<500m)		
	警戒区起始位置/m	警戒区结束位置/m	临时通行车道限速/(km/h)	警戒区起始位置/m	警戒区结束位置/m	临时遥行车道限速/(km/h)
直线路段	上游：200	下游：50	≤ 40	上游：500	下游：50	≤ 20
弯道路段	上游：500	下游：50	≤ 20	上游：500	下游：50	≤ 20
隧道路段	上游：500	下游：50	≤ 20	上游：500	下游：50	≤ 20
匝道	上游：200	下游：50	≤ 20	上游：500	下游：50	≤ 20
坡道下坡	上游：500	下游：50	≤ 40	上游：500	下游：50	≤ 20
收费路段	上游：200	下游：50	≤ 20	上游：500	下游：50	≤ 20

由于高速公路车辆行驶速度较快，驾驶人在进入事故现场前不能及时发现前方的事故信息，很容易造成二次事故，产生更为严重的后果。因此，应在事故现场警戒区前划定预警区域。在预警区域外侧需设置反光锥筒、警告标志、告示牌等交通设施，或者安排专人进行交通指挥，使车流能够平缓通过事故现场警戒区。

综合相关研究、管理部门规定，以及《道路交通事故现场安全防护规范　第1 部分：高速公路》，同时考虑事故影响范围内交通流密度较高，车间距较小等因素，事故现场的预警区设置如表 7.1.2 所示。

表 7.1.2　事故现场的预警区设置

项目	白天(能见度 ≥ 500m)		夜间、雨雪、雾霾等能见度不良天气条件(能见度<500m)	
	警戒区上游预警标志位置/m	预警区限速/(km/h)	警戒区上游预警标志位置/m	预警区限速/(km/h)
直线路段	400	≤ 80	≥ 500	≤ 80
弯道路段	400	≤ 80	≥ 500	≤ 80
隧道路段	500	≤ 80	≥ 500	≤ 80
匝道	400	≤ 80	≥ 500	≤ 80
坡道下坡	500	≤ 80	≥ 500	≤ 80
收费路段	400	≤ 80	≥ 500	≤ 80

在事故现场保护区内，可根据不同道路环境设置交通事故现场保护区范围，

实施事故现场交通管制、事故勘查处理等事故现场保护及管理措施，并协调交警、医疗、消防、交通路政等部门人员开展事故救援及道路设施工程维护作业。

2) 事故影响控制区

事故影响控制区是指从交通事故现场保护区到事发位置上游可分流点之间的区域，是交通事故的直接影响区域。上游可分流点是指交通事故管理人员到达时，仍未出现拥挤或排队并且距离事故现场保护区最近的节点，包括互通立交、中央分隔带开口等。随着交通事故处理进程的继续，受高速公路交通事故影响的上游路段长度之和减去事故现场保护区长度即事故影响控制区长度，即

$$L_C = \sum_{i=0}^{n} L_i - L_P \tag{7.1.1}$$

其中，L_C 为事故影响控制区长度；L_i 为受到高速公路交通事故影响的第 i 个路段长度；L_P 为事故现场保护区长度；n 为事发位置上游某方向受到事故影响的路段数量。

在事故影响控制区内，主要以路段交通流作为管理对象，疏导拥堵车辆，控制安全隐患，可采取限速控制、车道管理、交通诱导分流等交通事故管理措施。

3) 事故影响缓冲区

事故影响缓冲区是指距离交通事故发生地相对较远，交通事故影响范围以外的区域。在此区域内，应告知驾驶人交通事故发生地的具体位置、拥堵程度、可能的延误时间、有无可绕行的线路等。如果交通事故造成所有车道完全封闭，则该条高速公路事故发生地上游的各个入口需适度控制车辆驶入。同时，研究路网的道路条件，寻找其他可能的分流路径，转移该条路上的交通量。如果交通事故造成部分车道封闭，则应通过已掌握的事故现场保护区和事故影响控制区的相关信息，计算事故造成的可能的排队长度及延误时间。对路网中其他的分流线路进行研究，对比两种方案，选择效益最大的事故管理方案。

因此，在事故影响缓冲区内，若交通流还未受到交通事故的直接影响，可采取限速控制、交通诱导分流等交通事故管理措施，控制安全隐患，缓解下游交通压力，实现路网交通流的均衡分布。

7.1.2　高速公路交通事故管理措施

1. 交通事故现场保护及管理措施

1) 划定事故现场保护区

交通事故管理人员到达事故现场后，应根据事故现场情况、气象能见度、救援及交通管理作业需求，划定事故现场保护区，包括警戒区和预警区。如表 7.1.1 所示，在事故现场周围使用警戒带或符合规范的反光锥形交通路标等设备，设置隔离

警戒区域，并禁止无关车辆及人员进入该封闭区域。如表 7.1.2 所示，在警戒区上游一定距离设置预警标志，设定限速行驶的预警区域，防止高速行驶的车辆闯入警戒区。在夜间、雾霾等能见度不良的天气条件下，应增加事故现场保护区范围。

当交通事故发生在弯道位置且弯道区域视线不良时，警戒区和预警标志应设置在弯道前方。当交通事故发生在隧道路段时，原则上应在隧道进口处立即封闭道路，避免更大事故地发生。当有条件开放通行车道时，应在隧道入口醒目安全位置设置警示标志。当交通事故发生在入口匝道路段时，应在匝道入口设置警示标志，并在进入收费站前设置预警标志。当有条件开放通行车道时，应在进入收费站前设置警示标志，限速通行。当交通事故发生在长下坡路段时，应尽量在坡顶前设置预警和警示标志。当交通事故发生在驶出收费站分流过渡路段时，应封闭相应及相邻收费口，在收费口前设置警示标志，并在相应收费口至高速公路入口范围内设立警戒区。

载有危险物品(易燃、易爆、剧毒、剧腐蚀、放射性物品)的车辆发生事故后，事故发生地的公安机关应当立即报告当地政府，通知有关部门，并视情况在距中心现场周围 1000m 外设置警示标志和隔离设施，双向封闭道路，严禁无关人员、车辆进入。因为专业施救需要移动车辆或物品时，现场勘查人员应当告知作业人员做好标记，待险情消除后再勘查现场。严禁在险情未消除前进入现场。

不同道路环境下的交通事故现场保护区设置如图 7.1.2 所示。

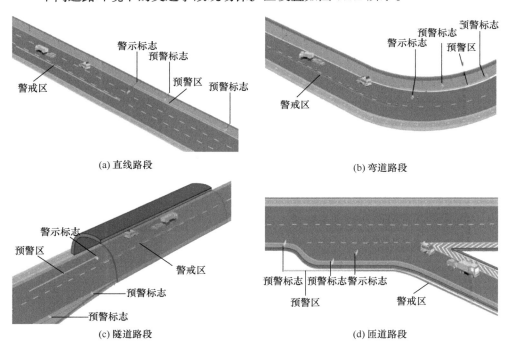

(a) 直线路段　　　　　　　　　　　　　　　(b) 弯道路段

(c) 隧道路段　　　　　　　　　　　　　　　(d) 匝道路段

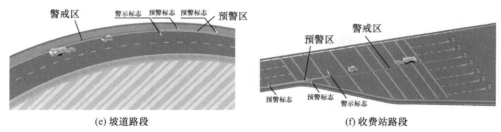

（e）坡道路段　　　　　　　　　　　　　（f）收费站路段

图 7.1.2　不同道路环境下的交通事故现场保护区设置

2）事故现场交通管制

当道路交通事故未占用全部行车道时，事故现场有通行条件的，应设置临时通行车道，组织专人负责事故现场警戒区和预警区的交通管制。当道路交通事故导致交通中断，或者现场处置、勘查需要采取封闭道路等交通管制措施时，还应当在事故现场来车方向上游提前组织分流，在上游分流点放置绕行提示标志，避免发生交通堵塞。

在警戒区前端，从左侧(或右侧)护栏处至事故占用车道的外侧车道分隔标线，沿约 45°斜线，每隔 1.5～2m 放置 1 个锥形交通路标；在事故占用车道的外侧车道分隔标线上，应从来车方向起，每隔 10～20m 放置一个锥形交通路标；在交通事故现场锥形交通路标上，由前至后设置车辆闯入报警设备。预警区前方及警戒区上游 100m 处设置预警标志，并根据事故发生位置、事故现场通行状态，以及预警标志布设位置等实际情况，显示"前方事故　减速慢行"或者"前方发生事故，左转(右转)车辆绕行"等预警信息。夜间、雨雪、雾霾等能见度不良天气条件下，应适当增加事故现场锥形交通路标、预警标志的布设密度，有条件的还可以开启主动发光警示装置和音响警示设备。

在警戒区前段，锥形交通路标后 2～3m 处，面向来车方向，设置限速警示标志。按照表 7.1.1，基于事故现场道路类型和气象能见度确定警戒区最高限速值，并参考道路实时交通流情况对临时通行车道限速。

预警区前方面向来车方向的应急车道内，应设置限速标志。按照表 7.1.2，基于事故现场道路类型和气象能见度确定预警区最高限速值，参考道路实时交通流情况确定预警区限速值。

在夜间、雨雪、雾霾等能见度不良的天气条件下，应进一步降低事故现场保护区内临时通行车道和预警路段的车辆限速值，保障事故现场安全。

3）事故现场救援及处理

事故现场指挥部统一组织交通事故指挥及救援车辆停放在交通事故发生处上游 50m 以外，并且便于勘查和抢险的相对安全位置；人员下车前应穿着防护服，仔细观察，确保安全后下车；停车前应开启警灯、警报器、危险报警闪光灯、示廓灯或车载显示屏；清理、疏散警戒区内的无关车辆、人员和障碍物。

组织交通警察对事故现场进行实地勘验和检查，包括对现场道路、肇事车辆、痕迹、物品等进行实地勘测和记录；固定、提取、保全现场证据材料；查找当事人、证人进行询问，并制作询问笔录，监护肇事人；按照有关法规和标准的规定，拍摄现场照片，绘制现场图，提取痕迹、物证，制作现场勘查笔录；对于发生一次死亡 3 人以上道路交通事故的，应当进行现场摄像，为查清事故发生的过程和事实真相，认定交通事故责任，正确处理交通事故提供可靠的依据。

指挥并协调交警、医疗、消防、交通路政等部门人员进行事故现场的保护和险情控制作业，有序开展伤者和财产抢救、事故消防和道路设施工程维护作业，事故现场救援及工程维护相关措施可参考后续内容。

4) 解除事故现场交通管制，恢复正常交通运行

事故现场勘查及抢险结束后，确认现场无须继续保留时，可移除事故现场上的车辆和散落物等；对于暂时无法拖移的事故车辆，须开启事故车辆的危险报警灯，并按规定在车后设置危险警告标志；事故现场清理完毕后，应立即撤销警戒线，以及现场保护区内临时警示和限速标志，疏导被阻车辆，恢复原来的交通状态；待事故现场交通完全恢复，交通警察方可完全解除交通管制，撤离事故现场。

2. 交通事故状态下分车道限速控制措施

根据资料分析显示，追尾碰撞已成为我国高速公路交通事故的主要形态。因此，预防高速公路交通事故可以首先从预防追尾碰撞事故入手。根据以往学者的研究，可以认为超速行驶是诱发高速公路追尾事故的主要因素[1]。

当前，作为主要的车辆行驶安全保障措施，限速控制有利于平衡车速差，遏制超速等激进驾驶行为，降低事故率和事故损害程度，并且限速执法技术成熟、方便，在高速公路交通安全管理中得到普遍应用。

下面从限速控制的角度研究高速公路交通事故状态下的限速控制方法，遏制车辆超速行为，降低高速公路追尾事故率。同时，降低交通流速度差，确保车流有序、平稳通过事故路段，预防二次事故，保障行车安全和行车畅通[2]。

1) 常用限速值确定方法

常用的限速策略则主要包括全线限速、分段限速、分车道限速、分时段限速、分车型限速、分级限速，以及可变限速等类型。

大部分限速方法是在常规交通环境状态下制定的，而在交通事故状态下进行限速控制的研究相对较少。当交通事故发生后，事故影响逐渐由事发位置向上游传播，上游各车道交通流密度迅速上升，车间距减小。此时，如果道路限速值不变，很容易诱导驾驶人做出激进驾驶行为，行车风险将会增加，引发交通事故。

因此，应该根据交通事故状态下的交通流状态制定临时限速方案，降低行车风险，控制安全隐患。

本节从交通事故状态下交通流影响特征出发，从偏重车辆行驶安全的角度，基于车辆紧急制动原理，考虑道路环境影响，构建事故状态下分车道限速控制模型，提出高速公路交通事故状态下的限速值确定方法。

2) 交通事故状态下分车道限速控制模型

通过分析车辆在遇到紧急情况下的制动过程，确定车辆安全间距，构建事故状态下分车道限速控制模型。一般车辆制动过程分析如图 7.1.3 所示[3,4]。

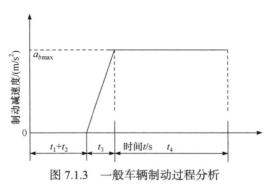

图 7.1.3　一般车辆制动过程分析

图中，t_1 为从驾驶人识别障碍到把脚力 F_P 加到制动踏板上经历的时间，即驾驶人反应时间；t_2 为制动系协调时间；t_1+t_2 为制动反应时间；t_3 为制动力增长时间；t_4 为持续制动时间；$a_{b\max}$ 为最大制动减速度 $\left(\dfrac{m}{s^2}\right)$。假设前后车最大制动减速度相同；$v_0$ 为前后车制动初始速度，假设前后相邻车辆制动初始速度相同；S_1 为 t_1 和 t_2 时间内制动车辆驶过的距离；S_2 为 t_3 时间内制动车辆驶过的距离；S_3 为 t_4 时间内制动车辆驶过的距离。

(1) t_1 和 t_2 内制动车辆驶过的距离 S_1 为

$$S_1 = v_0(t_1 + t_2) \tag{7.1.2}$$

(2) t_3 内制动车辆驶过的距离为 S_2。

当 $t_3=0$ 时，$v=v_0$，$S_2=0$，因此 t_3 时间内的车速为

$$v = v_0 + \frac{1}{2}at^2 \tag{7.1.3}$$

$$S_2 = \int_0^{t_3} v\mathrm{d}t = v_0 t_3 - \frac{1}{6}a_{b\max}t_3^2 \tag{7.1.4}$$

(3) t_4 内制动车辆驶过的距离为 S_3。

在持续制动阶段，车辆以 $a_{b\max}$ 做匀减速运动，即

$$S_3 = \frac{v_0^2}{2a_{b\max}} + \frac{1}{8}a_{b\max}t_3^2 - \frac{1}{2}v_0t_3 \tag{7.1.5}$$

因此，总的制动距离为

$$S_B = S_1 + S_2 + S_3 \tag{7.1.6}$$

$$S_B = v_0\left(t_1 + t_2 + \frac{1}{2}t_3\right) + \frac{v_0^2}{2a_{b\max}} + \frac{1}{24}a_{b\max}t_3^2 \tag{7.1.7}$$

取附加安全距离 $S_0 = 5\mathrm{m}$ ，则车辆安全间距为

$$S = S_B + S_0 = v_0\left(t_1 + t_2 + \frac{1}{2}t_3\right) + \frac{v_0^2}{19.6(\varphi + \psi)} + 5 \tag{7.1.8}$$

在宏观状况下，设前后相邻车辆道路行驶速度均为 v 。如果前车突然停止或者前方道路突遇障碍物(固定障碍物或邻近车道车辆瞬间变道)，则后车所需的最小安全间距为

$$S = v_0\left(t_1 + t_2 + \frac{1}{2}t_3\right) + \frac{v^2}{19.6(\varphi + \psi)} + 5 \tag{7.1.9}$$

由此得到的交通事故状态下的分车道限速控制模型为

$$v_e^i = 9.8(\varphi + \psi)\left[-\left(t_1 + t_2 + \frac{1}{2}t_3\right) + \sqrt{\left(t_1 + t_2 + \frac{1}{2}t_3\right)^2 - \frac{5 - S^i}{4.9(\varphi + \psi)}}\right] \tag{7.1.10}$$

$$\text{s.t. } v_e^i \leqslant v_n^i \tag{7.1.11}$$

$$v_e^i \leqslant L_{\mathrm{VD}} \tag{7.1.12}$$

基于 Greenshields 模型，可得

$$K^i = \frac{V_f^i K_j^i \pm \sqrt{(V_f^i K_j^i)^2 - 4V_f^i K_j^i Q^i}}{2V_f^i} \tag{7.1.13}$$

$$S^i = \frac{1000}{K^i} - l = \frac{2000V_f^i}{V_f^i K_j^i \pm \sqrt{(V_f^i K_j^i)^2 - 4V_f^i K_j^i Q^i}} - l \tag{7.1.14}$$

其中，i 为车道编号；S^i 为第 i 车道平均车辆间距；L_{VD} 为驾驶人可视距离；v_e^i 为交通事故状态下第 i 车道限速值；K 为交通流密度；ψ 为道路坡度；φ 为道路附着系数；v_n^i 为第 i 车道常规限速值；l 为车辆平均长度；V_f^i 为第 i 车道畅行车速；K_j^i 为第 i 车道阻塞密度；Q^i 为第 i 车道交通流量。

取 $t_1 + t_2 + \dfrac{1}{2}t_3 = 2\text{s}$ ，速度单位为 km/h ，则式(7.1.10)可转化为

$$v_e^i = 35.28(\varphi + \psi)\left[-2 + \sqrt{2^2 - \frac{5 - S^i}{4.9(\varphi + \psi)}}\right] \tag{7.1.15}$$

$$\text{s.t. } v_e^i \leqslant v_n^i \tag{7.1.16}$$

$$v_e^i \leqslant L_{\text{VD}} \tag{7.1.17}$$

此外，在交通事故影响传播过程中，事发位置上游各处交通流密度不同，因此根据式(7.1.14)和式(7.1.15)计算的事故发生地上游各点限速值亦不同。为了防止相邻限速区之间限速差值过大导致车辆运行速度差过大，形成潜在的交通安全隐患，需要设置限速过渡段。

综合国内外研究成果，当相邻路段断面的小型车运行速度差大于20km/h 时[5]，车辆运行速度协调性不良，事故率较高。因此，为了保证相邻限速区之间车辆运行速度的协调性，将限速过渡段的阈值定为 20km/h，即当相邻限速区之间的限速差超过 20km/h 的时候，需要设置过渡段，并配套相应的临时提示标志。交通事故状态下限速过渡段示意图如图 7.1.4 所示。

图 7.1.4 交通事故状态下限速过渡段示意图

3) 交通事故状态下分车道限速控制实例分析

由于研究重点是根据交通事故状态下的交通流影响特征确定限速方案，因此忽略交通事故持续时间预测、车道交通流预测等前期步骤，可以直接以高速公路卡口采集到的单点位置实际交通流数据为研究对象，对提出的交通事故状态下分车道限速方法进行实例分析。

由于高速公路交通事故沿车道影响传播到该卡口位置的时间不同，各车道交通流状态变化时间和变化程度不一，因此在交通事故影响时段内，该卡口位置各车道确定的限速值及其相应的限速时段不同。研究发现，受交通事故的影响，本次卡口位置处各车道交通流先后经历高速-排队停车-低速-高速的过程，按照常规限速-事故状态下临时限速-常规限速的方法制定限速方案。通过对交通事故状态下计算限速值同交通流实测速度对比可知，各车道上绝大部分车辆的实际行驶车速能够满足安全限速要求，但是第二车道交通流在由低速-高速的转变过程中

(9:30～10:47)，高密度交通流逐渐消散，车辆由低速向高速迅速过渡，部分车辆显著超过当时车流密度环境下的安全限速值，存在严重的安全隐患，应当及时制定限速措施并向驾驶人预警，对超速行为进行管理。

3. 交通事故状态下交通流疏导控制措施

事故状态下交通流疏导控制措施主要是为了缓解因高速公路交通事故引发的交通拥堵，合理引导交通流在高速公路网上均衡分布，方便交通事故处理及救援，减少事故损失。下面对交通事故状态下车道管理措施和交通诱导分流措施进行论述。

1) 事故状态下车道管理措施

车道管理措施主要是在交通事故状态下，通过变换车道使用方式进行交通疏导和控制，保障交通安全及畅通。车道管理措施主要包括车道关闭控制、专用车道使用、对向车道变向使用、对向车道完全借用、同向车道变向使用等五种措施。

(1) 车道关闭控制措施。

高速公路某车道上发生交通事故，需要暂时关闭该车道时，应在事发位置前方的车道上设置路栏和电子显示屏等设施，并在电子显示屏上显示"×"标志。

(2) 专用车道使用措施。

在特定时段，从高速公路事发位置所在道路方向或相反方向的车道中辟出一条车道作为应急专用车道，方便事故抢险和救援车辆顺利通行，减少事故处理时间，尽快消除事故影响，恢复道路畅通。

(3) 对向车道变向使用措施。

当高速公路某半幅发生严重的交通事故导致交通拥堵或瘫痪，而另外半幅有足够的道路通行能力剩余时，可借用部分可逆车道疏导交通。根据事发路段车道数及交通需求情况，一般有单进单出、单进双出、双进双出三种可逆车道变向使用措施，如图 7.1.5～图 7.1.7 所示。

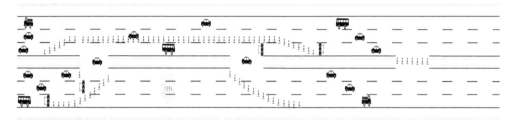

图 7.1.5　单进单出[6]

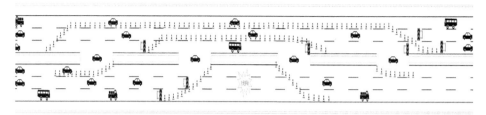

图 7.1.6　单进双出[6]

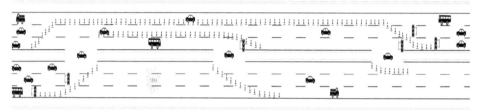

图 7.1.7　双进双出[6]

(4) 对向车道完全借用措施。

若高速公路交通事故导致局部路段全路幅封闭，而某一方向交通流量较大，交通拥堵较严重时，可利用对向车道进行交通疏导，并给事故救援、抢险及事故勘查处理作业提供必要通道。对向车道完全借用措施如图 7.1.8 所示。

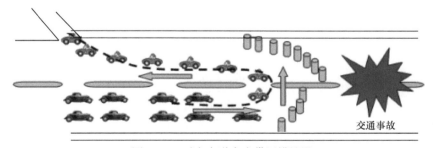

图 7.1.8　对向车道完全借用措施[7]

(5) 同向车道变向使用措施。

当交通事故导致高速公路单向隧道、大型立交匝道、长大桥梁等特殊路段的交通完全中断时，可根据实际情况将个别同向车道临时变向，并通过现场交警指挥和交通标志发出车道变向信息，及时疏导被困车辆退出事发路段。

2) 事故状态下交通诱导分流措施

当高速公路交通事故发生后，为防止交通事故在整个路网内的影响扩散，实现路网交通流的合理分配，需要制定交通诱导分流方案[8]。交通事故状态下的交通诱导分流步骤如图 7.1.9 所示。

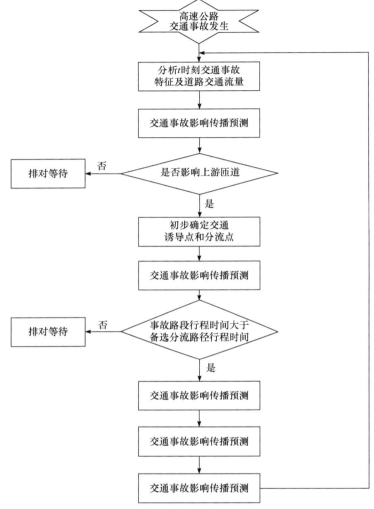

图 7.1.9　交通事故状态下的交通诱导分流步骤

(1) 分析交通事故特征，预测交通流运行状况。

当高速公路交通事故发生后，分析高速公路交通事故特征和车道剩余通行能力，预测下一周期高速公路交通流状态。

(2) 预测交通事故影响，初步确定交通诱导点及分流点位置。

根据交通事故特征信息，确定并预测包括交通事故检测时间、响应时间、现场清理时间和交通恢复时间在内的四阶段事故持续时间，结合高速公路当前检测及预测的车道交通流量，采用高速公路交通事故状态下影响传播模型，预测交通事故影响传播速度和影响范围。如果交通事故影响范围扩散到事发位置上游匝道，则考虑将上游路段车辆诱导分流至其并行道路；反之，引导车辆缓慢通过事发路段。交通事故影响范围内的重要节点，如匝道出口处等可初步确定为交通分流点；交通分流点上游、非交通事故影响范围内的节点，如匝道出入口、服务区等处可作为交通分流的诱导点。

(3) 确定交通分流路径。

首先，在确定交通诱导点和分流点的基础上，以交通事故影响范围内的拥堵车流疏散为基本条件，参考绕行路径实时交通流运行状况，初步确定备选分流路径。然后，分别计算事发路段和各备选分流路径的行程时间，若事发路段行程时间小于备选分流路径行程时间，则重新考虑其他备选分流路径或建议车辆排队等待通过事发路段；若事发路段行程时间大于备选分流路径行程时间，则该路径为可行分流路径。

(4) 确定分流量并发布交通诱导信息。

根据路网交通需求及路阻函数进行动态交通分配，确定各分流路径的分流量。通过可变信息标志、路侧广播等方式向驾驶人周期性发布交通事故信息及交通流诱导信息。

4. 事故救援及工程维护措施

由于高速公路上行车速度较快，一旦发生交通事故，极易造成人员伤亡和道路设施损坏，因此在高速公路交通事故发生后应采取必要的事故救援及道路工程维护措施。常用的事故救援及工程维护措施主要包括医疗救护措施、消防措施和道路工程维护措施等。

(1) 医疗救护措施。

当高速公路上发生交通事故并导致人员伤亡时，应立即启动应急医疗救护措施。医疗救护部门接警后应迅速确认事故造成的人员伤亡情况，评估事故现场医疗救援需求，正确选择医疗救护车辆行驶路线，以就近应急医疗救护为主，合理安排周边医疗单位进行联动救援；在医疗救护部门人员到达事故现场后，应严格按照救护操作规范，将受伤人员及早疏散到安全地带并进行止血、包扎等应急处理；安排受伤人员有序撤离事故现场并接受科学治疗，在最短的时间内，尽最大可能抢救生命。同时，经医疗人员确认交通事故造成人员死亡的，医疗救护部门需会同公安交通管理等部门对尸体的勘验、安置等后续事宜进行协调处理。

(2) 消防措施。

高速公路交通事故发生后，事故现场人员若发现汽车发动机、油路、油箱泄漏，或者车载物品有起火、爆炸危险时，在确保安全的前提下应进行应急处置，利用现场灭火器材扑救初期火灾，为及时组织受灾人员自救撤离，保护道路及车辆设施的安全赢取必要的时间。

消防部门接警后应迅速确认事故发生的时间、路段、人员伤亡受困等情况。基于高速公路交通事故现场消防需求，当地消防部门可就近处理或及时申请周边高速公路消防部门到场协助救援，启动事故消防联动救援措施；掌握事发位置周边交通状态、路况设施、水源分布等情况，正确选择消防车辆行驶路线；认真分析事故现场，并询问司乘人员，了解人员被困、起火风险、起火部位，以及易燃、易爆物品状态等若干状况；正确选用灭火剂和灭火器材，尤其是处置有"危险品"字样的危险货物运输事故时，必须确认危化品名称、化学性质、处置措施。在处置过程中，应加强个人防护，确保安全；处置完有毒、腐蚀性、放射性物质泄漏事故后，还应对消防工作人员和消防器材进行现场清洗；消防处置工作结束后，应保护现场，并撤离至安全区域，等待其他相关部门进行事故处理作业。

(3) 道路工程维护措施。

当交通事故导致高速公路交通安全设施或道路基础设施受损时，道路工程维护部门(交通警察、路政、公路经营者等)应根据事故损害程度，以及道路工程维护需求迅速确定事故抢险人员，以及排障车、吊车、标志车、路面修补机等应急抢险设备的需求类型、数量，规划救援路径，组织工程维护人员及设备有序开赴事发段，展开工程维护作业。清除道路障碍，及时维修并恢复损坏的道路设施，包括道路护栏、交通标志、标线等道路交通安全设施，以及路面、桥梁等道路基础设施。

此外，在隧道、桥梁等特殊路段或雾、雪、冰等恶劣天气环境下发生交通事故时，为了更有效地进行事故救援，尽快恢复高速公路正常通行，还应采取隧道路段逃生路径引导、隧道通风、应急照明、应急消雾等事故救援及工程维护措施。

7.1.3 高速公路交通事故联动管理机制

1. 交通事故联动管理响应机制

交通事故人员伤亡、道路设施损坏程度、交通事故持续时间和影响范围等事故影响情况通常是决定交通事故管理对策的重要因素。当事发区域交通管理和救援部门无法单独有效控制交通事故影响进一步恶化或扩散时，通常需要向上级或邻近区域相关职能部门请求采取协调指挥及救援措施，协调救治事故伤亡人员，控制交通事故影响进一步恶化或扩散，尽快使交通恢复正常运行。

考虑管理部门交通事故应急资源调配能力、交通指挥权限，以及跨部门、跨区域联动组织能力的不同，从国家交通事故管理现状出发，构建交通事故联动管理四级响应机制，即国家(跨省、直辖市)Ⅰ级响应、省(跨市)Ⅱ级响应、市(跨区、县)Ⅲ级响应和区、县Ⅳ级响应，成立国家、省、市、区、县交通事故应急指挥中心作为交通事故应急指挥机构，在各级跨区域卡口勤务协作制度、交通管制分流制度、多部门联合勤务机制和跨区域事故救援协作制度管理下，参考交通事故应急管理专家组的建议，负责区域内交通事故应急管理工作，包括跨部门跨区域协调交通、公安、卫生等部门积极投入到高速公路交通事故应急指挥及抢险救援的工作中，协调处置事故伤亡人员抢救、事故消防、道路设施抢险、事故周边环境监测及保护、事故困难群众救助、保险理赔等工作。协调教育部门对涉及学生的交通事故开展事故现场救援和事后交通安全教育培训工作。协调公安武警特警部门对涉及运钞车辆、恐怖性质车辆的交通事故及时开展专业应急处理。协调安全生产监督管理部门对交通事故管理责任进行倒查、追究，并督促有关部门做好事故报送工作。高速公路交通事故联动管理响应机制如图 7.1.10 所示。

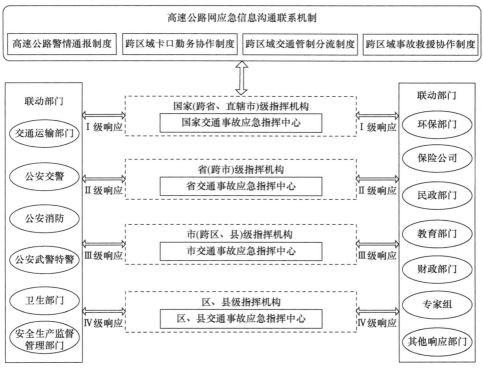

图 7.1.10　高速公路交通事故联动管理响应机制

2. 交通事故联动管理响应流程

1) 警情研判

交通事故监测人员通过报警电话、路况巡逻、视频监控、交通事故自动检测方式发现交通事故。指挥中心通过交通巡逻警察或现场视频设备对交通事故进行最终确认，记录并分析交通事故发生时间、位置、占用车道数、人员伤亡、气象环境、交通流、道路设施损坏程度等信息，研判事故影响、交通事故管理需求，初步确定可行的交通事故管理对策。

2) 高速公路交通事故管理对策

根据确认的交通事故信息，分析消防车、救援车、拖车等交通事故应急资源需求程度，同时结合交通事故影响范围、资源分布情况，确定交通事故联动管理响应级别，启动该级别高速公路交通事故联动管理响应机制，成立应急指挥中心，并向相关应急响应部门和社会发布具体内容。

在应急指挥中心内迅速成立交通事故应急指挥部，组建指挥调度小组和现场指挥小组。指挥调度小组从宏观上划分交通事故管理区域，制定交通事故管理措施，并向相关联动管理响应部门发布各种调度指令。交通警察、路政、医疗救护、消防、排障等部门人员按照调度指令到达现场后，根据事故现场情况，依照部门应急预案和指挥中心指令，各司其职、相互配合，积极进行交通事故现场救援，配合实施交通事故影响区域内相关交通管理措施，包括事故状态下分车道限速控制、事故状态下交通流疏导控制等措施。现场指挥小组赶赴事故现场，负责监督、指挥现场各项事故救援和交通管理工作，维护事故现场交通秩序，有序组织开展交通事故救援及工程维护作业。

3) 报警解除

交通事故现场清理完毕，事故管理作业全部完成后，事故报警解除。各响应部门应将事故处置情况上报指挥中心。指挥中心负责向社会发布交通恢复信息并向上级交通事故应急管理指挥中心提交书面评估总结报告。

总体而言，7.1 节整体从划分交通事故管理区域、制定交通事故管理措施，以及构建交通事故联动管理机制三个方面，初步建立了系统的高速公路交通事故管理对策。

首先，基于交通事故影响范围内交通流状态和管理需求的不同，结合相关职能部门规定，将交通事故管理区域划分为事故现场保护区、事故影响控制区和事故影响缓冲区，初步确定不同交通事故管理对策实施范围。

然后，从事故现场保护及管理、事故状态下分车道限速控制、事故状态下交通流疏导控制、事故救援和工程维护四个方面制定高速公路交通事故管理措施，即针对事故现场保护、勘查、救援等作业需求，提出高速公路事故现场保护及管理措施；分析车辆紧急制动过程，确定车辆行驶安全间距，构建交通事故状态下分车道限速控制模型，并进行实例分析。系统论述事故状态下交通流疏导控制、事故救援和工程维护措施。

最后，考虑管理部门交通事故应急资源调配能力、交通指挥权限，以及跨部门、跨区域联动组织能力的不同，从国家交通事故管理现状出发，构建交通事故联动管理四级响应机制，建立高速公路交通事故联动管理响应流程(图 7.1.11)，为交通事故联动管理提供组织保障。

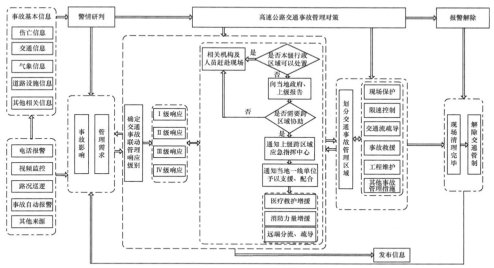

图 7.1.11　高速公路交通事故联动管理响应流程

7.2　基于案例推理的交通事故应急措施决策

在 7.1 节高速公路交通事故管理对策分析的基础上，分析高速公路交通事故应急决策特点，进行交通事故应急措施决策方法(决策工具)的研究。7.2 节主要研究以下问题。首先，分析应急决策与常规决策的区别，研究高速公路交通事故应急决策特点。然后，分析案例推理的决策优势，提出基于案例推理的交通事故应急措施决策方法。最后，构建交通事故案例推理决策流程，提出基于框架的交通事故案例表示方法，设计高速公路交通事故案例总框架和各子框架列表，建立交通事故案例检索模型，定义相似案例集匹配度指标，综合评价案例检索性能，并提出交通事故案例重用、案例修正和案例存储方法。本节从交通事故案例表示、案例检索、案例重用、案例修正和案例存储五个方面对基于案例推理的交通事故应急措施决策方法进行系统研究。

7.2.1　高速公路交通事故应急决策特点

1. 应急决策与常规决策区别

应急决策与常规决策在决策机构、决策背景、决策约束条件、决策方法、决策目标和决策效果方面的区别如表 7.2.1 所示。

表 7.2.1　常规决策与应急决策区别

比较项	常规决策	应急决策
决策机构	常设的集体决策主体	高度集权的临时决策主体
决策背景	常规状态下程序化决策	应急状态下非程序化决策
决策约束条件	决策约束条件基本确定 (可获得充分的决策信息, 可以建立相对 完整的决策约束条件)	决策约束条件不确定性较大 (可获得的决策信息随机性较大, 难以迅速建立 完整的决策约束条件)
决策方法	正常状态下的常规决策方法	应急状态下的非常规决策方法
决策目标	目标相对明确、稳定、单一	目标呈现多样化和动态性
决策效果	追求最优化决策结果	追求满意结果(次优)

2. 交通事故应急决策特点

高速公路交通事故管理决策属于应急决策范畴。从交通事故管理角度分析, 其应急决策特点如下。

(1) 事故管理对策的类比性。

交通事故具有事故发生位置、发生时间、事故伤亡程度、天气状况、交通流状况等特征属性, 同交通事故管理区域划分、交通事故状态下分车道限速控制、事故救援、联动管理等管理对策之间具有密切联系。具有相似特征属性的交通事故管理对策之间具有较强的类比性。

当新发生交通事故同历史交通事故具有大量相同或相似的特征属性, 并且交通事故特征属性与事故管理对策之间密切相关, 甚至具有函数关系时, 可以根据类比推理方法, 探索可复制的经验措施, 从以往的交通事故中获取目标交通事故的管理对策。

(2) 事故管理的应急性。

交通事故属于突发事件。为了尽快消除突发交通事故影响, 把事故损失降到最低程度, 事故管理决策人员需要准确分析突发事故现场情况, 及时判断交通事故的地点、类型等基本特征, 预测事故影响范围, 确定综合的交通事故管理对策, 提高交通事故应急管理能力, 迅速控制事态发展, 尽快恢复道路交通正常运行。

(3) 事故管理的实时性。

高速公路交通事故发生以后, 需要应急决策人员及时确认交通事故特征, 并根据动态的路网交通流运行状态和交通事故处理进程, 分析交通事故影响扩散情况，实时做出针对性的交通事故应急管理措施，逐渐消除事故影响，避免引发大面积路网交通拥堵和交通事故次生灾害。

(4) 决策数据的缺失性、异构性。

高速公路交通事故的突发性特征导致应急决策人员难以在较短时间内获取充分的辅助决策信息，交通事故应急决策数据的缺失性比较普遍。此外，高速公路交通事故应急决策数据包括事故报警信息、交通流监控信息、气象信息、道路信息等，源自多种信息渠道。决策数据中包括动、静态信息，如各种文本、空间、时间等不同数据类型，以及它们之间的多重关系导致应急决策数据的异构性和复杂性。

(5) 决策类型多样性。

高速公路交通事故应急决策需要考虑人、车、路、环境、管理等多种影响因素，在事故应急管理过程中需要众多管理部门的协调配合。一般来讲，交通事故应急决策过程包含多种决策类型，如结构化决策、半结构化决策和非结构化决策。交通事故应急决策面临的是由诸多相互关联又相互制约的因素构成的复杂且缺少足够信息数据支撑的决策空间，其决策类型多样。

综上所述，交通事故应急决策涉及交通组织、事故救援、道路工程维护，以及跨部门、跨区域的应急联动管理等不同作业需求，受到人、车、路、环境等多种因素的影响，决策响应时间短、应急管理部门多、决策措施复杂，信息数据具有实时性、缺失性、异构性等特征，兼具结构化和非结构化决策问题的特点。然而，由于数学模型和大部分智能决策方法要求对交通事故管理的描述过于精确和理想化，并不完全适用于复杂的交通事故应急决策领域。与此同时，案例推理是从认知科学角度提供基于类比推理的认知模型和问题求解方法，可以克服数学模型和其他智能决策方法在交通事故管理领域存在的困难。

针对高速公路交通事故应急决策具有类比性、应急性、实时性、多样性等特点，其决策数据具有缺失性和异构性特征，选用案例推理作为交通事故应急措施决策方法，提高决策的时效性，充分利用管理者经验，以及历史事故决策信息，应对复杂的高速公路交通事故应急决策问题。

7.2.2　案例推理原理

1. 案例推理起源与发展

案例推理思想最早由 Roger 在 1982 年提出。在 *Dynamic Memory* 中，Roger 提出案例推理的认知模型和框架。此后，案例推理逐渐被引入交通管理决策领域。在国外，Bayles 将案例推理应用于航空交通管理领域。在道路交通管理决策措施的制定及评价方面，Adel、Hoogendoorn、Lin 等各自开发了基于案例推理的决策系统，并从系统决策的准确性和耗时等方面对案例推理决策系统进行验证。在国内，部分学者设计了基于案例推理的铁路事故救援预案辅助决策子系统架构，并初步探讨了铁路事故救援预案信息的表示、存储和检索等模块，进行基于案例推理的交通应急预案推理模型研究，对城市交通应急预案的表示、组织、索引方法进行说明。一部分学者在突发交通事件条件下，提出一种基于案例推理的道路交通拥挤疏导决策方法，提高了交通应急决策的智能性与灵活性。

总的来说，案例推理的研究和应用在美国、欧洲起步较早，并得到柜当程度的发展，开发出多套具有案例推理原理的应用系统。国内案例推理的研究起步较晚，但是发展迅速。当前，案例推理技术已逐渐深入到我国交通应急决策的研究和应用领域，并形成初步理论和应用成果。

2. 案例推理基本定义及其工作流程

案例推理是基于人的认知心理过程，借助历史上求解问题的经验和方法，通过类比和联想解决当前相似问题的人工智能推理决策方法。该方法适用于解决理论模型和领域知识不完全，需要必要的管理经验进行辅助决策的问题。

在基于案例的推理中，最基本的组成部分是案例。我们把当前需要解决的问题称为目标案例，已经解决的问题称为历史案例。案例推理的基本过程如下，先将大量的问题及其相应的决策方案以案例的形式，按照一定的组织方式存储在案例库中，当需要解决一个目标案例时，系统根据目标案例的描述，在案例库中进行检索，找出一个或几个与目标案例相似的历史案例。如果找到的最相似案例与目标案例一致，则可以用最相似案例的决策方案解决目标案例；如果对最相似案例的决策方案不满意，可以对该决策方案进行修正，把目标案例及其最终决策方案作为一个新案例保存在案例库中，实现案例推理的一次学习过程，以便下次遇到类似的问题时作为参考。这符合人类求解问题的逻辑。

案例推理的基本过程一般要经过五个阶段，即案例表示(represent)、案例检索(retrieve)、案例重用(reuse)、案例修正(revise)、案例存储(retain)。

(1) 案例表示。

决策者在利用案例推理系统进行问题求解时，首先需要把目标问题的特征信息描述为计算机能够处理的约定形式，构成目标案例。这一过程称为案例表示。

案例表示是案例推理的基本问题，案例表示方法直接决定案例库的构建和案例检索方法的选用，影响案例推理的性能和效率。案例表示的主要任务是确定案例基本特征，并选用适当的案例表示方法。

(2) 案例检索。

根据目标案例的特征描述，在案例库中检索与所给问题最相似案例和部分次相似案例，形成相似案例集。

案例检索是案例推理工作过程的关键环节，也是案例推理研究的热点问题。案例检索结果和检索效率决定案例推理的系统性能。

(3) 案例重用。

把检索出的最高相似度案例与当前目标问题进行匹配，得出问题的初步决策方案。若其能够满足目标问题的要求，则重用此案例；否则，进入案例修正阶段。

(4) 案例修正。

在案例重用阶段，如果初步决策方案不能满足目标问题需求，则对其进行修正，确定目标问题的最终决策方案，使之适合解决目标问题。

案例修正与具体问题领域密切相关。当前，案例修正方法仍难以一般化。

(5) 案例存储。

把目标问题及其最终决策方案作为一个新的案例，将新的案例存储起来，放到案例库里，以备将来使用，这个过程称为案例存储。

案例存储是案例推理方法的一大特点，通过对新案例的保留来提高案例推理系统解决问题的能力。一般案例存储过程是，通过与案例库中已有的历史案例进行比较，如果案例库中没有与其足够相似的案例，则将新案例添加到案例库中。案例推理工作流程如图 7.2.1 所示。

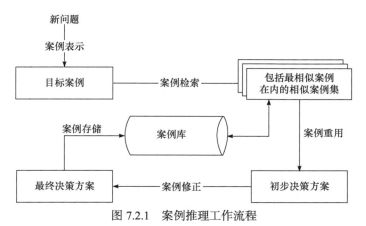

图 7.2.1　案例推理工作流程

可以发现，案例式推理强调这样的思想，即人类在解决新问题时，常常回忆过去积累下来的类似情况的处理，通过对过去类似情况处理的适当修改来解决新问题。过去的类似情况及其处理技术被称为案例(case)。过去的案例还可以用来评价新问题及其求解方案，并且对可能的错误进行预防。运用这一基本思想进行的推理称为基于案例推理(case-based reasoning，CBR)技术。

3. 基于案例推理的交通事故应急决策优势

(1) 案例推理适用于处理缺失参数数据情况下的交通事故应急决策问题。

由于在交通事故应急决策过程中,报警时间短、事故地点分散、应急管理部门多且地方管理特色明显,因此很难获取完整且符合格式要求的交通事故应急管理数据参数。基于案例推理的决策方法通过分别计算交通事故案例各属性相似度得到整体案例相似度,进而选取合适的应急决策措施。该方法对于案例各属性值限制较少,能够在不能完整采集到案例特征信息的情况下获取交通事故应急决策方案。

(2) 案例推理决策过程简化。

交通事故应急决策是涉及人、车、路、环境等因素的复杂问题求解。在交通事故传统专家系统或决策数学模型中,决策过程比较复杂,决策耗时较长。案例推理一般不需要考虑交通事故管理问题的具体细节,也不需要完整且严谨的决策模型,求解效率较高,决策过程相对简化,适用于具有应急性和实时性决策需求的交通事故应急管理问题。

(3) 案例推理能够简化交通事故应急管理知识的获取。

在交通事故管理过程中,可以将交通事故特征信息,以及事故管理对策信息,如事故发生位置、事故形态、事故发生时间、天气状况,以及相对应的事故管理区域划分、应急限速和交通流疏导措施等信息有效记录并存储在交通事故案例库中。当发生新的交通事故时,通过案例检索、案例重用和案例修正过程输出综合的目标交通事故案例管理对策。相比结构化决策特点较强的决策规则和决策数学模型方法,交通事故案例推理决策方案的获取相对简便,适用于具有决策类型多样性的复杂交通事故应急管理问题。

(4) 案例推理决策范围和决策质量不断提高。

由于交通事故决策类型的多样性和人的有限理性,事故决策规则或决策数学模型对事故特征的理解往往是不全面的。交通事故案例是从实际发生的交通事故应急管理过程中选取的,并且案例推理能够随着事故特征和事故管理需求的变化把缺少的案例信息添加到案例库中,及时对案例库进行维护。因此,案例推理属于一种增量式学习方法,更贴近实际。随着交通事故案例库覆盖范围的提高,决策者基于类比推理,在充分借鉴历史事故案例管理经验的基础上,对新的交通事故目标案例进行具体问题的分析,得出更准确的综合决策方案,使案例推理决策范围和决策质量不断提高。

(5) 案例推理决策方案易于被决策者接受。

案例推理决策方案一般是以交通事故案例库中储存的历史成功案例信息为基

础得出的。作为经过实践检验的成功案例，交通事故案例特征属性及其管理对策信息可以一一展示给决策者，易被决策者接受。

7.2.3　基于案例推理的交通事故应急措施决策方法

1. 基于案例推理的交通事故应急措施决策流程

案例推理是实现高速公路交通事故应急决策的有效方法。基于案例推理的交通事故应急措施决策流程如图 7.2.2 所示。

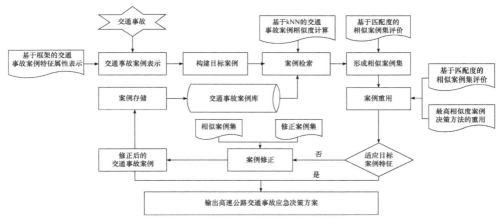

图 7.2.2　基于案例推理的交通事故应急措施决策流程

将交通事故特征按照案例的形式表示出来，建立全面的交通事故案例库是案例推理的基础。实施案例检索以相似度表示案例之间的相似程度，查找包括最高相似度案例在内相似案例集；选用最高相似度案例的解作为目标案例的初步决策方案进行案例重用；若最高相似度案例的初步决策方案不符合目标案例的要求，则进行案例修正，形成最终决策方案，输出满足要求的事故管理对策，并将其保存在案例库中。

2. 交通事故案例表示

当前，案例表示一般采用知识表示方法。知识表示方法主要包括一阶谓词表示法、产生式表示法、框架表示法、语义网络法、脚本法、过程表示法、面向对象表示法等[9]。

高速公路交通事故应急决策涉及交通事故当事人、事故车辆、道路设施、气象环境、交通环境及众多管理部门等因素的影响，构成的交通事故案例特征信息复杂，数据不完备、数据类型不一致的情况时有发生。因此，可以选用框架表示法对交通事故案例进行表示。框架表示法的优点是，善于表达结构性的知识，可对知识细节补充、修改；适用于表示固定的、典型的、存在缺失数据情况下的事件和行为；具有可继承性，可以减少知识的冗余，较好地保持知识的一致性，能够建立复杂知识的框架网络；体现人们在观察事物时的思维活动。

框架一般由框架名、槽名、侧面值，以及槽值组成，如表 7.2.2 所示。

表 7.2.2　框架表示一般形式

框架名		
槽名 1	(侧面值 1)	(值 1，值 2，值 3，…，值 N_1)
	(侧面值 2)	(值 1，值 2，值 3，…，值 N_2)
	(侧面值 s)	(值 1，值 2，值 3，…，值 N_3)
槽名 2	(侧面值 1)	(值 1，值 2，值 3，…，值 M_1)
	(侧面值 2)	(值 1，值 2，值 3，…，值 M_2)
	(侧面值 s)	(值 1，值 2，值 3，…，值 M_3)
…	…	…

一般来说，案例表示的内容不仅包括对案例问题整体情况的描述，还包括对案例问题的解或解的方法的描述，以及解的效果的描述，因此案例可以表示成<问题描述，解描述>或<问题描述，解描述，效果描述>两种模式。存储在案例库中的案例一般是经过实践检验的成功案例，因此常选用<问题描述，解描述>模式表示案例，简化案例结构，提高案例推理效率。

问题描述用来描述案例问题的特征属性信息，是案例所处状态描述符的集合。解描述是解决案例问题的对策、方法、方案等信息的集合。在问题描述和解描述上，一般采用(特征属性名，特征属性值)。

交通事故案例表示的内容要能充分反映对事故管理有影响的各种因素，包含足够的道路环境、交通流，以及交通事故基本特征等数据信息，为较好地检索、重用、修正交通事故管理对策，提高交通事故应急管理水平奠定基础。

一个高速公路交通事故案例应至少包括两大部分内容，即交通事故特征属性描述和交通事故管理对策。交通事故特征属性描述可以划分为交通事故基本信息、交通事故当事人信息、交通事故车辆信息、道路设施信息、气象环境信息和交通信息。通过对以上六种交通事故特征属性数据资料的分析，参考交通事故管理对策制定方法，确定包括交通事故管理区域划分、交通事故现场保护及管理、事故状态下分车道限速控制、事故状态下交通流疏导控制、交通事故救援及工程维护、交通事故联动管理在内的交通事故管理对策。

高速公路交通事故案例总框架如图 7.2.3 所示。采用框架表示方法，从交通事故特征属性描述和交通事故管理对策两个部分，参考制定高速公路交通事故管理对策所需的数据资料、公安部交通管理局编制的"道路交通事故信息采集项目表"，以及多项交通事故信息采集规范要求[10-13]，设计高速公路交通事故案例总框架，如表 7.2.3 所示。

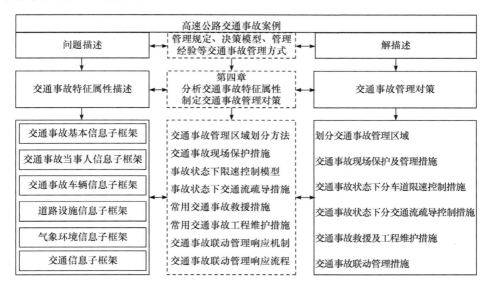

图 7.2.3　高速公路交通事故案例总框架

表 7.2.3　高速公路交通事故案例框架列表

子框架名	槽名(特征属性)	侧面名(特征值)	特征值类型
交通事故 基本信息子 框架	事故发生位置	桩号	数值型
	事故发生时间	时间	数值型
	日期(星期)	范围(星期一～星期日)	枚举型
	事故形态	范围(正面相撞、侧面相撞、尾随相撞、对向刮擦、同向刮擦、刮撞行人、碾压、翻车、坠车、 失火、撞静止车辆、其他)	枚举型
	事故严重程度	范围(财产损失、伤人、死亡)	枚举型
	事故初查原因	范围(违法过错、非违法过错、意外、其他)	枚举型
	危险品种类	非危险品、易燃易爆、剧毒化学品、其他危险物品	枚举型
	危险品事故后果	爆炸、气体泄漏、燃烧、无后果、其他	枚举型
交通事故当事人 信息子框架	轻伤人数	单位：人	数值型
	重伤人数	单位：人	数值型
	死亡人数	单位：人	数值型

子框架名	槽名(特征属性)	侧面名(特征值)	特征值类型
交通事故车辆信息子框架	轻度损坏车辆数	单位：辆	数值型
	重度损坏车辆数	单位：辆	数值型
	报废车辆数	单位：辆	数值型
道路设施信息子框架	事发位置道路类型	高速进口匝道处、高速出口匝道处、匝道、普通路段、桥梁、隧道、其他特殊路段	枚举型
	道路线形	平直、一般弯、一般坡、急弯、陡坡、连续下坡、一般弯坡、急弯陡坡、一般坡急弯	枚举型
	路表情况	干燥、潮湿、积水、漫水、冰雪、泥泞、其他	枚举型
	有无散落物	范围(有、无)	枚举型
	有无路产损失	范围(有、无)	枚举型
气象环境信息子框架	天气状况	晴、阴、雨、雪、雾、大风、沙尘、冰雹、其他	枚举型
	雨	范围(小雨、中雨、大雨、暴雨)	枚举型
	雾	范围(轻雾、中雾、大雾、浓雾)	枚举型
	雪	范围(小雪、中雪、大雪、暴雪)	枚举型
	能见度	单位：m	数值型
	风力	单位：m/s	数值型
	路面附着系数	0~1之间的自然数	数值型
交通信息子框架	事故发生时段	范围(平峰、高峰)	枚举型
	交通流量	单位：pcu/h/ln	数值型
	交通事故持续时间预测	单位：min	数值型/数值区间型
	事故路段剩余通行能力	单位：pcu/h	数值型
交通事故管理对策子框架	高速公路交通事故管理区域划分	划分交通事故现场保护区、事故影响控制区和事故影响缓冲区范围	数值型/数值区间型
	高速公路交通事故管理措施	事故现场交通管制、救援及勘查处理等事故现场保护及管理措施；交通事故状态下分车道限速值的确定；事故状态下车道管理、交通诱导分流等交通流疏导控制措施；医疗救护、消防	文本型
	交通事故联动管理措施	确定交通事故联动管理响应级别，组织交通事故管理部门，调配事故应急资源，实施交通事故管理措施	文本型

3. 案例检索

在案例推理过程中，案例检索是整个案例推理循环的核心环节，因为它不仅是整个案例推理的基础，同时也决定了后续推理的效率。

所谓案例检索，实质上就是要在决策者给出目标案例之后，检索系统能够自动地从案例库中找出与目标案例完全相似或部分相似的案例，而且能按照决策者的要求进行排序并输出结果，相似程度高的案例优先输出，形成相似案例集。案例检索要达到两个目标，即检索获得的相似案例集中的案例数应尽量少；检索出的案例应尽可能与目标案例相似。

常用的检索方法主要有最近邻法、归纳法、知识导引法、模板检索、神经网络检索、粗糙集检索，以及数理统计方法等。其中，最近邻法是案例推理中应用最广泛、最简便的一种相似算法，它适用于基于特征属性的案例表示方法。

作为最近邻法的发展，加权 k 阶最近邻法，即 kNN 算法，在案例推理领域的应用日益增多。kNN 是一种基于距离的相似性度量算法。这种方法将目标案例的特征属性和案例库中的历史案例特征属性进行相似度计算，然后根据特征指标的权值，加权求和计算两个案例之间的相似度，并根据相似度的大小检索由 k 个案例组成的相似案例集。k 不是越大越好，也不是越小越好，k 值的选取是根据案例的数目和分散程度进行的，对不同的应用可以选取不同的 k 值，一般取 $[\sqrt{n}]$，$[\ ]$ 表示取整，n 为案例库中的案例总数。

1) kNN 检索流程

基于 kNN 的案例检索步骤如下。

(1) 输入交通事故目标案例，初始化目标案例特征属性值。

(2) 确定案例库中各个特征属性的权重值。常用的权重设置方法有专家打分法、成对比较法、调查统计法、层次分析法等。

(3) 计算目标案例各个特征属性与第 i 个历史案例相应特征属性的相似度。

(4) 计算目标案例与第 i 个历史案例属性相似度的加权和，得到两案例的相似度。

(5) 逐个计算案例库中每个历史案例与目标案例的相似度。

(6) 选取相似案例集。按总体相似度的大小，对案例库中的案例进行由大到小的排序，选取前 $k=[\sqrt{n}]$ 个案例组成相似案例集。

基于 kNN 的交通事故案例检索流程如图 7.2.4 所示。

2) 案例相似度及相似案例集计算

交通事故案例特征属性主要分为数值型、数值区间型、枚举型。其中，数值型的特征属性首先要进行归一化处理，要求 C_{im}、$C_{jm} \in [0,1]$，然后进行相似度的计算。选用线性函数对数据进行归一化，即

$$y = (x - \min(x))/(\max(x) - \min(x)) \tag{7.2.1}$$

其中，特征值 $\max(x)$ 和 $\min(x)$ 为存储在数据库中的最大值和最小值，即该特征属性的取值范围。

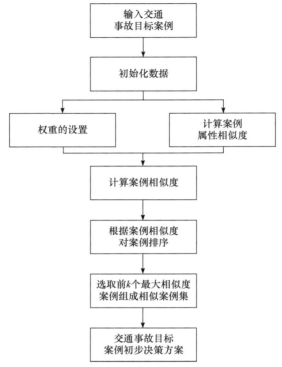

图 7.2.4　基于 kNN 的交通事故案例检索流程

(1) 数值型特征属性相似度计算。

设案例 C_i 与案例 C_j 的第 m 个属性为数值型，其属性值分别记为 V_{im} 和 V_{jm}。对属性值进行归一化处理，使 V_{im}，$V_{jm} \in [0,1]$，则案例 C_i 与案例 C_j 的第 m 个属性的相似度为

$$\mathrm{sim}(C_{im}, C_{jm}) = 1 - D(C_{im}, C_{jm}) = 1 - |V_{im} - V_{jm}| \tag{7.2.2}$$

其中，sim 为相似函数；C_i 和 C_j 为案例 i 和案例 j；C_{im} 和 C_{jm} 为案例 i 和案例 j 的第 m 个特征属性值；$D(C_{im}, C_{jm})$ 为案例 C_{im} 和案例 C_{jm} 之间的距离。

(2) 枚举型属性相似度计算。

设案例 C_i 与案例 C_j 的第 m 个属性为枚举型，当枚举型特征属性值相同时，两者的相似度值为 1，否则为 0，即

$$f(x) = \begin{cases} 1, & C_{im} = C_{jm} \\ 0, & C_{im} \neq C_{jm} \end{cases} \tag{7.2.3}$$

(3) 数值区间型属性相似度计算。

模糊区间数或模糊中心数可以用来表示数值区间特征属性。设案例 C_i 与案例 C_j 的第 m 个属性为数值区间，C_{im} 表示成模糊区间数的形式为 $[C_{im}^-, C_{im}^+]$，数值区间的下限值和上限值分别用 C_{im}^- 和 C_{im}^+ 所表示，C_{jm} 表示成模糊区间数的形式为 $[C_{jm}^-, C_{jm}^+]$。经过归一化计算后，案例 C_i 与案例 C_j 的第 m 个属性的相似度为

$$\begin{aligned} \text{sim}(C_{im}, C_{jm}) &= 1 - D(C_{im}, C_{jm}) \\ &= 1 - \sqrt{\frac{1}{2}\left[(C_{im}^- - C_{jm}^-)^2 + (C_{im}^+ - C_{jm}^+)^2\right]} \end{aligned} \tag{7.2.4}$$

其中，$D(C_{im}, C_{jm})$ 表示案例 C_i 与案例 C_j 在第 m 个特征属性上的平均欧氏距离，$D(C_{im}, C_{jm}) \in [0,1]$。

(4) 案例相似度。

案例相似度计算公式为

$$\text{sim}(C_i, C_j) = \sum_{m=1}^{n} w_m \text{sim}(C_{im}, C_{jm}) \Big/ \sum_{m=1}^{n} w_m \tag{7.2.5}$$

其中，n 为案例特征属性的数目；w_m 为案例第 m 个属性的权重值，一般情况下，设 $\sum_{m=1}^{n} w_m = 1$。

(5) 相似案例集。

按照案例相似度大小排序得到的相似案例集 C 为

$$C = \{C_1, C_2, \cdots, C_k\} \tag{7.2.6}$$

其中，C 为按照案例相似度大小排序得到的前 k 条相似案例组成的相似案例集；C_k 为案例集中案例的编号。

3) 相似案例集匹配度指标的定义

当检索出的最高相似度案例与目标案例并不完全相似($\text{sim}(C_i, C_j) \neq 1$)时，决策者需要对检索得到的案例集进行综合评估，以制定完善的交通事故管理决策措施。本节提出相似案例集匹配度的概念，结合案例最高相似度指标综合评价案例检索效果。

相似案例集匹配度定义为，相似案例集中的案例特征属性能够与目标案例中各属性值相匹配的程度。在 k 条相似案例组成的相似案例集中，若案例第 m 个属

性为枚举型，则该属性的匹配度为

$$p_m = \begin{cases} w'_m, & \sum_{i=1}^{k} \mathrm{sim}_t(C_{im}, C_{jm}) \geqslant 1 \\ 0, & \sum_{i=1}^{k} \mathrm{sim}_t(C_{im}, C_{jm}) = 0 \end{cases}, \quad t = 1, 2, \cdots, k \tag{7.2.7}$$

若案例第 m 个属性为数值型或数值区间型，则此属性匹配度为

$$p_m = w'_m \max(\mathrm{sim}_t(C_{im}, C_{jm})), \quad m = 1, 2, \cdots, n \tag{7.2.8}$$

其中，$w'_m = 1/n$。

相似案例集匹配度为

$$p = \sum_{m=1}^{n} p_m \tag{7.2.9}$$

4. 案例重用

案例重用一般是将检索出的交通事故最高相似度案例的初步决策方案应用于目标案例环境中。案例重用方法主要有两种，即对最高相似度案例决策方案的重用和对最高相似度案例决策方法的重用。对交通事故案例决策方案的重用是在考虑最高相似度案例同目标案例特征属性区别的基础上，将最高相似度案例的决策方案与目标案例的特征属性相匹配，成为目标案例的解集。对最高相似度案例决策方法的重用关注最高相似案例的决策方法，包括模型参数的选择、子目标的设定、替代方案的生成等。在案例重用过程中，应根据实际需要选择适当的重用方式。

在案例重用阶段，把检索出的最高相似度案例与当前目标案例进行匹配，可以得出目标案例的初步决策方案。若其能够满足目标案例的要求，则重月此案例；否则，进入案例修正阶段。

5. 案例修正

当经过交通事故案例重用得到的初步决策方案无法满足目标案例的解时，可以通过分析修正知识库和交通事故相似案例集两个途径进行案例修正，完成目标案例初步决策方案的修改。

(1) 通过分析修正知识库进行案例修正。

通过对检索案例的不断学习，以及专家知识的不断积累，建立知识库存放交通事故应急管理规定、应急管理原则、管理预案、决策数学模型、案例修正原则等相关知识和政策文件，以便专家或事故应急决策人员参考，对目标案例的初步

决策方案进行调整。

(2) 通过分析交通事故相似案例集进行案例修正。

相似案例集是由案例检索得到的最相似案例和一定数量的次相似案例构成的案例集合。在相似案例集中,每个相似案例与目标问题案例的特征属性值全部或部分相同,并按照案例相似度的大小进行排序。

由于交通事故案例特征属性与其决策方案之间通常具有密切的映射关系,当案例集中的最高相似度案例同目标问题案例的特征属性不完全相似时,可以综合对比、分析案例集中其他次相似案例的特征属性及其决策方案,以便对初步决策方案进行补充、修正。案例修正通常是对交通事故初步决策方案进行管理措施的插入、删除、替换、修改,而具体的案例修正方法则包括专家咨询、模型推理、规则技术、遗传算法等。

6. 案例存储

案例存储是案例推理周期的最后一个环节。一般来说,当交通事故案例库中的历史案例和目标案例之间完全相同或很接近,两者相似度大于某个阈值时,则认为目标案例没有提供新的信息,不需存储,因此选择维持原案例库不变。如果案例库中的交通事故历史案例和要解决的目标问题案例之间相差较大,那么就需要进行案例修正,在修改完案例并解决问题之后,通过添加案例库功能,作为一个新的案例存储在交通事故案例库中。此后,再遇到此类问题的事故案例时,就能从案例库中检索出完全匹配的案例进行交通事故应急决策支持。在这种情况下,基于案例推理的交通事故应急决策就能够逐渐积累解决相关问题的经验,使事故应急决策推理能力不断提高。

在对新事故案例进行存储后,必然导致交通事故案例库的不断增大。一方面,案例检索的有效性提高,可以减少案例修正的次数;另一方面,随着案例推理系统的长期应用,交通事故案例库不断扩充,交通事故重复案例和噪声案例随之出现,影响案例的检索效率。因此,应适时对交通事故案例库进行维护。案例库的维护涉及案例增加、案例删除、案例库结构调整和案例库更新等。

7.3 基于数据挖掘的交通事故案例检索优化

当前,在我国道路交通事故处理,以及交通管理信息数据库中,收录的数据信息主要涉及道路交通事故的基本特征信息、受案登记信息和事故处理结果信息,主要包括当事人、车辆、道路和交通环境等基本情况;道路交通事故发生经过;道路交通事故证据;事故形成原因分析,以及事故车辆、当事人等处理结果信息。但是，在交通事故管理过程中，实际采用的具体事故管理对策，如交通事故的现场救援、应急限速、联动管理、应急资源的调配等措施并未被有效收录。由于现有的交通事故案例中缺乏必要的管理对策数据，在交通事故案例推理过程中，暂时无法实现对交通事故管理对策数据的直接分析、提取、重用、修正及案例存储。因此，鉴于当前研究条件限制，本节重点对交通事故案例检索优化方法进行研究。

案例检索是案例推理过程的核心。kNN 算法是当前最广泛使用的案例检索算法。面对高速公路交通事故较一般道路事故破坏性更大、影响面更广、应急决策需求更高等特点，如何进一步优化高速公路交通事故案例检索方法，提高高速公路交通事故案例推理决策质量，成为必须要面对的问题。因此，首先对于采用 kNN 算法的传统交通事故案例检索方法存在的问题进行分析。然后，采用数据挖掘方法对交通事故案例检索方法进行优化，建立基于数据挖掘的交通事故案例检索优化流程，提出基于数据信息熵的交通事故案例特征属性权重的设定，以及基于二阶聚类算法的交通事故案例库组织结构优化，提高交通事故案例检索准确性。最后，开发交通事故案例检索原型系统，设计实验方案，进行案例检索对比实验，分析并验证提出的交通事故案例检索优化方法的有效性。

7.3.1　基于 kNN 算法的交通事故案例检索问题分析

kNN 案例检索方法适用于基于属性表示的交通事故案例，在交通管理决策领域研究及应用广泛。荷兰代尔夫特科技大学的学者采用案例特征属性数据平均模糊隶属度作为权重值计算案例相似度，实现实时路网交通安全辅助管理。美国佛蒙特大学的学者将案例推理方法引入交通诱导领域，将案例各特征属性权重值均界定为 1，采用 kNN 算法检索交通流路径分流方案。国内部分研究采用基于案例推理的动态参数匹配和协调冲突检验方法，寻求建立交叉口信号控制优化方案。另一部分学者则采用层次分析法确定案例特征属性权重，应用 kNN 算法检索相似的决策案例进行交通拥挤管理。综上所述，kNN 算法已成为当前主要的交通管理决策案例检索方法。但是，该检索方法仍存在以下问题。

1. 案例特征属性权重设置问题

当前常用的案例特征属性权重设置方法主要有专家打分、层次分析、主成分分析等方法。交通事故案例通常由数值型数据和枚举型数据混合组成。案例特征属性权重一般采用主观方法定性确定，检索精度和稳定性较差。

以国内某高速公路交通事故数据库为例建立初始交通事故案例库。案例库中收录的主要事故特征属性包括事故发生位置、事故发生日期、事故发生时段、事故形态、事故严重程度和天气状况。高速公路交通事故案例特征属性数据构成如

表 7.3.1 所示。该交通事故案例库是由数值型和枚举型数据混合构成的。如何在分析交通事故案例混合数据构成特点的基础上，选择一种客观的案例特征属性权重设置方法，是实现交通事故案例准确检索的首要问题。

表 7.3.1 高速公路交通事故案例特征属性数据构成

事故案例属性	事故 发生位置	日期 (星期)	事故 发生时段	事故形态	事故 严重程度	天气状况
数据类型	数值型	枚举型	枚举型	枚举型	枚举型	枚举型

2. 相似案例集准确性检索问题

交通事故案例各特征属性值参数与其相应环境下应采取的决策措施关联密切。因此，如何使目标案例各特征属性值都能在案例库中被检索到，提高相似案例集匹配度，尽可能为决策者提供在所有目标案例特征属性参数环境下的决策参考，是进行案例检索的主要目的。

案例检索的结果是按照案例相似度由大到小排列组成的一个相似案例集。当最高相似度案例同目标案例的特征属性完全一致时(相似度为 1)，目标案例的所有特征属性值都能在最高相似度案例中反映出来，决策者可以完全按照最高相似度案例提供的信息进行辅助决策。当最高相似度案例同目标案例的特征属性不完全一致时(最高相似度小于 1)，最高相似度案例中只包含决策者所需的目标交通事故案例部分特征属性，决策者无法仅凭最高相似度案例得到完整的决策支持。此时，决策者需要依据整个相似案例集进行综合研判，获取尽可能多的辅助决策信息，为案例修正提供支持。因此，为了尽可能地获取能够完全反映目标案例特征属性的相似案例集，需对交通事故案例库进行深度挖掘，提高相似案例集相对于目标案例的匹配度，这是实现案例准确检索，成功进行案例修正的关键。目前，国内外仍缺乏对相似案例集准确性检索问题的研究。

7.3.2 基于数据挖掘的交通事故案例检索优化流程设计

数据挖掘是可用于数据分析、数据理解，揭示数据内部蕴藏知识的技术。按照数据准备、模型建立、模型验证与评价的一般数据挖掘步骤，基于数据挖掘的交通事故案例检索优化流程如图 7.3.1 所示。

首先，数据准备。建立交通事故案例库，删除案例库内部分重复事故案例。

选择某高速公路交通事故数据库收录的交通事故案例组成案例库。鉴于当前我国交通事故信息采集条件的限制，该数据库内收录的交通事故案例特征属性有限，主要包括事故发生位置、事故发生日期、事故发生时段、事故形态、事故严重程度和天气状况等事故特征属性，但是案例数据同时包括数值型数据和枚举型数据，符合交通事故案例混合数据的构成特点，因此选用该组高速公路交通事故案例组成案例库，作为交通事故案例检索优化方法的研究对象。

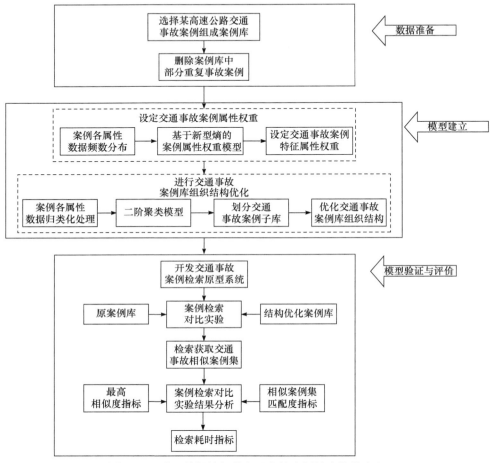

图 7.3.1　基于数据挖掘的交通事故案例检索优化流程

然后，建立数据挖掘模型。基于数据信息熵分析，建立交通事故案例特征属性权重模型，设定交通事故案例各特征属性权重；进行交通事故案例特征属性数据归类化处理，并采用二阶聚类算法，优化交通事故案例库组织结构。

最后，模型验证与评价。开发交通事故案例检索原型系统，设计实验方案，在原交通事故案例库和结构优化案例库上采用 kNN 案例检索算法进行案例检索对比实验，从案例检索最高相似度、相似案例集匹配度，以及检索耗时三个方面验证基于数据挖掘的交通事故案例检索优化方法的有效性。

7.3.3　交通事故案例检索优化方法

基于高速公路交通事故案例特征属性数据构成特点，以及 kNN 案例检索算法特征，分析案例库中交通事故数据的频率分布，采用信息熵方法评价数据离散程度，确定交通事故案例特征属性权重；应用二阶聚类算法进行案例库组织结构的优化，提高案例检索的有效性。

1. 基于信息熵的交通事故案例特征属性权重设定

1) 基于信息熵的交通事故案例特征属性权重计算模型

案例特征属性权重的准确设置是实现案例检索目标的前提。当前的研究主要从评价案例特征属性重要性的角度确定权重值，如专家赋值法、层次分析法、秩和比法、相关系数法、因子分析法、基于粗糙集理论的权重自动学习算法、模糊隶属度法，以及神经网络算法等设定案例特征属性权重。交通事故案例特征属性包含事故发生位置、发生日期、发生时段、事故形态、事故严重程度和天气状况。数值型数据和枚举型数据并存，以上所述诸方法难以客观、统一、定量地标定交通事故案例特征属性权重。本节从提高案例检索的准确性出发，基于交通事故案例特征属性的数据分布特征，通过数据信息熵分析案例各属性数据的离散程度，客观确定案例特征属性权重值。

假设系统可能处于多种不同的状态，每种状态出现的概率为 $p_i, i=1,2,\cdots,m$ ，则系统的信息熵 H 定义为

$$H = -k\sum_{i=1}^{m} p_i \ln p_i \qquad (7.3.1)$$

交通事故案例特征属性 j 的信息熵定义为

$$H_j = -k\sum_{i=1}^{m} p_i \ln p_i \qquad (7.3.2)$$

其中，$k=1/\ln m$。

信息熵确定的值域为 $[0,1]$ ，可直接用于随机变量离散程度的对比分析。信息熵的值越接近于 0，离散程度越小，检索所需的权重值越小；信息熵越接近于 1，离散程度越大，检索所需的权重值越大。

交通事故案例特征属性 j 的权重 w_j 可定义为

$$w_j = \frac{H_j}{\sum\limits_{j=1}^{n} H_j} \qquad (7.3.3)$$

其中，n 为交通事故案例特征属性的数量。

2) 高速公路交通事故案例特征属性权重设定

对交通事故案例的发生位置、发生日期、发生时段、事故形态、严重程度和天气状况数据的频率分布进行分析，通过计算数据的信息熵，衡量数据离散程度，确定案例特征属性权重值。

交通事故发生位置、发生时段、事故形态、天气状况、事故严重程度和发生日期的频率分布如图 7.3.2～图 7.3.7 所示。

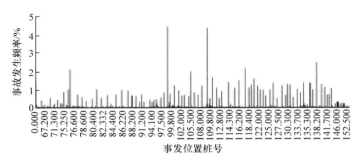

图 7.3.2　交通事故发生位置频率分布

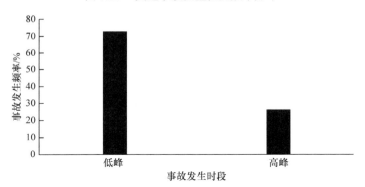

图 7.3.3　交通事故发生时段频率分布

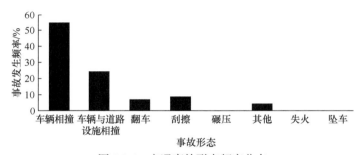

图 7.3.4　交通事故形态频率分布

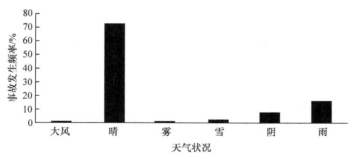

图 7.3.5 天气状况频率分布

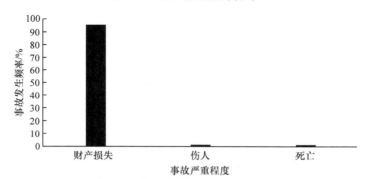

图 7.3.6 交通事故严重程度频率分布

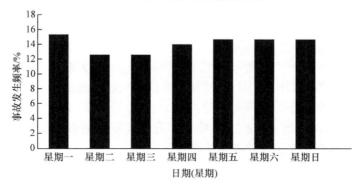

图 7.3.7 交通事故发生日期频率分布

通过式(7.3.2)评价案例各属性数据的离散程度。基于式(7.3.3)计算案例各特征属性权重值结果如表 7.3.2 所示。

表 7.3.2 交通事故案例特征属性权重

项目	事故发生位置	事故发生日期	事故发生时段	事故形态	事故严重程度	天气状况
信息熵	0.809561	0.998445	0.826354	0597972	0.179309	0.459111
权重值	0.209148	0.257946	0.213487	0.154485	0.046324	0.11861

2. 交通事故案例库组织结构优化

在案例库中，案例间的常用组织方法主要有线性组织、层状组织和网状组织。传统案例库组织结构的选择往往以提高案例检索效率为目的，对案例检索准确性的关注度不足。随着计算机性能的提高，案例检索效率已有明显改善，对于从软件算法上进行优化来减小案例检索耗时，提高案例推理效率的要求越来越小。因此，以提高案例检索准确度为目标，对案例库组织结构进行优化，已成为当前提高案例检索有效性，完善案例推理性能的必要途径。

案例准确检索的目标在于，尽可能地从交通事故案例库中深度挖掘能够完全反映目标案例特征属性的相似案例集。但是，采用 kNN 算法进行案例检索时，由于事故形态、事故严重程度、天气状况三种事故特征属性数据集中趋势较高，信息熵计算值偏小，因此赋予的案例特征属性权重值相对较小。当目标案例中包含小权重特征属性的低频数据时，例如事故形态属性中失火、碾压类数据，以及天气状况属性中的雾、雪类数据等，很难在整个交通事故案例库中准确检索到目标数据。为了解决小权重特征属性中低频数据的准确检索问题，提高事故相似案例集的匹配度，需要对交通事故案例库的组织结构进行优化，将原交通事故案例库划分为若干子库，使用 kNN 检索方法分别对各子库进行分类检索。基于检索结果，分别在各子库中选用一定数目的案例组成相似案例集，确保案例库中小权重特征属性的低频数据能够被检索入相似案例集中，提高相似案例集的准确性和kNN 案例的检索能力，为交通事故目标案例提供更准确、更全面的决策方案。

为了在提高相似案例集匹配度，追求交通事故案例检索准确性的同时，兼顾交通事故案例检索效率，需要限制交通事故案例库的分类数目。因此，下面首先对原案例库中数值型数据和小权重特征属性的低频数据进行归类处理，然后采用聚类方法，将原交通事故案例库划分为若干子库，实现对交通事故案例库组织结构的优化，并在此基础上实施分类检索，充分挖掘交通事故案例库中的信息资源，以达到改善交通事故案例检索准确性的目标。

1) 数据预处理

(1) 基于累计频率的事发位置数据归类处理。

采用累计频率法将事故发生位置划分为事故多发位置和事故偶发位置，对交通事故位置数据进行归类处理。基于累计频率的交通事故多发位置鉴别如图 7.3.8 所示。

选用指数函数对累计频率散点进行拟合，得到的拟合曲线为 $y = 1 - a\exp(-bx) + a\exp(-b)$ ，其中 $a = 0.69$ 、 $b = 6.41$ 。通过计算拟合曲线曲率半径最小值，拟合曲线转点处对应的归一化事故次数为 0.29，即事故次数大于等于 61.69 的路段位置可认为是事故多发位置。交通事故发生位置数据归类化处理如表 7.3.3 所示。

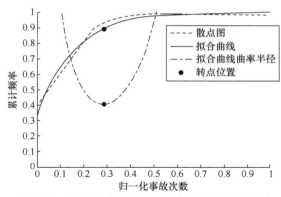

图 7.3.8 基于累计频率的交通事故多发位置鉴别

表 7.3.3 交通事故发生位置数据归类化处理

交通事故案例特征属性	数据归类化	位置桩号
事故发生位置	事故多发位置	K108；K120；K116；K110；K114；K135；K105；K117；K75；K76；K138；K109；K99
	事故偶发位置	其他

(2) 基于数据频率分布均衡的小权重低频数据归类处理。

基于交通事故形态、交通事故严重程度、天气状况数据频率分布特征，以数据频率分布均衡为目标，对交通事故形态、交通事故严重程度、天气状况数据进行归类化处理，如表 7.3.4～表 7.3.6 所示。

表 7.3.4 交通事故形态数据归类化处理

交通事故案例特征属性	事故形态							
事故形态	车辆相撞	车辆与道路设施相撞	翻车	刮擦	碾压	失火	坠车	其他
数据归类化	车辆相撞	车辆与道路设施相撞	其他					

表 7.3.5 交通事故严重程度数据归类化处理

交通事故案例特征属性	事故严重程度		
事故严重程度	财产损失	伤人	死亡
数据归类化	财产损失	死伤	

表 7.3.6　天气状况数据归类化处理

交通事故案例特征属性	天气状况					
天气状况	晴	大风	雾	雪	阴	雨
数据归类化	晴	异常				

2) 基于二阶聚类算法的交通事故案例库组织结构优化

聚类的目的在于分析给定数据集中数据之间的联系，最大限度地实现类中对象相似最大，类间对象相似最小。聚类分析方法主要包括基于划分类方法、基于分层类方法、基于密度类方法、基于网格类方法和基于模型类方法。其中，基于分层类方法中的二阶聚类算法具有如下优势。

(1) 海量数据处理。

(2) 自动标准化数据。

(3) 能够处理枚举型变量和数值型变量的混合数据。

(4) 可自动丢弃异常值或者将异常值归入最近的类。

(5) 可自动确定或根据需要人工指定分类数目。

基于交通事故案例特征属性数据构成特点，本章选用二阶聚类方法对交通事故案例库组织结构进行优化。

二阶聚类过程可以分为两个阶段。第一阶段是初步聚类，对数据进行逐一扫描，确定数据类中心。首先，通过计算数据与类中心之间的距离，构建分类特征树。然后，采用对数似然函数法测量数据距离。对数似然函数可以同时对数值型变量和枚举型变量进行处理，这样就解决了对交通事故案例的混合数据进行聚类分析的问题。对数似然值距离计算公式为

$$d(i,j) = \xi_i + \xi_j + \xi_{i,\,j} \tag{7.3.4}$$

$$\xi_v = -N_v\left(\sum_{k=1}^{K^A} \frac{1}{2}\log(\hat{\sigma}_k^2 + \hat{\sigma}_{vk}^2) + \sum_{k=1}^{K^B} \hat{E}_{vk} \right) \tag{7.3.5}$$

$$\hat{E}_{vk} = -\sum_{l=1}^{L_k} \frac{N_{vkl}}{N_v} \log \frac{N_{vkl}}{N_v} \tag{7.3.6}$$

$$v = i, j, \quad \langle i,j \rangle \tag{7.3.7}$$

其中，$d(i,j)$ 表示类 i 和类 j 之间的对数似然距离；$\langle i,j \rangle$ 代表类 i 和类 j 合并后形成的类；K^A 为数值型的变量个数；K^B 为枚举型变量个数；L_k 为第 k 个枚举型变量的类别数；N_v 为类别 v 的记录数；N_{vkl} 为属于类别 v 的记录中第 k 个枚举型变量取值为 l 的个数；$\hat{\sigma}_k^2$ 为第 k 个数值型变量的方差估计值；$\hat{\sigma}_{vk}^2$ 为第 v 类中第

k 个数值型变量的方差估计值。

第二阶段是正式聚类。对第一阶段完成的初步聚类结果进行聚类，根据 BIC(Bayesian information criterion)或 AIC(Akaike's information criterion)判据确定聚类数量，从而确定最终的聚类方案。假定聚类数为 S，相关数学表达式如式(7.3.8)和式(7.3.9)所示。其中，两个最接近的类之间距离最大的聚类数被确定为最终聚类数目，即

$$\text{BIC}(S) = -2\sum_{s=1}^{S}\xi_S + m_s \log N \tag{7.3.8}$$

$$\text{AIC}(S) = -2\sum_{s=1}^{S}\xi_S + 2m_s \tag{7.3.9}$$

其中，$m_s = S\left\{2K^A + \sum_{k=1}^{K^A}(L_k - 1)\right\}$，$L_k$ 为第 k 个枚举型变量的类数。

基于二阶聚类算法，将原交通事故案例库划分为 9 个相对独立子库，组成结构优化案例库，使原案例库中几种小权重特征属性中的低频数据能够分别独立存储于结构优化案例库中的相应子库中。组织结构优化后的交通事故案例库如图 7.3.9 所示。

分群	1	2	3	4	5	6	7	8	9
大小	14.0%(496)	5.4%(190)	2.3%(753)	4.0%(143)	8.9%(317)	8.9%(316)	7.7%(274)	15.0%(531)	14.7%(522)
特征	发生位置事故偶发点(100.0%)	发生位置事故偶发点(100.0%)	发生位置事故多发点(100.0%)	发生位置事故偶发点(100.0%)	发生位置事故偶发点(100.0%)	发生位置事故偶发点(100.0%)	发生位置事故偶发点(100.0%)	发生位置事故偶发点(100.0%)	发生位置事故偶发点(100.0%)
	时段高峰(100.0%)	时段高峰(100.0%)	时段低峰(100.0%)	时段低峰(100.0%)	时段低峰(100.0%)	时段低峰(100.0%)	时段低峰(100.0%)	时段低峰(100.0%)	时段低峰(100.0%)
	事故形态车辆相撞(53.4%)	事故形态车辆相撞(60.5%)	事故形态车辆相撞(60.8%)	事故形态车辆相撞(72.0%)	事故形态车辆与道路设施相撞(55.2%)	事故形态车辆相撞(55.2%)	事故形态车辆其他(100.0%)	事故形态车辆相撞(100.0%)	事故形态车辆相撞(55.9%)
	天气晴(100.0%)	天气异常(100.0%)	天气晴(74.4%)	天气晴(82.5%)	天气晴(100.0%)	天气晴(100.0%)	天气晴(100.0%)	天气晴(100.0%)	天气异常(100.0%)
	严重程度财损(100.0%)	严重程度财损(100.0%)	严重程度财损(100.0%)	严重程度死伤(100.0%)	严重程度财损(100.0%)	严重程度财损(100.0%)	严重程度财损(100.0%)	严重程度财损(100.0%)	发生位置事故偶发点(100.0%)
	日期星期一(17.3%)	日期星期五(16.3%)	日期星期日(18.3%)	日期星期四(21.7%)	日期星期日(35.6%)	日期星期一(51.9%)	日期星期五(19.3%)	日期星期六(24.1%)	日期星期一(18.2%)

图 7.3.9　交通事故案例库组织结构的优化

在此基础上，对结构优化案例库的各类子库实施分类检索。根据式(7.2.2)、式(7.2.3)和式(7.2.5)，采用 kNN 算法进行分类检索，得到的结构优化案例库第 j 个子库的相似案例集为

$$C^i = \{C_1^i, C_2^i, \cdots, C_k^i\}, \quad i = 1, 2, \cdots, 9 \tag{7.3.10}$$

其中，$k = [\sqrt{n_i}]$，i 为结构优化案例库的案例子库编号，n_i 为结构优化案例库的

第 i 个子库的案例数；C^i 为第 i 个案例子库的相似案例集。

将 9 个案例子库的相似案例集合并，按照案例相似度大小排序可得整个结构优化案例库的相似案例集 C，即

$$C = C^1 \bigcup C^2 \bigcup C^3 \bigcup C^4 \bigcup C^5 \bigcup C^6 \bigcup C^7 \bigcup C^8 \bigcup C^9 \tag{7.3.11}$$

7.3.4　实验验证

1. 交通事故案例检索原型系统开发及实验方案设计

1) 交通事故案例检索原型系统开发

根据式(7.2.2)、式(7.2.3)、式(7.2.5)、式(7.2.9)、式(7.3.10)和式(7.3.11)开发交通事故案例检索原型系统。交通事故案例检索原型系统界面如图 7.3.10 所示。

系统具有典型交通事故案例数据输入及修改、案例特征属性权重设定及修改、基于 kNN 的案例检索算法，以及检索耗时计算功能。

2) 实验方案设计

首先，随机选取 40 条不同的交通事故案例作为实验目标案例。天气状况数据归类化处理如表 7.3.7 所示。然后，在检索系统内，输入目标案例各特征属性值，根据表 7.3.2 输入交通事故案例各属性的权重值。最后，在原交通事故案例库和结构优化案例库对 40 条目标案例进行检索，记录并存储每次案例检索实验后的目标案例及其相对应的检索耗时、最高相似度值和相似案例集匹配度。

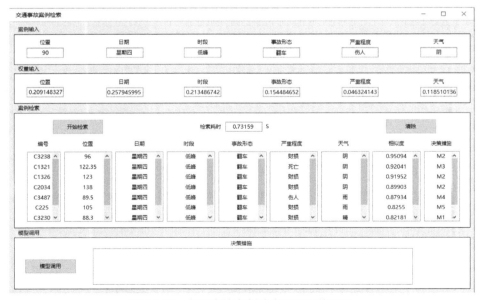

图 7.3.10　交通事故案例检索原型系统界面

表 7.3.7　天气状况数据归类化处理

案例编号	事故 发生位置/km	事故发生 日期	事故 发生时段	事故 形态	事故 严重程度	天气 状况
$T1$	104.631	星期三	低峰	刮擦	死亡	雪
$T2$	142.9944	星期六	高峰	翻车	伤人	阴
$T3$	39.4245	星期日	高峰	刮擦	伤人	雨
$T4$	126.4326	星期日	高峰	刮擦	死亡	雪
$T5$	81.2651	星期六	高峰	碾压	伤人	雾
$T6$	105.1453	星期五	低峰	刮擦	死亡	雪
$T7$	136.4002	星期四	低峰	坠车	死亡	雾
$T8$	72.1236	星期三	低峰	翻车	死亡	雾
$T9$	127.2842	星期二	高峰	翻车	死亡	雪
$T10$	23.9456	星期日	低峰	碾压	伤人	阴
$T11$	134.675	星期四	高峰	翻车	伤人	大风
$T12$	109.9808	星期四	高峰	翻车	伤人	雪
$T13$	102.8538	星期二	低峰	坠车	伤人	雨

2. 实验结论分析

从案例最高相似度、相似案例集匹配度，以及检索耗时三个方面评价案例检索的准确度和时效性。

一般定义案例相似度最小参考阈值为 0.8，当直接在原交通事故案例库上进行检索时，在 40 次案例检索实验中，共有 37 次检索案例的最高相似度在 0.8 及其以上，相对检索精度为 92.5%，案例特征属性权重设置基本合理。检索平均耗时 0.39s，满足应急决策的需要。然而，部分案例的最高相似度仅为 0.6788、0.6526 和 0.7887，并且相似案例集匹配度较小，目标案例部分特征属性数据未能被有效检索，因此检索到的相应案例决策措施不能全面反映目标交通事故案例特征属性，也不能完全满足在该交通事故环境下进行全方位、准确决策的需要。

综上所述，针对传统 kNN 交通事故案例检索方法在案例特征属性权重设置，以及相似案例集准确检索方面所存在的问题，我们提出基于数据挖掘的交通事故案例检索优化方法。一方面，根据交通事故案例特征属性数据构成特点，采用信息熵方法客观确定交通事故案例特征属性权重。另一方面，首先采用归类处理方法对事故属性数据进行预处理，然后基于二阶聚类算法，对原交通事故案例库进行组织结构优化，形成包含 9 个相对独立子库的交通事故结构优化案例库，以此为基础进行交通事故案例分类检索。开发交通事故案例检索原型系统，分别在原交通事故案例库和结构优化案例库上对 40 条随机目标案例进行案例检索对比实验，从检索耗时、案例最高相似度值和相似案例集匹配度三个方面对案例检索结果进行分析。案例检索实验结果表明，基于数据挖掘的交通事故案例检索优化方法可以解决基于 kNN 的传统交通事故案例检索方法存在的问题，从案例最高相似度和相似案例集匹配度两个方面验证。该方法能够显著改善案例检索的准确性，并且案例检索耗时较小，能满足交通事故状态下应急决策的需要。

参 考 文 献

[1] 赵杨东. 高速公路追尾事故成因分析及预防对策研究. 哈尔滨: 哈尔滨工业大学, 2007.

[2] 杨俊. 城市快速路分车道限速理论方法研究. 昆明: 昆明理工大学, 2012.

[3] 高延龄. 汽车运用工程. 北京: 人民交通出版社, 2004.

[4] 余志生. 汽车理论. 北京: 机械工业出版社, 2000.

[5] 徐婷. 公路限速区划分与限速梯级过渡段设置研究. 北京: 北京工业大学, 2011.

[6] 王晓飞. 灾变条件下通道路网运营安全管理及应急处置研究. 上海: 同济大学出版社, 2018.

[7] 陈富坚. 灾变事件下高速公路网交通组织管理技术研究. 上海: 同济大学, 2011.

[8] 刘俊德. 灾害条件下高速公路行车安全管理技术研究. 西安: 长安大学, 2012.

[9] 王永庆. 人工智能原理方法应用. 西安: 西安交通大学出版社, 1994.

[10] 中华人民共和国公安部. GA 40-2008. 道路交通事故案卷文书. 北京: 中国标准出版社, 2009.

[11] 中华人民共和国公安部. GA 329.4—2004. 全国道路交通管理信息数据库规范 第 4 部分: 交通事故统计信息数据库规范. 北京: 中国标准出版社, 2004.

[12] 中华人民共和国公安部. GA/T 946.3—2011 道路交通管理信息采集规范 第 3 部分: 道路交通事故处理信息采集. 北京: 中国标准出版社, 2011.

[13] 中华人民共和国公安部. GA/T 946.6—2011 道路交通管理信息采集规范 第 6 部分: 道路交通管理辅助信息采集. 北京: 中国标准出版社, 2011.

第 8 章　运行安全控制

近年来，随着车辆保有量和出行总量的增加，交通流量呈迅猛增长态势。在需求增加的同时，由交通事故造成的偶发性拥堵会极大地影响高速公路的运行效率。如何合理应用运行管理手段，改善严峻的高速公路安全状况、提升运行效率已成为"管理为重"时代高速公路运行与交通管理部门面临的重大课题。

为改善高速公路的运行状况，欧美国家广泛采用 ATMS。ATMS 基于泛在交通感知系统，通过可变限速、临时路肩、排队预警、匝道控制等控制手段，实现高速路网的安全、通畅最大化。相对于传统响应式控制，主动式控制的优势在于能实现事故风险前置预警，并即时采取最优化诱导与控制策略，提升运行效率，降低事故风险。

另外，大数据、人工智能、车路协同等新兴技术的发展和应用，为高速公路运行管控的整体性提升带来创新机遇。其中，交通运行感知由固定检测设备扩展为检测器、车辆等多元信息融合的全息感知体系，是精细化交通安全运行管理的基石。人工智能技术的发展会极大地提高运行数据实时处理效率和运行风险辨识准确率。车路协同技术可以有效弥补传统路侧或龙门架式安全信息服务的局限性。

本章针对三种典型的主动交通管控策略，即可变限速管控、匝道控制和车路协同预警，分别进行系统介绍，主要内容包括管控策略的背景和研究现状、典型的算法，以及实施案例。

8.1　引　　言

本节以六类常见的 ATM 措施为例，对其管控方式及应用情况进行介绍。具体包括可变限速(variable speed limit，VLS)、临时路肩、排队预警、匝道控制方法、卡车限制、合乘车道(high-occupancy vehicle lane，记为 HOV)。

1. 可变限速

可变限速或速度协调优化是欧美广泛采用的一种改善交通流量的策略。可变限速系统是在高速公路车道的门架上部署可变限速标志，根据实时交通流信息(速度、流量、占用率等)不断调节高速公路的车辆运行速度。当高速公路的状况不适宜高速运行时(如恶劣天气、发生事故或拥堵)，可通过降低限速，保障行车安全、减少二次事故的发生。荷兰可变限速标志如图 8.1.1 所示。

图 8.1.1　荷兰可变限速标志

不同国家或地区的可变限速系统控制策略根据其管控目标的不同，控制策略差异较大。英国在 M42 等高速公路上应用可变限速系统减少常发性拥堵。荷兰在 A2 高速公路应用可变限速系统，实现速度协调优化并减少出行时间；A16 高速公路上的可变限速系统主要针对恶劣天气条件，如雾天。德国应用可变限速系统稳定大流量条件下的交通流，降低事故风险，提高驾驶人的舒适度，并减小其对环境的影响。芬兰应用可变限速系统来影响驾驶行为，并保持驾驶人遵守限速的动力，改善交通安全。美国多个州在高速公路(如 I-5、I-90、I-270、I-405)上应用可变限速系统，旨在解决偶发事件带来的交通拥堵问题。

2. 临时路肩

临时路肩指允许车辆在特定条件下使用路肩，在不加宽道路的前提下，增加额外的行车道。临时路肩通过动态交通标志，告知驾驶人某一路段是否打开了路肩的通行权。当有事故或拥堵发生时，临时路肩可以提供额外的通行能力提高高速公路设施的性能，从而保证事故期间交通运行、最大限度地减少交通拥堵，提高道路交通系统的安全和效率。但是，路肩通常是驾驶人在紧急情况下或发生故障时停车的地方，用来避开交通流并获得安全保护，在启动临时路肩之前，必须确保路肩上没有车辆或其他障碍物。

临时路肩常用于高速公路高峰时段的高峰方向。英国在 M42 上实施临时路肩策略，在不增加车道的情况下减少交通拥堵。荷兰在拥堵情况下使用临时路肩，并且与可变限速组合应用。美国许多州的高速公路实施路肩公交(bus on shoulder，BOS)进行车道管理，即当普通车道的运行速度低于某个阈值时，公交车可以选择路肩通行。临时路肩如图 8.1.2 所示。

图 8.1.2　临时路肩

3. 排队预警

排队预警系统利用路侧或车道上方的交通标志，警示前方出现拥堵，以引导车流选择备选车道，有效利用可用的道路通行能力，降低与排队相关的事故风险。

排队预警信息发布手段方面，德国在可变限速门架上显示拥堵标志；英国以文字形式进行警告；美国得克萨斯州排队预警标志包括一个显示排队预警信息的静态信息板和两个在交通拥挤时启动的闪烁信标；荷兰的排队预警系统则利用闪烁的灯光向驾驶人发出警告，提示常发性拥堵、车道关闭和事故等信息。排队预警中的路侧安装拥堵标志如图 8.1.3 所示。

4. 匝道控制方法

匝道控制是汇入匝道的匝道计量和车道控制的结合。根据不同的交通需求，应用匝道控制、可变交通标志和动态路面标志，将交通流引导至交织区的特定车道(主线或匝道)上，以有效利用现有道路的通行能力，减少拥堵。

英国伯明翰附近 M6 高速公路上应用的匝道控制项目，针对不同部分的匝道控制系统，采取差异化算法。在荷兰，匝道控制系统主要用于缓解高速公路的拥堵，改善汇入高速公路的行为，劝阻驾驶人短距离不使用高速公路。在德国，匝道控制系统用于高速公路干线或入口匝道的合流区，通常是下游车道数量少于上游车道数量的情况。交织区的匝道控制如图 8.1.4 所示。

图 8.1.3　排队预警中的路侧安装拥堵标志

图 8.1.4　交织区的匝道控制

5. 卡车限制

卡车限制通常和可变限速同时实施，禁止卡车在最内侧车道(快车道)行驶。此外，在德国及其他许多欧洲国家，卡车通常仅允许在最外侧车道行驶。

在荷兰，高速公路的卡车限制是分时段的，不同高速公路卡车限制的时段也有所不同。在美国弗吉尼亚州，商用汽车禁止在最左侧车道(快车道)行驶。在美国得克萨斯州，多条高速公路实施高峰时段最左侧车道卡车禁行。卡车限制如图 8.1.5 所示。

图 8.1.5　卡车限制

6. 合乘车道

HOV 是有两个或更多乘员的车辆提供专用车道，而限制低占用率车辆的使用。HOV 车道可以是每周 7 天，每天 24 小时开放，或者作为 ATM 道路通行权管理的一部分，动态开放。在 HOV 的基础上，合乘收费(high-occupancy toll，HOT)车道是为提高 HOV 车道的使用率演变而来的，即对单乘员车辆收费，对合乘车辆予以收费减免，乘员数越多，收费费率越低，甚至免费。HOV、HOT 车道鼓励更多的人合乘出行，提高车道使用率，对于减少道路交通量、优化出行结构、缓解交通拥堵具有重要意义。HOT 车道如图 8.1.6 所示。

图 8.1.6　HOT 车道

美国多个州的高速公路都设有 HOT 车道，收费费率与车内乘客数相关，根据道路拥挤程度实行动态调节。加拿大安大略省的部分高速公路上也设有 HOT 车道，HOT 车道有菱形标记，车辆只能在指定的出入口驶入或驶出 HOT 车道，出入口间距通常为 2～4km。

8.2 可变限速管控

8.2.1 可变限速研究现状

可变限速是运行安全控制的核心手段。早期的速度管理主要采用响应式策略，即对预先设定的交通流参数(如流量、占有率、平均速度等)进行实时监控，达到控制阈值即启动相应管理策略[1,2]。响应式管理策略具有内生滞后性(控制起效用时，交通运行态势已发生变化)，后续研究多采用模型预测控制(model predictive control，MPC)的主动式管理[3]，如可变限速。

MPC 管理核心在于对交通运行态势的预测[4-6]，以开展运行速度的协调优化。Hegyi 等[3]在宏观交通流 METANET 模型的基础上增加可变限速对交通运行的影响效应，构建以出行时间最小化为目的的控制模型。Yu 等[7]以控制路段事故风险最优化为目的，基于宏观交通流模型对交通事故发生概率进行预估，实现主动安全管理。Khondaker 等[8]以路网运行的机动性、安全和环境的优化目标，通过线性加权的方法构建多目标预测模型，并采用遗传算法获取最优速度管理策略。

开展可变限速研究以改善高速公路运行安全为目标，采用仿真实验设计方法，并基于事故风险评估模型进行交通安全改善效果度量，确定最佳的可变限速策略。以提高高速公路运行效率为目标，通过求解全局最优化或局部最优化问题，如减少总出行时间，确定最佳的可变限速策略。

8.2.2 可变限速控制优化算法

本节主要对解决最优化问题某路段事故风险最小化的最佳可变限速控制算法进行介绍。该算法主要包括三部分。

1. METANET 模型

在 METANET 模型中[9]，高速公路被划分为有独立几何特征的路段。高速公路 m 被划分为 N_m 个路段，路段长度为 L_m，车道数为 λ_m。在时刻 $t = kT$，每个路段的交通流量用交通流密度 $\rho_{m,i}(k)$(单位：车每车道每英里)、平均速度 $v_{m,i}(k)$ (单位：mile/h)和交通流量 $q_{m,i}(k)$(单位：车每小时)来表示，其中 T 是交通流预测的时间步长 $\left(T = \dfrac{1}{12}\text{h}\right)$。高速公路 m 的每个路段 i 的交通变量计算公式为

$$\rho_{m,i}(k+1) = \rho_{m,i}(k) + \frac{T}{L_m \lambda_m}(q_{m,i-1}(k) - q_{m,i}(k)) \tag{8.2.1}$$

$$q_{m,i}(k) = \rho_{m,i}(k)v_{m,i}(k)\lambda_m \tag{8.2.2}$$

$$v_{m,i}(k+1) = v_{m,i}(k) + \frac{T}{\tau}(V(\rho_{m,i}(k)) - v_{m,i}(k))$$

$$+ \frac{T}{L_m} v_{m,i}(k)(v_{m,i-1}(k) - v_{m,i}(k))$$

$$- \frac{\eta T}{\tau L_m} \frac{\rho_{m,i+1}(k) - \rho_{m,i}(k)}{\rho_{m,i}(k) + \kappa} \tag{8.2.3}$$

$$V(\rho_{m,i}(k)) = v_{f,m} \exp\left(-\frac{1}{a_m}\left(\frac{\rho_{m,i}(k)}{\rho_{cr,m}}\right)^{a_m}\right) \tag{8.2.4}$$

其中，$v_{f,m}$ 为高速公路 m 的自由流速度；$\rho_{cr,m}$ 为高速公路 m 每个车道的临界交通密度；a_m、τ、η、κ 为常量参数。

可变限速率 $b_m(k)$ 表示应用可变限速值和原始限速的比值。可变限速对流量-密度图的影响可以量化为

$$v'_{f,m} = v_{f,m} b_m(k) \tag{8.2.5}$$

$$\rho'_{cr,m} = \rho_{cr,m}[1 + A_m(1 - b_i(k))] \tag{8.2.6}$$

$$\alpha'_m = \alpha_m[E_m - (E_m - 1)b_i(k)] \tag{8.2.7}$$

其中，$v_{f,m}$、$\rho_{cr,m}$、α_m 为没有可变限速时的三个参数；A_m、E_m 为可变限速对基本图影响的常量参数，它们是基于真实数据估计的；$b_i(k)$ 为路段 i 在时间步长 k 实施的最佳可变限速率，$b_i(k) \in [b_{\min}, 1]$，$b_{\min} \in (0,1)$ 为可变限速率的最低容许界限，$b_{\min} = 0.65$ 用于将最低限速设置为 40。

2. 实时事故风险评估建模

由于微观仿真软件无法直接重现事故，因此提出一种替代交通安全指标评估可变限速系统的安全改善效果。建立实时事故风险评估模型是可变限速仿真研究中量化事故风险的常用方法[10,11]。本节的实时事故风险评估模型是基于事故和实时交通流数据的 Logistic 回归模型。

假设事故发生时 $y = 1$，事故不发生时 $y = 0$，事故和非事故的概率分别用 p 和 $1 - p$ 表示。Logistic 回归模型可以表示为

$$y \sim \text{Binomial}(p) \tag{8.2.8}$$

$$\text{logit}(p) = \log\left(\frac{p}{1-p}\right) = \gamma\beta_0 + X\beta \tag{8.2.9}$$

其中，β_0 为截距；X 为自变量向量；β 为自变量的系数向量。

由 METANET 模型得到的三个交通流参数(平均速度、密度和交通流量)是实时事故风险评估模型的候选自变量。因为 $k+1$ 时间窗的交通流参数可以通过 METANET 模型获取，所以 $k+1$ 时间窗的事故风险也可以计算得到。

3. 可变限速优化策略

可变限速系统的目标是提高交通安全。假设高速公路 m 被划分为 N_m 个路段，因此建立可变限速优化目标函数，使 $k+1$ 时间窗内高速公路 m 的事故风险总和最小，即

$$\min\sum_{i=1}^{N_m}CR_i(k+1)=\frac{e^{\beta_0+X(k+1)\beta}}{1+e^{\beta_0+X(k+1)\beta}} \tag{8.2.10}$$

其中，$X(k+1)$ 为交通流参数预测值向量。

综上，这个优化问题可以表示为

$$b_i(k+1)=f[b_i(k),u(k)],\quad b_i(0)=1 \tag{8.2.11}$$

其中，b_i 为高速公路 m 路段 i 的可变限速率；u 为交通流状态向量包括 METANET 模型的输入(速度、密度、交通流量)。

由此可知，该模型的输入是交通流参数和当前时间窗的可变限速率，输出是下一个时间窗的最优可变限速率。

此外，考虑交通运行和安全，约束条件设置如下。

(1) 相比无可变限速控制区域，可变限速控制区域平均出行时间的增加，可以表示为

$$\sum_{i=1}^{N_m}\frac{L_i}{v_i(k+1)}\leqslant(1+t_m)\sum_{i=1}^{N_m}\frac{L_i}{v_i'(k+1)} \tag{8.2.12}$$

其中，$v_i'(k+1)$ 为无可变限速控制的平均速度($b_i'(k)=1$)；t_m 为平均出行时间增加率，本节设为 0.05。

(2) 空间约束。相邻两车道的限速差值最大为 10，可以表示为

$$|b_{i+1}(k)-b_i(k)|\leqslant0.167,\quad i=1,2,\cdots,n-1 \tag{8.2.13}$$

时间约束。连续两个可变限速时间窗的限速差值最大为 10，可以表示为

$$|b_i(k+1)-b_i(k)|\leqslant0.167,\quad i=1,2,\cdots,n \tag{8.2.14}$$

8.2.3　基于交通流仿真的可变限速管控案例

本节以某段山区高速公路为例，开展可变限速算法测试，探索使用可变限速系统改善道路瓶颈路段交通安全的可行性。首先，基于 VISSIM 微观交通流仿真

平台，建立该山区高速公路的仿真模型；为改变 VISSIM 的限速，基于插值运算定义不同限速条件下的速度分布，并考虑三种遵从度分别开展可变限速仿真测试。基于仿真数据，对 METANET 模型进行参数标定，进而输出交通流参数(平均速度、密度、交通流量)，并据此建立事故风险评估模型。最后，通过事故风险的改善和速度同质性的改善，量化可变限速的安全改善效果。

1. VISSIM 交通流仿真模型构建

该山区高速公路在 VISSIM 中设置 4 个可变限速标志和 6 个检测器。山区高速公路示意图如图 8.2.1 所示。高速公路在合流区处沿行车方向从三车道变成两车道。可变限速标志和检测器命名中的 U 和 D 分别表示上游和下游，上游和下游是相对于瓶颈路段而言的。

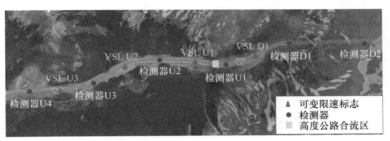

图 8.2.1　山区高速公路示意图

在 VISSIM 中，建立该高速公路的微观仿真模型，以 5min 为间隔对模型进行流量校准，并基于 5min 平均速度进行验证。基于仿真数据和实际数据中每 5min 的交通流量计算 GEH 统计量[12]，即

$$\text{GEH} = \sqrt{\frac{(M_{\text{obs}}(n) - M_{\text{sim}}(n))^2}{\dfrac{M_{\text{obs}}(n) + M_{\text{sim}}(n)}{2}}} \tag{8.2.15}$$

其中，$M_{\text{obs}}(n)$ 为实际流量；$M_{\text{sim}}(n)$ 为仿真流量。

根据美国联邦公路管理局，如果超过 85%检测点的 GEH 值都小于 5，那么仿真流量可以准确反映实际流量。仿真实验结果表明，97.2%的 GEH 值都小于 5。可以认为，VISSIM 仿真模型能够准确表示交通流流量特征。

此外，为验证仿真模型能够准确表示交通流速度特征，计算现实中检测器位置每 5min 平均速度的均值、最大值、最小值，并和仿真速度数据进行对比。速度对比如图 8.2.2 所示。由此可见，仿真速度数据和实际速度数据误差在 5mile/h 以内，可以认为 VISSIM 仿真模型能够准确表示交通流速度特征。

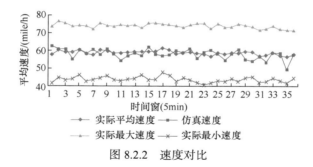

图 8.2.2　速度对比

2. 速度分布标定和遵从度

VISSIM 中限速的改变是通过改变速度分布实现的，因此需要定义各种限速条件下的速度分布。本节研究的高速公路原始限速为 60mile/h 和 50mile/h，因此这两种限速下的速度分布情况可以基于实际数据获取。为获取其他限速下的速度分布，采用启发式算法进行插值运算，获取限速为 55mile/h、45mile/h、40mile/h 的速度分布。这一过程可以简述为，基于 60mile/h 和 55mile/h 限速下的数据拟合速度的分布，候选分布为正态分布、指数分布、伽马分布、对数正态分布和威布尔分布等。分布参数估计过程可以用极大似然法。限速 60mile/h 条件下的速度分布拟合结果如表 8.2.1 所示。AIC 越小，分布对数据的拟合越好。

表 8.2.1　限速 60mile/h 条件下的速度分布拟合结果

分布	是否收敛	AIC	是否选择
正态分布	是	1544	否
指数分布	是	2021	否
伽马分布	是	1582	否
对数正态分布	是	1613	否
威布尔分布	是	1529	是

由表 8.2.1 可知，威布尔分布可以提供最好的拟合效果，因此用威布尔分布表示该高速公路的速度分布情况。通过改变威布尔分布的参数，可以获得限速为 55mile/h、45mile/h、40mile/h 的速度分布的威布尔分布参数。拟合结果如表 8.2.2 所示。基于实际数据，获取限速为 60mile/h 和 50mile/h 的速度分布，通过插值运算，得到其他不同限速下的概率密度函数图，如图 8.2.3 所示。威布尔分布的概率密度函数为

$$f(x) = \frac{1}{x} \tau \left(\frac{1}{\theta}\right)^{\tau} e^{-\left(\frac{1}{\theta}\right)^{\tau}}$$

$$(8.2.16)$$

表 8.2.2　不同限速下的威布尔分布参数

分布	限速/(mile/h)	θ	τ
威布尔分布	60	61.66	6.21
威布尔分布	55	54.84	6.3
威布尔分布	50	51.22	6.59
威布尔分布	45	46.77	6.6
威布尔分布	40	41.35	6.8

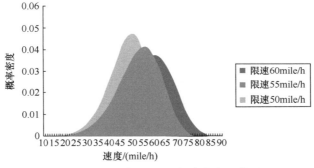

图 8.2.3　不同限速下的概率密度函数图

速度分布的插值运算基于以下假设，即驾驶人对不同限速值保持相同的遵从度。然而，有研究表明[13]，可变限速的安全改善效果对驾驶人的遵从度比较敏感。为了研究遵从度对可变限速策略的影响，建立三个遵从度级别(低、中、高)。首先，基于实际数据，高遵从度的速度分布和平均自由流速度取自限速为60mile/h 和 50mile/h 的条件。然后，基于限速遵从度概念，设定三种遵从度下不同限速的平均自由流速度。此外，通过使速度服从威布尔分布，设定三种遵从度下不同限速的速度分布。本节可变限速系统将在三种遵从度下进行测试，不同限速条件下的平均自由流动速度如表 8.2.3 所示。

表 8.2.3　不同限速条件下的平均自由流动速度

限速/(mile/h)	低遵从度			中遵从度			高遵从度		
	平均速度/(mile/h)	θ	τ	平均速度/(mile/h)	θ	τ	平均速度/(mile/h)	θ	τ
60	72	70	6.5	65	70	6.5	61	61.66	6.21
55	66	64	6.59	60	58	6.59	55	54.84	6.3
50	61	69	5.98	55	64	5.8	49	51.22	6.59
45	55	57	6.6	50	52	5.98	45	46.77	6.6
40	50	52	6.2	45	44	6.2	39	41.35	6.8

3. METANET 模型设定

基于 VISSIM 中检测器的数据，对 METANET 模型进行参数标定。其中，路段参数设置 $v_{f,m}=65\text{mile/h}$、$\rho_{\text{cr},m}=26$ 车每车道每英里、$a_m=1.41$、$\tau=0.015\text{h}$、$k=64$ 车每车道每英里、$\eta=25\text{mile}^2/\text{h}$。

METANET 模型的具体标定步骤可见 Kotsialos 等[14]的研究。此外，考虑可变限速对基本图的影响，使用仿真数据在不同限速和不同遵从度下对参数 A_m、E_m 进行标定。可变限速相关参数估算结果如表 8.2.4 所示。

表 8.2.4 可变限速相关参数估算结果

遵从度	A_m	E_m
低	0.72	1.73
中	0.71	1.69
高	0.65	1.85

4. 实时事故风险评估模型

基于该高速公路交通运行数据和历史事故数据，采用病例对照方法构建事故风险评估模型数据集。基于二元 Logistic 回归模型，建立事故风险评估模型。事故风险评估模型结果如表 8.2.5 所示。由此可见，该模型对事故和非事故的分类结果具有一定的准确性。

表 8.2.5 事故风险评估模型结果

参数	均值	标准差	Wald 卡方检验	P 值
截距	1.98	0.31	39.5	<0.0001
平均速度	−0.067	0.006	116.2	<0.0001
AIC	1180.84			
AUC	0.74			

基于上述模型，$k+1$ 时间窗的事故风险(事故发生概率)为

$$\text{Crash Risk}_{m,i}(k+1)=\frac{\exp(1.98-0.067v_{m,i}(k+1))}{1+\exp(1.98-0.067v_{m,i}(k+1))} \tag{8.2.17}$$

5. 算法有效性评估

通过 VISSIM 的接口，利用 C++进行二次开发，开展仿真实验，实现对上述可变限速算法的有效性评估。为了降低系统误差的影响，每 5min 计算一次可变

限速率 $b_m(k+1)$ 。针对每种遵从度，进行10次仿真实验，每次实验采用不同的随机种子。表 8.2.6 所示为高遵从度下可变限速管控结果实例。表 8.2.7 所示为可变限速期间(时间窗 18~28)每个限速的持续时间比。

表 8.2.6　高遵从度下可变限速管控结果实例

时间窗(5min)	VSL U3	VSL U2	VSL U1	VSL D1
1~17	60	60	60	60
18	50	60	60	60
19	45	45	45	55
20	45	45	45	55
21	55	55	55	50
22	60	60	60	60
23	60	60	60	60
24	60	60	60	60
25	50	50	50	50
26	45	45	45	50
27	55	50	45	50
28	60	60	55	60
29~36	60	60	60	60

表 8.2.7　限速的持续时间比

限速/(mile/h)	60	55	50	45
持续时间比/%	36.9	16.9	20.5	25.7

可变限速的安全改善效果可以通过事故风险的改善和速度同质性的改善来量化。图 8.2.4 和图 8.2.5 分别表示与非可变限速条件相比，实施可变限速在三种遵从度下事故风险的改善(负值表示得到改善)和速度同质性的改善(负值表示已经达到较小的速度标准差)。

图 8.2.4 显示在中遵从度和高遵从度的条件下，实施可变限速会降低几乎所有时间窗的事故风险。对于低遵从度条件，事故风险改善效果是双面的，特别是在 19~25 时间窗内事故风险反而增加，这说明可变限速对交通安全的改善效果在不同遵从度条件下存在差异。

此外，速度的标准差是速度同质性的度量，也可以用来评估交通安全。既有研究表明，较大的速度标准差会增加事故风险和事故严重程度。由图 8.2.5 可知，在中遵从度和高遵从度的条件下，实施可变限速能够提高速度的同质性。在低遵从度条件下，速度的同质性将恶化。值得一提的是，速度协调优化是 ATM 的主要目标之一。

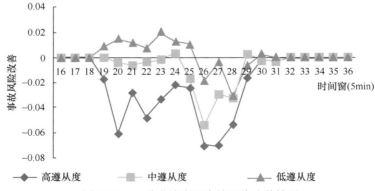

图 8.2.4　三种遵从度下事故风险改善情况

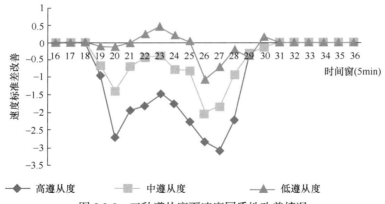

图 8.2.5　三种遵从度下速度同质性改善情况

在现有的限速(60mile/h 和 50mile/h)条件下，驾驶人的遵从度较高。假设对可变限速的遵从度可以持续，可变限速管控策略就能够显著改善交通安全。但是，上述研究仅能说明 4 个可变限速路段的平均事故风险，无法检测事故风险的迁移问题，即可变限速管控会降低某个位置的事故风险，却增加另一个位置的事故风险。因此，图 8.2.6 绘制了在高遵从度条件下，6 个检测器所在位置的事故风险改善。由图 8.2.6 可得，事故风险的迁移性问题得到了有效的预防。此外，表 8.2.8 列出了在每个检测器所在的位置，相比非可变限速条件，事故风险、速度同质性和出行时间的改善百分比。该表进一步证明，可变限速管控策略对事故风险改善、速度同质性改善具有不同程度的积极作用，在出行时间方面，除了检测器 U4 所在的位置，其他路段平均出行时间都有所下降。

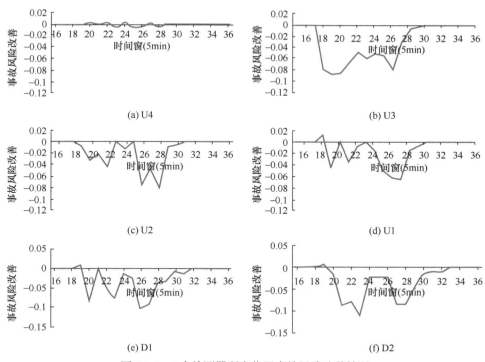

图 8.2.6 6 个检测器所在位置事故风险改善情况

表 8.2.8 6 个检测器所在位置事故风险、速度同质性和出行时间的改善百分比

检测器所在位置	事故风险改善/%	速度同质性改善/%	出行时间改善/%
U4	0.19	2.9	−3.6
U3	13.1	17.9	5.7
U2	7	11.4	2.3
U1	6.2	12.5	2.6
D1	11.8	11.4	4.7
D2	13.1	8.4	5.2

8.3 匝道控制

随着交通需求增长，高速公路服务水平(level of service，LoS)和安全性下降，直接带来的就是高速公路拥堵，以及车辆燃油消耗增加等问题。为了减轻上述问题，交管部门通过实施交通控制手段，制定适当的解决方案。尤其是，近些年来智能交通系统领域得到充足的发展，为交管部门提供了更加科学、实时的决策及管控依据。这些手段包括用于城市高速公路的可变限速限制(记为 VSL)和匝道控制(记为 RM)。

通过 8.2 节可以知道，VSL 是将进入车辆的速度降低到一定的阈值，从而使交通效率得到提高。然而，在高速公路的运行管理中，如果匝道进入的交通量与主线交通量相加而成的合流交通量大于下游路段的通行能力，那么主线"瓶颈"处产生交通拥堵，给交通系统带来严重的困扰。因此，RM 是以限制通过匝道的流量为出发点，以达到改善交通安全的目的。

匝道控制是通过计算高速公路匝道上游的交通需求量，以及匝道下游通行能力的差额控制由匝道进入高速公路的最佳交通量，平衡上下游交通量。这样就使原本发生在高速公路上的交通拥堵被转移到入口匝道处，从而保证高速公路的高速运行。

入口匝道控制是缓解高速公路交通拥挤最有效的方法之一。入口匝道控制算法以总行程时间或者总通行能力最大为控制目标。但是，在效率的基础上没有考虑用户公平性原则，这在很大程度上会影响用户的满意度，阻碍匝道控制技术的推广。同时，目前的入口匝道控制算法很少考虑与其他控制方式的联合控制，如果考虑其他控制方式，那么可以发挥各自控制方式的优点，取得更好的控制效果。

另外，随着自动驾驶汽车和联网自动驾驶汽车的发展，交通控制的新机会正在涌现。自动驾驶车辆与网联车技术的不断发展，混合交通流情况发生的可能性正在逐步提高。混合车流的出现将给交通管控带来新的难题。传统意义上，VSL 和 RM 可以减少城市高速公路上的交通拥堵，同时自动车辆(automatic vehicle，AV)和智能网联汽车(connected automated vehicle，CAV)可以完全符合控制系统的输出，因此符合混合交通流发展需求的匝道智能管控系统应运而生。

匝道智能管控基于现有空间资源，通过对信号灯、毫米波雷达、计算及控制等设备的应用，可实时动态调整匝道通行策略，平衡高速公路入口匝道与主线交通量。当主线畅通时，车辆自由汇入；当节假日或主线拥堵时，采取匝道控制措施。此外，也可实行协同管控，某一匝道可以协同其他多个入口匝道的信号灯进行线性联动控制。

8.4　车路协同预警

随着车路协同技术的推广，其产生的数据的广度、深度、粒度，基于位置的出行信息服务、车辆运行风险评估与决策支持、个性化的智能驾驶辅助及服务等领域的研究也逐步深入，成为当前车路协同应用的热点方向。其中，车路协同运行安全控制可划分为两个层面，即仅限于提供预警信息服务，以及车路信息紧耦合的车辆控制接管。当前车路协同主动管控以预警信息服务为主，高速公路车路协同典型应用场景如表 8.4.1 所示。

表 8.4.1　高速公路车路协同典型应用场景

应用场景名称	
前向碰撞预警	弯道坡道预警(弯道限速)
前方静止/慢速车辆告警	道路湿滑预警
后方碰撞预警	道路危险状况提示
侧向碰撞预警	交通事件预警
盲区预警/变道辅助	路面状态提示
逆向超车预警	不良视距预警
超车预警	路侧碰撞风险提示
逆向行驶/错误行驶预警	限速预警(动态限速提示超速预警)
紧急制动预警	错误行驶提醒
异常车辆提醒	道路施工告警
合流区预警(汇入口)	基于环境物体感知的安全驾驶辅助提示
车辆失控预警	交通灯提醒
危险品运输车辆提醒	专用道路管理

参 考 文 献

[1] Smulders S. Control of freeway traffic flow by variable speed signs. Transportation Research Part B: Methodological, 1990, 24(2): 111-132.

[2] Rämä P. Effects of weather-controlled variable speed limits and warning signs on driver behavior. Transportation Research Record, 1999, 1689(1): 53-59.

[3] Hegyi A B, De Schutter, Hellendoorn J. Optimal coordination of variable speed limits to suppress shock waves. Transportation Research Record, 2003, 1852(1): 167-174.

[4] Carlson R C. Optimal motorway traffic flow control involving variable speed limits and ramp metering. Transportation Science, 2010, 44(2): 238-253.

[5] Carlson R C. Optimal mainstream traffic flow control of large-scale motorway networks. Transportation Research Part C: Emerging Technologies, 2010, 18(2): 193-212.

[6] 王雪松, 朱美新, 邢祎伦. 基于自然驾驶数据的避撞预警对跟车行为影响. 同济大学学报(自然科学版), 2016, 44(7): 1045-1051.

[7] Yu R, Abdel A M. An optimal variable speed limits system to ameliorate traffic safety risk. Transportation Research Part C: Emerging Technologies, 2014, 46: 235-246.

[8] Khondaker B, Kattan L. Variable speed limit: a microscopic analysis in a connected vehicle environment. Transportation Research Part C: Emerging Technologies, 2015, 58: 146-159.

[9] Messner A, Papageorgiou M. METANET: a macroscopic simulation program for motorway networks. Traffic Engineering & Control, 1990, 31(8-9): 466-470.

[10] Abdel A M, Dilmore J, Dhindsa A. Evaluation of variable speed limits for real-time freeway safety improvement. Accident Analysis & Prevention, 2006, 38(2): 335-345.

[11] Lee C, Hellinga B, Saccomanno F. Evaluation of variable speed limits to improve traffic safety. Transportation Research Part C: Emerging Technologies, 2006, 14(3): 213-228.

[12] England H. Design Manual for Roads and Bridges. London: TSO, 2019.

[13] Hellinga B, Mandelzys M. Impact of driver compliance on the safety and operational impacts of freeway variable speed limit systems. Journal of Transportation Engineering, 2011, 137(4): 260-268.

[14] Kotsialos A, Papageorgiou M, Diakaki C, et al. Traffic flow modeling of large-scale motorway networks using the macroscopic modeling tool METANET. IEEE Transactions on Intelligent Transportation Systems, 2002, 3(4): 282-292.